北京外国语大学 编

International
Chinese
Language
Education

国际汉语教育

2012 第二辑

外语教学与研究出版社
FOREIGN LANGUAGE TEACHING AND RESEARCH PRESS
北京 BEIJING

U0694293

图书在版编目（CIP）数据

国际汉语教育. 2012. 第2辑 / 北京外国语大学编. — 北京：
外语教学与研究出版社，2013.3
ISBN 978-7-5135-2935-8

Ⅰ. ①国… Ⅱ. ①北… Ⅲ. ①汉语－对外汉语教学－丛刊
Ⅳ. ① H195-55

中国版本图书馆 CIP 数据核字 (2013) 第 065470 号

出 版 人　蔡剑峰
责任编辑　刘虹艳
封面设计　张　峰
出版发行　外语教学与研究出版社
社　　址　北京市西三环北路 19 号（100089）
网　　址　http://www.fltrp.com
印　　刷　中国农业出版社印刷厂
开　　本　787×1092　1/16
印　　张　13.5
版　　次　2013 年 3 月第 1 版　2013 年 3 月第 1 次印刷
书　　号　ISBN 978-7-5135-2935-8
定　　价　30.00 元

购书咨询：(010)88819929 电子邮箱：club@fltrp.com
如有印刷、装订质量问题，请与出版社联系
联系电话：(010)61207896 电子邮箱：zhijian@fltrp.com
制售盗版必究 举报查实奖励
版权保护办公室举报电话：(010)88817519
物料号：229350001

目录

Contents

Research on International Chinese Textbooks

Research on Modern International Chinese Teaching Resources

News & Reviews

English Abstract

开 卷 语

继 2012 年改版的《国际汉语教育》2012 第一辑之后,改版后的第二辑又和读者见面了。改版之后的刊物,栏目容量增加了,并新增了"国际汉语教材研究""现代化汉语教学资源研究"等栏目。"教材研究"将目前业界关注的教材问题作为一个独立的板块,使这一领域的研究更加深入,受到了读者的欢迎;"教学资源研究"栏目从大资源的角度出发,整合了教育技术、汉语测试、数据库等方面的前沿研究,提供全新的视角和丰富的内容,相信关注这一领域的读者一定会有所收获。除了栏目增加之外,刊登文章的字数限制也有所放宽,为广大作者的投稿提供了方便。

在过去的十年中,国际汉语推广事业经历了一个快速发展的阶段,这样的发展不但为汉语作为外语的教学带来新的生机,也对这一学科的理论和实践产生了深刻的影响,带来了许多新的挑战。如今,国际汉语推广事业已逐渐进入了一个稳步发展的新阶段,学科内部的结构问题,教师、教材及教学法中的核心问题都需要在这一阶段得到较好的解决。鉴于此,本辑我刊特别访问了知名汉语教学专家刘珣教授,并就新时期汉语国际教育学科发展与师资培养的新趋势与刘教授进行了探讨。在"汉语国际教育人才培养"专栏中,本辑关注的重点是国内师资培养与国外需求对接的问题。其中,华东师范大学对外汉语学院作为学生就业示范单位,提出了"宽口径""国际化"的培养目标;翟宜疆、华霄颖介绍了上海交通大学与马来西亚教育机构合作培养符合马来西亚教学需求的本土华文师资的经验。本辑"语言政策与汉语国际传播"栏目进一步扩展了研究的广度,不但探讨欧美主要国家和东南亚的汉语推广,也兼顾以前较少受到关注的西亚、南亚国家,如土耳其、巴基斯坦等国的汉语推广;同时不断推进研究的深度,如刘佳平、叶蓉的《商务孔子学院初探》,将孔子学院研究从一般研究向特殊类型研究推进了一步。总之,不断拓宽研究广度,加深研究深度,是国际汉语推广形势对我们的要求,更是我们努力追求的方向。

近年来,中小学汉语教学受到了越来越多的关注,本辑也将低龄对象的汉语教学作为一个重要命题予以关注,相关研究请参看刘弘《中学对外汉语教师发展需求的个案研究》和刘亚非《国际幼儿汉语课程、教材、评估建设——以美国俄勒冈州彩虹桥学校全日制幼儿园课程为例》两篇文章。随着幼儿、中小学汉语教学的不断发展,有关这方面的研究有望形成一个新的领域。本辑"国际汉语教学透视"选登了两篇英文稿件,胡泊的《关于汉字学习:对近 20 年汉字学习研究的总结》一文对近 20 年的汉字教学研究进行了梳理,特别有利于帮助国内教师了解国外对于汉字教学的研究状况,其文献贡献不小;海雷博士和王永阳的文章提出移民文学"第三空间"的概念以及它在汉语教学中的应用,是一个新鲜的话题,可以给我们今后的跨文化交际研究带来一些启示。英文稿件的收录践行了我刊"兼收并蓄"的原则,为作者投稿提供了更大的空间,期待今后能够带来更加丰富的内容。

以上是半年以来我刊精心编排的内容,奉献给广大学界同仁。时间的脚步又走到了一年的尾声,在此,感谢广大读者长期以来对我刊始终如一的支持与厚爱,欢迎读者们踊跃投稿,并对我刊的工作提出宝贵意见。恭祝大家在未来的一年里事业有成、生活幸福,祝愿我们的祖国欣欣向荣,祝愿国际汉语教育事业的花朵开遍全球!

《国际汉语教育》编辑部

2012 年 12 月

漫谈汉语国际教育学科建设与师资培养

——对外汉语教学专家刘珣教授访谈

王祖嫘　彭　芃

近年来,汉语教学在世界很多地区出现了迅猛发展的新形势。与之相应,汉语教师师资队伍的培养和教师发展问题也日益受到关注。自 2007 年国务院学位办批准设立"汉语国际教育硕士专业学位"(MTCSOL)以来,迄今全国各地已有 82 所高校成为该专业学位研究生培养院校(数据来源于 MTCSOL 教育指导委员会网站 www. mtcsol. org)。"汉语国际教育"硕士专业的培养目标是"培养具有熟练的汉语作为第二语言教学技能和良好的文化传播技能、跨文化交际能力,适应汉语国际推广工作,胜任多种教学任务的高层次、应用型、复合型、国际化专门人才"。在当前国际汉语教学大发展的形势下,汉语国际教育的学科建设、师资培养都面临着很多新问题、新挑战。本刊特邀对外汉语教学专家、北京语言大学的刘珣教授和我们共同探讨新形势下国际汉语教师的培养问题。(以下"刘"代表刘珣)

一、国际汉语教学出现的大好形势是几代对外汉语教学工作者梦寐以求的

本刊记者:自 2000 年至今,汉语作为外语的教学经历了一个快速发展的时期。您觉得如今的汉语教学形势与以前相比有何新特点?

刘:最近 10 年左右,汉语作为外语的教学用一句话概括,就是出现了 60 年来对外汉语教学历史上从未有过的快速发展,这也正是我们从事对外汉语教学的几代人所梦寐以求的,国外同行们也为此感到欢欣鼓舞。我个人的研究把它看作是对外汉语教学发展的第三个时期:如果说 20 世纪 50 年代到 70 年代末是第一个时期,即发展对外汉语教学事业的时期;80 年代和 90 年代是第二个时期,即建立对外汉语教育学科的时期;那么今天的第三个时期则是加快汉语走向世界的时期。

这个新时期的出现有两个主要的背景:一个是世界上很多地区确实出现了汉语热,主要体现在学习汉语的人数增多——在有的国家甚至翻了很多倍,愈来愈多的国家把汉语教育纳入正规教育的体系中,更为重要的是汉语教育开始迅速向中小学发展;另一个背景是中国也大大加快了汉语走向世界的步伐,加强了支持国际汉语教学的力度。应该说,从 20 世纪 50 年代开始,国家就很重视对外汉语教学事业。周恩来总理一直非常关心并亲自过问这方面的工作,北京语言学院的创办和恢复,甚至对 70 年代初一套对外汉语教材

的编印,他都作出了批示。在当时数以百计的学科、专业中,对外汉语教学是唯一被称作"国家和民族的事业"并拥有国家领导小组的学科。进入 21 世纪以来,为适应新形势的要求,通过孔子学院这样的形式加快汉语走向世界,已进一步成为国家的一项重要国策,发展汉语国际教育已上升为提升我国文化软实力的一项长远战略。

对外汉语教学发展至今已有 60 年历史,同过去 50 年相比,近 10 年来,由于上述的两个背景,确实出现了一些新的特点:

首先是世界对汉语教学的需求大大增加。这是最根本的,也是非常难得的变化。表现在开展汉语教学的国家增多,教学的对象更加复杂化,学习者的目的和需求更加多元化。

第二,海外各地汉语教学的重要性越来越明显。汉语教学过去主要是对来华留学生的教学,是在我们国内进行的;而现在则强调走出去,面对上百个国家、几千万外国学习者的教学。当然,强调海外的汉语教学也不要忽视了国内的对外汉语教学,国内的对外汉语教学仍然非常重要,来华留学生人数未来也会继续增长。国内的对外汉语教学要起到世界汉语教学的基地和研究中心的作用。

第三,对中小学汉语教学的研究,过去几乎是空白,现在则成为热点。过去的研究比较集中于院校的、专业性的汉语教学,今天则需要关注大量非院校的、普及性的教学。中国作为汉语教学的中心,在重视中小学基础阶段教育、普及性教育的同时,还应注意提高的方面是要培养高级和尖端的汉语人才,培养新一代的汉学家。

第四,中外合作进一步加强。过去的对外汉语教学也一直注重中外汉语教师的交流合作,现在通过孔子学院、学会组织和国际会议等平台,中国的对外汉语教学工作者和国外汉语教师、学者们交流合作的渠道更多了,联系也更紧密了。一方面,海外各国的汉语教学,尤其是在国别化教学方面,各国的汉语教师是主力,国内的对外汉语教师、学者要向他们学习,与他们紧密合作;另一方面,中国作为汉语的母语国和汉语教学的中心、基地,应责无旁贷地起到汉语教学带头人的作用,正如英美加澳等国在世界英语教学、法国在世界法语教学、俄罗斯在世界俄语教学中所发挥的作用那样。

二、建设强有力的学科是国际汉语教学事业可持续发展的可靠保证

本刊记者:汉语教学形势的发展变化对本学科的理论体系是否有影响? 原有的理论体系是否能够适应当前的新局面?

刘:学科理论体系的问题,可以从两个方面来看。一方面,对外汉语教学的历史有"前 50 年"和"近 10 年"两个阶段,学科建设也有"前 20 年"和"近 10 年"两个大的阶段的区别。20 世纪 80 年代之前,"学科"还没有建立,只有对外汉语教学"事业"。70 年代末提出了学科的概念,80 年代初在王力、吕叔湘、朱德熙等语言学大师的支持下,开始建立学科,到新世纪前已有 20 年学科建设的历史。其间,以吕必松为主要代表的这一代学者们在学科理论的早期研究(从 20 世纪 70 年代开始)上做出了很大贡献。历史不能割断,50 年的教学实践、20 年的学科建设奠定了我们学科的基础。另一方面,在当时的情况下,学

科体系的研究仅仅是开了个头,还很不完善。当时更不可能预料到今天出现的新形势和新情况,原有的学科理论体系等研究成果当然也远远不能适应今天形势的需要。从本学科的实际出发,进一步加强学科理论研究,是摆在我们面前的一项重要任务。

说学科建设很重要是因为,一个强有力的学科是国际汉语教学事业可持续发展的坚强后盾和重要保证。以英语为例,英语教学遍及全世界,久盛不衰,而且在学科研究的很多方面领先于其他第二语言教学,其原因是多方面的。但它明显得力于强大的 TESOL(对外英语教学)学科的支撑:TESOL 学科为它提出了各种新的教学理论和教学法流派,编出了各种优秀的英语教材,培养了众多的英语教学专家、学者和教师,充分地发挥了学科的作用。同样,汉语国际教育目前在实践过程中所碰到的许多问题,如大家常提到的"三教"问题,哪一样不需要通过研究来解决?哪一样具体的工作不需要学科理论的指导?科学发展是按客观规律办事,我们首先必须研究发现汉语教学的规律。所以,我们必须特别重视学科建设,特别是学科理论建设。

学科理论是在不断的探讨甚至争论中得到发展的。汉语国际教育是一门非常年轻的学科,存在一些不同的观点、看法是可以理解的,不同观点的争论也是很自然的。但在一些重大的、原则性的问题上,还是需要达成一定的共识,以此作为学科建设的基础。

三、汉语国际教育学科建设必须以教学研究为本

刘:早期争论的主要问题是,对外汉语教学是不是一个独立的学科?尽管王力、朱德熙等几位先生反复强调这是一门独立的学科,但还有人(包括我们的一些业内人士)认为它属于语言学,是不是独立学科不那么重要。我们认为,是否是一门独立的学科,关系到学科的性质和学科建设的方向,绝不是一个小问题。美国中文教学专家、语言学家邓守信先生曾在文章中明确表示:对外汉语教学不是汉学的附庸,不是母语教学的附庸,也不是语言学的附庸。法国中文教学专家、汉学家白乐桑先生也强调,对外法语教学一直是独立学科,如果对外汉语教学还不能成为独立学科,就将落后于其他语言的教学。随着汉语国际教育学科的确立,这个问题已基本上得到解决:它已是中国语言文学一级学科下,与汉语言文学、汉语言文字学、语言学及应用语言学等并列的一门独立的学科。

当前,真正影响学科建设的关键问题是:我们学科研究的本体究竟是什么?有一种主张认为汉语是本体。众所周知,以汉语本体为主要研究对象的,全国已有数百个中文(汉语言文学)系和汉语研究机构以及数以百计的语言学家了,如果仅凭研究汉语就能解决汉语作为外语教学的问题,还有什么必要另外建立汉语国际教育(对外汉语教学)学科呢?对汉语言(文学)专业、语言研究机构或语言学家们来说,研究好汉语(主要指其规律)就完成了他们的任务。可是我们不行。以汉语为本体,仅仅研究汉语,是完不成让外国学生学好汉语的任务的。陆俭明先生说,对外汉语教学的任务就是让外国学生又快又好地掌握汉语。也就是说,汉语研究得再好,只要外国学生没有掌握它,对我们来说还是没有完成学科任务。陆先生本人是语言学家,他反复强调对外汉语教学的本体研究跟语言学的本体研究不是一回事,他认为"汉语教学本体研究始终将'研究'跟'教学'绑在一起"。林焘

先生也强调对外汉语教学的中心是教学。显然,教学的研究或汉语教学的研究,是我们学科的本体研究,是我们学科的建设之本。其他任何学科都不会专门研究汉语作为第二语言的教学,而这正是我们学科区别于其他学科的本质特点。反之,离开了对汉语作为第二语言的教学进行研究这一特点,我们这个学科也就失去了独立存在的理由。

还有一种观点是,把我们学科本体的、核心的对教学(或教学法)的研究,仅仅看成是对方法的研究。大家都知道,通常所说的对教学(或教学法)的研究绝不只是个方法问题,它有着极其丰富的内容,涵盖了教学设计、教材编写、课堂教学和测试评价四大环节,涉及教学理论、教学理念和教学原则等理论层面的东西(当然也包括具体的教学方法甚至教学技巧问题)。如果把整个教学研究说成是个方法问题,而教又"无定法",那么教学研究还有什么意义?这种观点显然对学科建设有不利的影响。

我们强调学科的本体是教学研究,丝毫也没有忽视对汉语的研究,丝毫没有放松对本专业学生的汉语学习的要求。而且,与一百多年来对汉语作为母语的传统研究不同,我们提倡更能直接为国际汉语教学服务的、把汉语作为第二语言的研究。这个新领域是一片广阔天地,大有可为。

四、国际汉语教师的培养既要狠抓教学实践能力又不能忽视理论知识

本刊记者:您认为新的形势对汉语教师培养提出了哪些新的挑战?

刘:国际汉语教学大发展的形势对汉语师资培养提出了很多新的问题。所谓教师的培养又称教师发展,包括两方面:一是通过学历教育,即从本科、硕士到博士的正规培养途径;二是通过短期培训班的非学历教育的培养途径。两个途径各有特点,发挥着不同的作用。先说说培训班的培养,这是当前对急需的外派教师和志愿者的主要培养途径。它又有两种类型:一种是在职教师的进修、提高,一种是新教师的岗前培训。我从20世纪90年代初就负责过本领域第一个专门的教师培训机构——北语教师研修部的工作。90年代后期作为北语文化学院的负责人管理过本学科第一个硕士学位点——北语"课程与教学论"的初建工作。最近几年我也常常参加针对出国教师、志愿者以及培训师的培训,我感到今天的教师培训工作有很多特点,也可以说是困难。

首先是现在国外对汉语教师的需求量很大,海外800多个孔子学院和孔子课堂都需要我们派出教师和志愿者,亚太地区汉语特别热门的国家更需要大量的教师。特别是有些东南亚国家,由于汉语教学中断了数十年,现在一下子又面临大发展的形势,因而出现了汉语教师荒,每年即使派去1000多名教师或志愿者,也不能完全满足他们的需要。而要在短期内培养出这么多合格的教师,对我们来说又不是一件容易的事情。

第二,大量的教师都是培训后立即就要派往国外的,而外派的教师比在国内工作的教师培养的要求要高,难度也更大(过去一般都是在国内已经有了丰富的教学经验才派往国外)。在国内从事对外汉语教学工作的教师,背后有单位的集体力量可以依靠,同事之间也可以互相帮助;在国外,外派教师往往需要"单独作战",一个学校可能只有一个来自中国的志愿者或教师。他们在外就成了外国人了解中国的窗口,甚至无形中"代表"着中国,

有的甚至被当作汉语教学专家。因而在业务知识、教学能力、跨文化交际能力、适应当地教学环境能力和心理素质等方面都有比较高的要求。

第三，国内的培训机构还没有做好在新形势下大量培训外派教师的充分准备。尽管近几年教师培训工作也在不断地摸索，有了很大的改进，但一下子还很难完全适应海外的需要。特别是已成为当前培训工作重点的中小学汉语教师的培养，由于长期以来我们几乎没有这方面的经验，更缺少专门的研究，所以很难拿出一套科学的培养方案和课程体系，甚至也很难找到合格的培训师。海外中小学的汉语教学和中小学汉语教师的培训是非常紧迫的研究课题。

无论是中小学汉语教师还是大学汉语教师的培训，都需要贯彻既要狠抓实践能力又不能忽视理论知识的培训原则。教师的"天职"是教学，首先必须上好课，站稳讲台，完成教学任务。因此在培训中第一要重视教学实践能力的培养，使接受培训的教师具有一定的教学技能和教学组织与课堂管理能力，一到岗位就能上课。过去教师培训的主要问题正是脱离课堂实际，忽视教学实践。现在的教师培训在这方面已经有了根本性的、可喜的变化。

另一方面我们也要看到，实践能力的培养离不开理论知识的指导。今天对教师的要求不是只会按一定的教学程序进行机械操作的"教书匠"，而是要能进行反思性教学，通过行动研究，不断改善自己的教学效果（见国家汉办《国际汉语教师标准》）。特别是"后方法时代"，要求每个教师不但要知道交际法、任务法等是什么，更要能从自己班上学生的需要和特点出发，找出最适合本班的教学方法，进行有针对性的教学；强调教师不只是现有理论的消费者，而是教学法和教学理论的探索者、研究者。这一切都需要教师首先具备一定的教学理论知识，这些知识还不止教学一个方面，还需要汉语言和语言学知识，中外文学和文化知识，外语知识，跨文化交际知识以及教育学、心理学和第二语言习得知识等。只有具备了这些知识，才能谈到传道、授业、解惑，担负起教师的责任来，否则，孤陋寡闻，不了解新知识，外国同行提到的理论完全不懂，不但教不了学生，恐怕连跟外国同行交谈、相处、合作都有困难。

诚然，新教师岗前短期培训有"应急"性质，在课程安排上不可能也没有时间面面俱到。但在对教师总的要求方面，还应该注意全面，要处理好理论与实践的关系。比如，在考核培训结果时，处理案例的能力固然重要，但一些基本的概念、知识也不能完全不考查。我们派出的应该是有开阔的思维、丰富的知识和一定的创新能力的汉语教师。

五、把汉语国际教育专业建设成培养科班出身的对外汉语教师的基地

本刊记者：汉语国际教育专业作为一个新生专业，目前还在不断地摸索和调整。您认为这个专业的学生培养应重点解决哪些问题？

刘：首先，我对汉语国际教育硕士专业的设立感到由衷的高兴，这又是一件我们业界人士长期以来梦寐以求的事。说它是对外汉语教学史上的一个里程碑也不为过。

任何一个学科、专业都把培养自己所需要的专业人才看成是头等大事，都需要有本专

业的所谓"科班出身"的人才作为学科建设的骨干。对外汉语教学界在 20 世纪 80 年代有了"对外汉语"本科专业,到 90 年代随着形势的发展,愈来愈感到需要在此基础上设立自己的研究生专业,培养高一级人才。但原有的"对外汉语"专业在学科目录中不是二级学科,在中国语言文学一级学科下根本没有可能再设硕士学位。北语当时只好从别的学科另想办法,于 1997 年从教育学的二级学科"学科教学论"(后来改名为"课程与教学论")中申请到对外汉语教学的硕士学位点,用来培养本学科需要的人才。这是本学科最早的、属于自己的硕士研究生专业。在相当长一段时期内,"(对外汉语教学)课教论"成了北语全校各专业中最大最火的硕士学位点,每年有上千人报考,录取的比例为 11:1。生源丰富,所录取学生的素质就比较高,几年中为北语和我们学科培养了一批新生力量,其中有不少人已成为活跃在教学第一线或承担科研任务的骨干。尤其是北语培养的第二语言习得方向和语言测试方向的"特色"人才,更受到用人单位的欢迎。后来由于包括"课教论"在内的几个专业由教育部实行统一初试,而"课教论"初试规定只考四门教育学课程,这样就大大影响了我们的考生来源,因而也结束了"课教论"在北语的黄金时代。幸好,这时我们学科又有了汉语国际教育硕士专业。

汉语国际教育硕士专业的设立,不仅意味着我们终于有了得到国家承认、真正属于自己的硕士学位点,而且与本科"对外汉语"专业打通(后者后来也改为与硕士专业同一名称),特别是展现了今后能进一步设立博士学位点的前景。这样我们就有了从本科到博士专业人才培养的完整体系,解决了学科人才培养的一大难题。

汉语国际教育这一新生专业的建设,我认为最重要的是要使它真正根据本学科的需要,为学科量身定做地培养科班出身的专业人才。其他专业,特别是相邻学科专业,像汉语言文学、汉语言文字学、语言学及应用语言学等,实际上也在不断地向我们输送人才。这些带有各自学科不同特色的人才在我们学科建设中能发挥很重要的作用,但他们又很难完全代替为本学科专门量身定做培养的人才。就拿离本学科最近的语言学及应用语言学来说,作为语言学专业,不可能不开设大量的语言学课程和应用语言学课程,同时不太可能开设很丰富的教学方面的课程。更不用说有些相邻专业的"对外汉语教学方向",只开了一两门对外汉语教学的概论课,就把所谓的"方向"交代过去了。因此,本学科完全根据自身的需要量身定做,培养从本科到硕士、博士的科班出身的人才,是十分必要的,他们是我们学科建设的主力和骨干。

另一个值得注意的问题就是在建设硕士点的基础上,要不失时机地考虑博士点的设置问题,以适应形势发展的需要。

六、坚持学科性质,明确学科建设和师资培养的方向

本刊记者:近来汉语国际教育专业的课程设置问题也存在一些争议,比如语言课程和文化课程的比重、理论课程和实践课程的比重问题等。有人指出,汉语国际教育专业应着力加强教育学的学习,甚至认为应该把这个专业设在大学教育系中,对此您有何看法?

刘:一个新专业的课程设置需要在教学实践中不断探索,逐步调整完善,在这个问题

上有些争议也是正常的。国家汉办主持制订的《国际汉语教师标准》中的五大模块:语言、文化、习得、教学和素质,实际上已经比较全面地勾勒出了汉语国际教育专业的课程范围。我认为归纳出这几个方面还是恰当的,只是具体内容规定得太多太细,因而目标也就显得太高。

研究具体的课程设置,需要把本科和研究生(主要是硕士)阶段放在一起通盘考虑,适当分工。本科阶段主要是打好专业知识基础,重点应放在汉语(和语言学)、中国文化(包括文学)和外语上。汉语知识作为未来工作的"本钱",首先需要尽可能把基础打扎实。不妨把汉语语音、词汇、语法、汉字以及古汉语每个部分都开一学期左右的课程,为学生未来当汉语老师做好更充分的准备。鉴于对外汉语教师有传播中国文化的任务,中国文化(包括文学)方面需要学的内容要比单学文学宽得多,因此必须加强"中国文化"这门课。文学当然也很重要,古今中外的文学史都得涉及,但与汉语言文学系相比要适当压缩一点。作品选就更不能讲那么多、那么细了。对外语的要求几乎要达到第二专业的水平,尤其在一、二年级,外语的课时应该重一些。

单上述的这三方面,就已远远超过一般本科专业的课程量了(几乎相当于两个本科专业)。其他如教育学、心理学、跨文化交际学的基础课程也是不可少的。关于对外汉语教学方面,本科阶段主要保证开一门对外汉语教学概论课(介绍基本的教学理论知识)和一门课堂教学法课(介绍如何教汉语),不太可能开得太多。只有本科阶段打好了上述基础,硕士阶段才能深入地学习本专业更专门的知识,如第二语言习得、课程论、教学论、教材论、语言测试、教育技术乃至汉语教学史等。而在本科阶段,这些比较专门化的课程是难以安排的,安排太多会影响到汉语等基础课的学习。而如果基础课没学好,会后患无穷。同样的原因,对本科为非对外汉语或非汉语言文学等专业出身的硕士生,应要求他们至少要重新补上汉语课。

关于理论和实践课程的比重问题,前面在谈教师培训时已经提到过。语言教师所做的工作不同于会计师、技师那样的纯技术操作,而是教育人、塑造人的灵魂的工作。教学本身既需要高超的能力,又要有广博的知识,本身就具有较高的学术性、科学性,还要一定的艺术性。而培养一名合格的外派汉语教师,达到《国际汉语教师标准》所描述的要求,并能为国外所接受,其难度不亚于任何其他专业的人才培养。在当前国际汉语教学大发展的形势造成海外"教师荒"的情况下,我们可能比较重视"应急"的一面,但从长远考虑,海外汉语教师培养的常态,还应该是主要由各国根据本国的法律和制订的学术标准为自己培养所需的大量的汉语教师,而我们为海外培养的当地教师或我们为外派而培养的中国汉语教师,应当是具有较高理论水平和实践能力的、具有骨干示范作用的,甚至是专家型的教师。而且在国内我们还需要从事学科建设、理论研究的人才,需要培养研究型的教师。因此,汉语国际教育硕士专业作为本学科人才培养唯一的、自己的学位点,还需要既面对眼前的实际,又要从长远考虑;既重视实践人才的培养,又不能忽视理论研究人才的培养(而后者又不应都推给别的专业代我们培养)。总之,国际汉语教师的培养既要重视实践能力,也要重视理论知识,二者不可偏废。

关于本专业与教育学的关系,涉及学科性质的问题。汉语国际教育学科的命名,特别是这个名称的关键词"语言"和"教育",规定了本学科既要研究语言,又要研究教育,也就是说,研究如何教语言。这就清楚地表明了我们学科的性质是语言教育学。在 1997 年和 2000 年举行的两次"语言教育问题座谈会"上,我们就曾提出这个观点。当时对应该用"教学"还是"教育"有不同的看法:业界很多人习惯于把我们的学科叫做"对外汉语教学",而不愿意称之为"对外汉语教育",不想沾上"教育学"。但作为一门学科的正式学术名称,还得用"教育"一词,虽然"对外汉语教学"作为一个习惯称法今后还会继续用下去。

教育学是本学科四大理论基础之一(其他的理论基础为语言学、心理学、中国文化和跨文化交际学)。教育学和教学理论、教学法的课程自然占有重要的地位,这又特别体现在比较专门化的硕士研究生阶段的课程中。当然,教育学与其他方面的课程应合理安排,保持平衡。需要注意的是,长期以来,本学科与语言学一直靠得很近,这是可以理解的;但与教育学则离得较远,对国内外教育学的新发展、新理论研究不够,甚至与教育学界的联系也极少;与心理学,以及跨文化交际学界的联系则更少。这都是我们今后学科发展应当注意的。

明确学科的性质是语言教育学,并不意味着一定要把我们学科放在教育学里。因为语言教育特别是语言教学有其特殊性,跟研究一般学科的教学不太一样。国内研究语言教育比较集中的还是母语文教育。我国的英语教育,习惯上也没有归到教育学,而是自成一家。国外的英语作为第二语言教学专业,有的放在教育学院,但也有不放在教育学院的。所以这门学科、专业归到哪里,并无一定之规,是可以具体处理的问题。我本人很早就主张"对外汉语教育学"的提法,但从没提出过一定要把这门学科放在教育学中。根据这门学科的特点、我国对外汉语教学的传统以及对外汉语教学工作者的学历背景,把它放在中国语言文学一级学科下面,是合适的。当然,要强调的是,其学科性质仍然是语言教育学,而不是语言学。

今天聊了一些个人的想法,不一定正确,愿与大家探讨。

本刊记者:谢谢您接受我们的访谈,希望今天的话题能够引起学界对汉语国际教育学科建设和人才培养更多的关注,引发更多的讨论,我们期待此学科有更加美好的未来。

学生职业发展与国际汉语教育的人才培养

——以华东师范大学为例①

吴勇毅

提　要　本文通过对华东师范大学近三年对外汉语专业本科生就业情况的分析,指出人才培养的理念需要不断更新、与时俱进。在确定人才培养的目标后要落实具体有效的措施,切实提高人才培养的质量,同时人才培养要为学生的职业/专业发展和国际汉语教育的事业服务。夯实专业基础、强化外语能力、培养实践能力、拓展国际视野、加强国际合作是培养高质量国际汉语教育人才的重要途径。

关键词　学生职业发展　国际汉语教育　人才培养　华东师范大学

一、学生就业情况分析

根据国家教育部高教司代表在"2010 全国高校对外汉语专业建设研讨会"(北京语言大学、华东师范大学、北京外国语大学、上海外国语大学联合主办,2010.12.10—12)上的讲话,目前中国大陆大约有 285 所院校开设对外汉语专业,每年招收本科生约15000 名。[在教育部不久前公布的新修订的《普通高等学校本科专业目录》(2012)中,对外汉语(代码 050103)被汉语国际教育(050103)所替代,后者包括原来的对外汉语(050103)、中国语言文化(050106W)和中国学(050108S)。]

中国台湾地区 2010 学年度在读的学生数为:学士生 2223 名、硕士生 679 名、博士生39 名;当年毕业生人数为:学士生 229 名、硕士生 90 名、博士生 0 名(王昭文,2012)。

这样一个庞大的学生人数,其就业情况究竟如何呢?由于一些院校专业的随意设置和任意扩大,导致本专业人气下降,很多毕业生就业情况不佳。在"对外汉语本科专业建设与发展研讨会"(2011.9.17—18,上海师范大学)上传出,江苏省的对外汉语专业已经被列入"限制性发展专业"(即不能再扩大的专业)。但在普遍不被市场看好的情况下,也有许多学校努力奋进,坚持高质量的人才培养标准,精心进行专业建设,突破瓶颈,就业情况良好。下面以华东师范大学(以下简称"华东师大")对外汉语学院本科生为例进行分析。

1. 2010 届毕业生就业情况

2010 届(2006 级)共有毕业生 71 人,其中赴国外和中国香港地区读研学生为 20 人,占毕业生总数的 28.17%(约 28%);在中国内地读研的为 17 人,占毕业生总数的 23.94%(约

24%);中外教育单位/机构就职为 14 人,占毕业生总数的 19.72%(约 20%);企事业单位就职的为 19 人,占毕业生总数的 26.76%(约 27%);待就业 1 人,占毕业生总数的 1.41%(约 1%),见图 1。

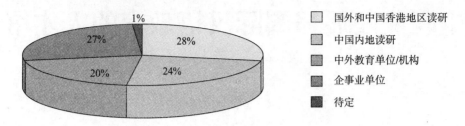

图 1　2010 届毕业生就业情况(共 71 人)

具体读研或就业单位如下:

1.1　国外和中国香港地区读研大学(未标具体人数者均为 1 人,下同)

美国:哥伦比亚大学/Columbia University(3 人)、宾夕法尼亚大学/University of Pennsylvania(2 人)、纽约大学/New York University(5 人)、俄勒冈大学/University of Oregon、纽约州立大学/State University of New York;

澳大利亚:墨尔本大学/The University of Melbourne;

英国:利兹大学/University of Leeds、伦敦大学/University of London、埃克赛特大学/University of Exeter、巴斯大学/University of Bath、华威大学/The University of Warwick;

中国香港地区:香港中文大学/The Chinese University of Hong Kong。

1.2　在中国内地读研情况

华东师大对外汉语学院(5 人)、华东师大国际汉语教师研修基地(10 人)、复旦大学、上海交通大学。

1.3　中外教育单位/机构

国际学校:上海新加坡国际学校;

英国驻上海总领事馆教育处;

大学:长春师范学院分院、华东师大对外汉语学院;

中学:重庆江津中学、上海市南洋模范初级中学、上海市复兴初级中学、西部志愿者支教;

小学:上海市浦东新区建平实验小学;

其他教育机构:上海启振教育信息咨询有限公司(2 人)、上海外服国际人才培训中心、杨浦区职业技能培训中心、新东方精英中心。

1.4　企事业单位

银行:汇丰银行、中国工商银行上海分行;

公司等：通用磨坊中国投资有限公司、中电电气集团有限公司、上海乐购超市有限公司、捷顺旅游制品、上海和平饭店有限公司、上海静安希尔顿酒店（2人）、上海良珩建设工程有限公司、韩国新世界集团、和路雪（中国）有限公司上海分公司、上海诺姆软件科技有限公司、上海睿智化学有限公司、欧斯化工、思拓软件、煤科总院上海分院、上海世纪出版集团、上海图书馆上海科学技术情报研究所采编中心。

2010年对外汉语学院被评为"华东师范大学2009—2010学年学生就业和职业发展教育工作先进集体"（全校只有5个单位获此称号，其他4个是：软件学院、信息科学技术学院、金融与统计学院、设计学院）。

2. 2011届毕业生就业情况

2011届（2007级）共有毕业生77人，其中赴国外和中国香港地区读研学生为20人，占毕业生总数的25.97%（约26%）；在中国内地读研的为13人，占毕业生总数的16.88%（约17%）；中外教育单位/机构19人，占毕业生总数的24.68%（约25%）；企事业单位24人，占毕业生总数的31.17%（约31%）；待就业1人，占毕业生总数的1.3%（约1%），见图2。

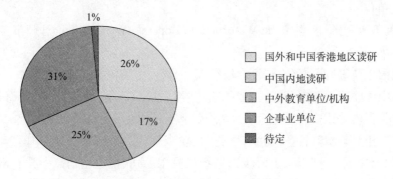

图2　2011届毕业生就业情况（共77人）

具体读研或就业单位如下：

2.1　国外和中国香港地区读研大学（未标具体人数者均为1人，下同）

美国：斯坦福大学/Stanford University、哥伦比亚大学/Columbia University、宾夕法尼亚大学/University of Pennsylvania、纽约大学/New York University（3人）、加利福尼亚州立大学洛杉矶分校/UCLA、蒙特雷国际研究院/Monterey Institute of International Studies；

加拿大：温莎大学/The University of Windsor；

英国：伦敦大学/University of London、曼彻斯特大学/University of Manchester、纽卡斯尔大学/Newcastle University（2人）、华威大学/The University of Warwick、罗浮堡大学/Loughborough University；

澳大利亚：昆士兰大学/University of Queensland；

中国香港地区：香港大学/The University of Hong Kong、香港理工大学/The Hong Kong

Polytechnic University(3 人)。

2.2 在中国内地读研情况

北京大学、华东师大对外汉语学院(7 人)、华东师大中文系(2 人)、华东师大国际汉语教师研修基地(2 人)、上海财经大学。

2.3 中外教育单位/机构

国际学校:上海市大宁国际小学(2 人)、上海耀中国际学校;

英国驻上海总领事馆教育处;

中学:上海市风华初级中学、宝山中学、上海市信息管理学校董恒甫高级中学、西南位育中学、上海市松隐中学、上海市长明中学、温州第二外国语学校;

小学:上海市闸北区第三中心小学、七宝外国语小学、上海市世界外国语小学;

其他教育机构:上海师源教育人力资源有限公司、中智国际教育培训中心、上海集韵文化传播有限公司、TLC—CIIC 上海汉语中心、上海快乐学习教育咨询有限公司。

2.4 企事业单位

会计师事务所:普华永道/Price Waterhouse Coopers(PWC)、德勤会计师事务所/Deloitte Touche Tohmatsu(DTT)(2 人);

银行:中国工商银行上海分行、汇丰银行上海分行、中国银行宁波分行;

公司等:中国联通上海市分公司、亚德诺半导体技术(上海)有限公司、上海市东浩人才资源有限公司、上海分乐广告有限公司、泽恩实业咨询有限公司、倍福中国、上海世纪出版股份有限公司、艺电计算机软件(上海)有限公司、埃森哲(中国)有限公司、中国四达国际经济技术合作有限公司上海分公司、上海宝狮缝纫机有限公司、说宝堂信息科技有限公司、上海东方航空公司、阿瘦(上海)贸易有限公司、德科人才咨询有限公司、上海烟草包装印刷有限公司、上海音像出版社。

其他单位:英国旅游局

2011 年对外汉语学院再次被评为"华东师范大学 2010—2011 学年学生就业和职业发展教育工作先进集体"(全校只有 5 个单位获此称号,其他 4 个是:金融与统计学院、信息科学技术学院、软件学院、公共管理学院)。

3. 2012 届毕业生就业情况

2012 届(2008 级)共有毕业生 88 人,其中赴国外和中国香港地区读研学生 29 人,占毕业生总数的 32.95%(约 33%);在中国内地读研学生 16 人(包括直研 13 人和考研 3 人),占毕业生总数的 18.18%(约 18%);中外教育单位/机构 22 人,占毕业生总数的 25%;企事业单位 19 人,占毕业生总数的 21.59%(约 22%);国家及地方项目 1 人,占毕业生总数的 1.14%(约 1%);待就业 1 人,占毕业生总数的 1.14%(约 1%),见图 3。

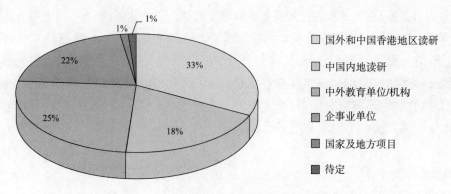

图 3　2012 届毕业生就业情况（共 88 人）

具体读研或就业单位如下：

3.1　国外和中国香港地区读研大学（未标具体人数者均为 1 人，下同）

美国：哈佛大学、哥伦比亚大学、纽约大学（6 人）、波士顿大学、迈阿密大学、俄勒冈大学、德州农工大学、卡内基麦隆大学/Carnegie Mellon University（2 人）；

英国：谢菲尔德大学/the University of Sheffield；

加拿大：不列颠哥伦比亚大学/UBC；

新加坡：南洋理工大学国立教育学院（7 人，攻读新加坡教师资格证＋就业）；

日本：东京大学；

中国香港地区：香港中文大学（3 人）、香港理工大学、香港浸会大学。

3.2　在中国内地读研情况

华东师大对外汉语学院（9 人直研）、华东师大思勉高等研究院（直研）、华东师大国际汉语教师研修基地（4 人，其中 3 人直研，1 人考研）、复旦大学（考研）、外交学院（双学位）（考研）。

3.3　中外教育单位/机构

中小学：上海市闸北第八中学、上海市建平实验中学、上海市世界外国语中学（2 人）、上海市青浦区凤溪中学、余杭市杭州二中树兰实验学校、北京市朝阳区世纪东方学校、上海市浦东新区建平实验小学；

其他教育单位/机构等：华东师范大学招生办公室、上海市长宁区教育学院、上海市徐汇区未成年人心理健康辅导中心、昂立教育集团青少年外语培训基地、上海市昂立进修学院（2 人）、新东方语言学校、中智（上海）、上海市闸北区教育人才服务中心、上海汉吟教育信息咨询有限公司、上海上教国际交流有限公司；

教育培训（创业）；对外汉语教师（自由职业）；翻译（自由职业）。

3.4　企事业单位

银行：中国工商银行上海分行、中国银行绍兴分行、恒生银行、汇丰银行（中国）有限公司；

会计师事务所:德勤华永会计师事务所有限公司、安永华明会计师事务所上海分所;

公司等:美标(中国)有限公司、上海东浩人力资源有限公司、上海百德文化传播有限公司、上海第一财经传媒有限公司、青年报社、也买(上海)商贸有限公司、上海春秋国际旅行社(集团)有限公司、中国建筑股份有限公司上海分公司、上海赫基服饰贸易有限公司、衣恋(上海)时装贸易有限公司、联合利华服务(合肥)有限公司上海分公司、日本 CIP 公司(上海)、爱德威广告(上海)有限公司。

3.5 国家及地方项目

江苏省海门市大学生村官

2012 年对外汉语学院连续第三年被评为"华东师范大学 2011—2012 学年学生就业和职业发展教育工作先进集体"(全校只有 5 个单位获此称号,其他 4 个是:金融与统计学院、信息科学技术学院、软件学院、数学系)。

4. 三年就业情况小结

从总体上看,这三年学生就业总的趋向为:(1)攻读研究生学生数量占 50% 左右(2010 年为 28%＋24%,2011 年为 26%＋17%,2012 年为 33%＋18%)。随着入职门槛的提高,对外汉语专业的本科生毕业后在大专院校直接从事本专业工作的可能性变得越来越小,因此,我们希望有更多的毕业生能继续深造,尤其是到国内外高水平大学攻读相关专业的研究生(吴勇毅,2011)。作为一所目标定位在高水平、综合性、研究型的大学,其学生的教育终点似乎不应该定位于本科毕业,所以我们鼓励更多的学生毕业后继续深造。当然,选择就业后再深造,进行继续教育也是一条个人职业生涯的发展之路。(2)各类教育单位占 20%～30%(三年分别为 20%、25%、25%)。同 2010 年相比,从 2011 年起,去教育单位工作的比例有比较大的增长,主要是在中学、小学部分。就本科生而言,目前去中小学主要是任教,即当教师;去社会教育机构则有两种选择,或是当教师或是从事教学管理工作;而进入大学(机会非常少)主要是做教辅工作(如教务员、招生办工作人员等),即所谓行政人员。(3)去企事业单位的学生数量稳定在 20%～30% 左右(三年分别为 27%、31%、22%)。

学院本科毕业生表现出来的突出特点是:去国外或中国香港的高水平大学读研的多,国际竞争力强;综合素质好,就业(适应)面宽广,也受到企事业单位的广泛欢迎(如进入银行、会计师事务所、知名外企等的较多)。

二、人才培养的目标和措施

1. 观念的转变

1.1 专业对口与宽口径的关系处理(从专业对口到宽口径)

长久以来,我们培养对外汉语专业的本科生是希望他们能到学校,尤其是高校从事对外汉语的教学与科研工作,即所谓专业对口。但随着高校教师队伍结构的变化,目前形势的发展已经到了非博士不能进高校的地步,硕士都几乎不行,更不用说是学士了。但我们发现,许多从事专业培养的教师依然执着于所谓本科生毕业以后专业要对口的观念(就业困难在那些专业质量较低和办学目标不清晰的学校已经成为一个很大的现实问题了)。如果我们视野稍稍扩大一点,看看其他专业本科毕业生的情况,比如物理、化学等等,我们就会发现,这个观念太传统、太陈旧,已经不合时宜了。本科生毕业专业不对口已经是很自然、很普遍的现象,这是社会发展所致,因此我们培养的学生要宽口径,适应面宽广(比如可以在各类企事业单位工作)。但这是不是意味着这个专业毕业的学生就没有人能从事这个行业/专业的工作呢? 如果是,那么这个专业设立的必要性又在哪儿呢? 我们认为本科生就业一定要专业对口的观念是错误的,但也一定要有人去从事这个行业/专业的工作,否则设置这个专业就没有意义了。那么途径在哪儿,又怎么去实现呢? 重要的途径之一就是继续深造,读研究生(硕士、博士)。硕士研究生毕业可以在中小学从事汉语教学工作或在高校从事本专业的教学管理工作,博士研究生毕业则可以进入高校从事教学及科研工作。从华东师大对外汉语专业本科毕业生的就业情况看,有 50% 左右的学生选择继续读研(另有 20%~30% 从事教育或和教育相关的工作),而且很多是去国外或中国香港地区读研,这些学生中应该说大部分已经从事或将来会从事国际汉语教育工作(学院跟纽约大学的合作项目培养了几十名硕士,这些学生从纽约大学毕业后几乎都在美国就业,成为汉语教师,其中有些很快就成为了骨干教师、种子教师),这就是这个专业存在及发展的必要,它是国际汉语教育人才培养的摇篮和基础。若以读研和去教育单位就职的视角看,学院学生的就业又是跟专业很对口的。

1.2 从面向国内到面向世界

现在的形势是,随着中国经济的快速发展,国家综合国力日益增强,在世界舞台上扮演的角色越来越重要,世界各国出现的"汉语热"持续升温,所需的从事国际汉语教育的人才数量也越来越大,尤其需要有专业背景的人才。既然国内本科专业的就业市场相对饱和,就业相对困难,那么我们就把毕业生送出去,到国际上去竞争(这也是本专业办得成功与否的一个重要标志,即国际上高水平大学对你的毕业生和办学质量的认可程度如何),通过多种途径让他们成为真正的职业的国际汉语教学、科研和管理人员。但观念的转变必须要有高质量的人才培养才能使其变为现实。

2. 培养目标的设立和采取的措施

关于对外汉语专业本科人才培养的目标,作为全国仅有的两个经教育部批准建设的特色专业之一(另一个是北京语言大学对外汉语专业),华东师大提出的是"双语、双文化、双能力"。这是针对对外汉语本科专业提出的,但我们认为也应延伸至研究生,甚至教师的培养(程度上可以有不同要求)。所谓"双语"是指汉语和外语(至少精通一门),尤其是外语应该达到很高的水平(汉语自不待言)。2010 年华东师大对外汉语本科参加英语专业八级证书考试的考生,通过率约为 88%(88.2%),2011 年通过率约为 96%(95.6%),

2012 年通过率约为 86%（85.9%，71 人参加考试，61 人通过，其中 48 人为合格，13 人为良）。"双文化"是指中外文化兼修，以及在此基础上形成的跨文化（交际）知识和能力。过去我们只提"双语、双文化"，近年来，随着汉语国际推广事业的深入发展和形势的需要（汉语教学在世界各地蓬勃发展），我们又提出了"双能力"，即汉语作为第二语言/外语的实际教学能力和中华文化国际传播能力。强调实践能力是目前我国人才培养的大趋势，为此学院专门建立了一流的实践基地，比如：(1) 上海国际电影节（中国唯一获得国际电影制片人协会认可的国际 A 类电影节）和上海电视节（简称"两节"）。"两节"是我们培养学生外语能力、跨文化交际能力和中华文化传播能力的重要实践基地，我们的学生也是"两节"工作（包括译片）的主力。学生的优异表现也使得对外汉语学院成为"两节"不可或缺的合作伙伴。学生们从辛勤的劳动中获得的是国际化的视野以及综合素质和独立工作能力的提升。学生在"两节"的表现也得到了主办单位和中外宾客的高度赞扬，许多媒体都做过报道。(2) 华东师大对外汉语学院、上海美国学校等校内外教学实习基地。这是学院培养学生汉语作为第二语言/外语教学能力的有效的实践场所。尤其是在上海美国学校，学生跟随该校分派的带教老师参与各项教学活动，熟悉了整套国际学校的教学流程和教学规范，以及学生管理等。(3) 国外实习基地。例如，学院与美国俄勒冈大学签订了"学生实习与教育研究项目"合作协议，学院的在读本科生去该大学修读一定的学分课程，同时"每位实习生将跟随一位俄勒冈州公立学校的教师，协助并参与课内外活动，并在教师指导下观察和学习东道国所采用的教学方法"。国外实习又带动了学生继续（在国内外）攻读硕士学位的积极性。总之，我们认为，高素质、高质量的国际汉语教育人才的培养应该朝"双语、双文化、双能力"的方向努力。

最近我们又根据汉语国际推广与传播的形势，提出了学生要具有一定的开展公共外交的能力（吴勇毅，2011），这是一个新的理念，对汉语和中华文化的国际传播具有重要的意义，将会逐步落实到我们的课程改革中去（如我们设想开设"公共外交概论"等选修课）。

三、以国际化的人才培养为核心

人才培养是学校教育的核心和中心，质量为根本，同时人才培养要为学生的职业/专业发展和国际汉语教育的事业服务，为此，我们有以下一些认识：

(1) 要夯实专业基础。要着重培养学生的汉语、外语、中国文化、外国文化、跨文化交际的知识和能力，拓展公共外交能力，尤其要注重把知识转化为能力。

(2) 强化外语能力。学生一定要熟练掌握一门外语，若能掌握两门以上外语则更好，要能用所学外语进行沟通、交流和专业学习。

(3) 培养实践能力。学院要在国内外建立长期的实习基地，为培养学生的实践能力打造各种平台，要争取在四年的学习期内让多数学生有一次出国实践/实习的机会，使办学和学生培养更加国际化。

(4) 拓展国际视野。对外汉语专业的学生应具有较开阔的国际视野，了解世界汉语教育的情况,了解多元文化,并且懂得如何把我们的"故事"(国情、文化等)告诉他人。

（5）加强国际合作。学院要大力开展国际合作,与国际上高水平的大学接轨,共同培养国际汉语教育人才,同时也为学生就业拓展渠道。

附注

① 本文是教育部人文社会科学研究规划基金项目(项目号10YJA740098)"汉语国际推广背景下的对外汉语教师职前教育课程改革与培养研究"的阶段性成果。曾在"第十届世界华语文教学研讨会"(2011.12.25—29)和"中国语文现代化学会第十届年会暨首届汉语国际传播学术研讨会"(2012.10.13—15)上做报告。

参考文献

[1] 王昭文.台湾地区华语教师专业发展研究.华东师范大学硕士论文(待答辩),2012.

[2] 吴勇毅.汉语种子教师"直通车"培养模式.国际汉语教育,2011(1).

[3] 吴勇毅.公共外交、孔子学院与国际汉语教育的人才培养."首届两岸华文教师论坛"(广州:暨南大学,2011.8.16—18)大会报告;正式发表时题为:孔子学院与国际汉语教育的公共外交价值.新疆师范大学学报(哲学社会科学版),2012(4).

(作者简介:吴勇毅,华东师范大学对外汉语学院院长、教授、博士生导师,主要研究领域为第二语言习得、第二语言教学理论与教学法、国际汉语教育、汉语教师教育等。)

马来西亚本土华文师资合作培养模式初探

翟宜疆　华霄颖

提　要　马来西亚是东南亚华文教育体系最为完备的国家,近年来随着"汉语热"的兴起,华文教育得到了迅速发展,但面临着华文师资短缺的问题。本文以上海交通大学和马来西亚现代教育集团合作培养华文教师的"本科 1＋3"项目为例,对中外合作培养本土化华文师资的培养模式进行初步探索,对模式实施中出现的问题提出解决思路和对策。

关键词　华文教育　师资　合作培养　本土化

一、引言

随着中国与东南亚国家的经贸往来及文化交流的日益频繁,东南亚华文教育进入了一个新的发展时期。众所周知,师资是实现教学的关键因素,因而华文师资短缺问题日益引起人们的关注。考虑到文化和历史背景的差异,培养本土化的华文师资对于东南亚各国华文教育的可持续发展显得尤为重要。

本文所说"合作培养"是指中国高校和马来西亚教育机构合作为马来西亚培养本土华文师资。上海交通大学自 2008 年开始,与马来西亚现代教育集团合作,在马来西亚招收对外汉语教学方向本科留学生,为他们量身定做,制订专门的培养计划,开设针对性课程,在本土华语师资培养方面进行了有益的探索与尝试。本文在阐述该合作培养模式框架的基础上,以上海交通大学国际教育学院汉语言专业对外汉语教学方向 2008、2009、2010 三届马来西亚留学生(90 余人)为研究对象,通过问卷调查、座谈等形式,了解留学生对于课程设置、教学管理、文化适应等诸方面的感受与意见,通过现状分析,梳理存在的问题,并提出一些破解难题的思路。

二、马来西亚本土华文师资合作培养模式的产生背景

马来西亚是除中国以外唯一拥有小学、中学、大专完整华文教育体系的国家。马来西亚的华文教育之所以能取得令人瞩目的成就,离不开马来西亚华人社会的支持,尤其是相关民间机构"董教总"的正确领导。"董教总"是马来西亚华文学校董事联合会总会和马来西亚华文学校教师会总会的合称,它是维护和发展马来西亚华文教育的主要民间机构。

进入 21 世纪以来,华文教育在马来西亚获得了较大的发展空间,前途光明。究其原因,一方面是由于近年来,马来西亚政府逐渐接受多元民族、多元文化存在的现实,往日严格推行的"一个国家,一个民族,一种文化,一种语文"的政策有所松动,对华文教育的态度有所改变,限制逐渐减少;而与此同时,随着中国国际地位的提高,汉语的经济效应得到彰显,民众学习汉语的热情开始高涨,这也使得马来西亚政府越来越重视汉语的经济价值,开始考虑将汉语教学纳入国民教育体系。这两方面的原因使得马来西亚的华文教育处于一个前所未有的良好的发展时机,这既创造了机遇,也带来了挑战。

马来西亚是华文教育开展得较有声势的国家。据马来西亚教育部提供的最新资料,马来西亚现有华文小学 1290 所、华文独中 60 所、华文大专院校 3 所。除此之外,还有153 所国民小学、78 所国民改制型中学和 24 所寄宿中学向马来西亚学生提供华文课程,全国就读华文人数超过 20 万人。①

由于中国经济发展迅速,马来西亚政府为了在中国寻找更多的商业机会,吸引更多的中国游客到马来西亚旅游,还计划将来在所有国民小学都开设中文课程。②由于受工资待遇等客观条件约束,马来西亚华文师资来源比较单一,华文小学的师资主要来源于国民中学华裔毕业生,而独立中学师资主要由大专院校毕业的华人担任。据统计,华校的师生比维持在 1:28~1:30,而马来西亚教育部规定的理想比例是 1:19(胡春艳、周聿峨,2009),两者相差甚远。连华文学校所需的师资都无法满足,更遑论满足国民小学开设汉语课程后的师资需求。因此,这就使得华文师资需求与短缺的矛盾更为尖锐。

马来西亚政府已经意识到本土教师培养的必要性和迫切性,为了弥补华文师资短缺的不足,他们首先在国中或独中应届毕业生中招聘,每年估计可招聘约 200 名老师,暂且可解燃眉之急;其次,从中国引进师资。但这些均是应急措施,并非长久之策。最根本的是要培养长期稳定的师资队伍。为了达到这个目的,马来西亚政府鼓励国内学校与中国大学进行合作,为马来西亚培养更多的华文教师(郑祖伟,2007)。在此背景下,上海交通大学与马来西亚现代教育集团合作,通过双方合作建立的孔子课堂,在马来西亚招收对外汉语教学方向本科留学生,开始了双方合作培养本土华文教师的尝试。马方负责招生,学生在当地完成本科第一年的学习任务,然后来上海交通大学完成后续三年的学习任务(包括教学实习、毕业论文撰写),学成后获得上海交通大学本科毕业文凭和学士学位证书。

三、"1+3"本土华文师资合作培养模式探索

科学合理的课程体系是本科人才培养的基础。中外合作、定向培养的背景对课程体系的针对性和实用性提出了新的要求。上海交通大学国际教育学院的留学生本科汉语言专业始于 2000 年,起初只开设语言文化方向。为了满足"1+3"本土华文师资合作培养项目的要求,我们对原有培养方案进行调整,增设了"对外汉语教学"方向,并构建了相应的课程体系。

1. 人才培养目标及课程体系的确立

在设计课程体系之前,首先要对课程体系进行顶层设计,也就是说,要对人才的道

德修养、人文素质、知识架构、各种能力做出可操作、可度量、可评判的系统化、科学化的完整定义。根据马来西亚华文教育发展对师资的需求情况,我们将合作项目的培养目标定位在主要面向马来西亚中小学(包括华文小学、华文独中、国民小学、国民改制型中学和寄宿中学)的本土化华文教师。这一目标必须通过具体的课程体系来达成。具体而言,就是明确我们要在该培养目标的指引下制定出适用于培养对象(面向马来西亚中小学的华文教师)的知识、能力和素质三方面的指标体系,以保证培养目标的真正落实。

2. 华文教师知识、能力、素质指标分析

一个优秀的海外中小学华文教师,应该是知识、能力、素质协调统一,具有创新精神和终身学习能力的国际化人才。从这一人才培养目标的具体定位出发,我们对华文教师的知识、能力和素质指标做了细化分析,详见表1。

表1　华文教师知识、能力和素质指标

指　标	分　类	具体内容
知　识	汉语知识	汉语言的基础知识
	外语(英语)知识	外语(英语)的基础知识
	汉语作为第二语言教学的知识	汉语教学方法、测试与评估、二语习得与学习策略
	相关文化知识	中国传统文化、当代中国社会知识
	相关学科知识	教育学、心理学及现代教育技术的基本理论知识
能　力	汉语能力	较高的汉语听说读写能力
	外语(英语)能力	运用外语(英语)获取信息并进行交流的基本能力
	课堂教学能力	教学预测能力、语言教学能力和处置课堂突发事件的能力
	网络及多媒体应用能力	高效收集、整合教学资源,利用现代教育技术开展教学活动的能力
	教学管理能力	
	教学研究能力	
	终身学习能力	
能　力		良好的心理素质
		勤于思考、善于钻研的精神
		团队协作精神
		亲和力

我们将海外中小学华文教师的人才培养目标体系细分为知识、能力、素质三个层次,每一层次又各有其相关内容。知识是基础,其中汉语知识和汉语作为第二语言教学的知

识是最为基本的核心内容。相关文化知识和学科知识体现了华文教师培养的学科交叉特点;能力指标包括教学、研究、管理、自身提高等诸方面,反映一个高水准中小学华文教师的要求;而素质则集中体现了思考、协作、沟通、创新等本专业所需人才的基本素质。三者内容互为补充,体现了对专业人才目标体系的具体阐释。这个指标体系成为我们进行课程设置的指导方针。

3. 通识与专业相结合的课程设置

上述知识、能力及素质的指标体系只有通过具体的教学过程才能体现,因此与人才目标体系相匹配的课程设置尤为重要。每门课的开设都应满足多项能力和素质指标的培养要求,课程体系的调整应以知识、能力和素质指标的培养为主要依据。这是课程设置的总体原则。

上海交通大学将本科教育定位为通识教育基础上的宽口径专业教育,力求摆脱狭窄的专业教育,积极推进通识教育建设,注重学生的全面发展。所谓宽口径专业教育,主要是指努力拓宽专业视野,按照学科设置学科基础课程模块,重在学科基础知识的学习和应用。所谓通识教育,是指面向不同学科背景学生开设的、着力于学生精神成长、能力提高和知识结构优化的非专业教育。按照学校本科人才培养的总体要求,在具体设置上,我们将课程体系分为通识课程及专业课程两大类,以通识课程打下基础,以专业课程显现特色。我们培养华文师资的汉语言专业对外汉语教学方向的课程体系分为通识教育和专业教育两大类课程,它们之间是一种相互补充、相互促进的关系。通识教育着力于学生的精神成长、能力提高和知识结构的优化。通过精心筛选,将最主要、最基础的有关人类、社会、自然的知识传授给学生,帮助学生形成作为海外华文教师所必需的、能培养发展潜力的知识结构,这对于人才培养目标的实现具有基础性的意义。

通识教育课程主要包括:中国概况、教育心理学、中国政治与经济、中外文化交流史、中国科技史概论、演讲与口才等等,这些课程大部分由上海交通大学各学院的教师承担。

专业教育课程主要包括以下四类:

一是学科基础课,如综合汉语、汉语听力、汉语口语、汉语阅读、汉语写作、普通话正音、综合英语、高级英语文选等;

二是学科核心课,如中国文化概论、现代汉语、古代汉语、中国现代文学史、中国古代文学史、文学原理、语言学概论、跨文化交流导论、中国简史、对外汉语教学论、对外汉语教学方法与技巧、对外汉语教学语法研究、论文写作等;

三是专业选修课,如中国民俗、汉字与文化、旅游文化、中国商务文化、中国当代城市文化、中文工具书使用、唐诗宋词赏析、汉语惯用语、现代修辞学引论、中国四大名著欣赏、鲁迅作品选读、现代汉语语法精讲、《论语》选读、英汉翻译等;

四是专业实践类课程,如教学实践、毕业论文等。

通过上述课程的教学,基本可以满足华文师资培养中对于知识、能力、素质各项指标的构建和提升,从而最终达成总体培养目标的实现。

表2　马来西亚本土华文师资合作培养课程设置一览表

通识教育课程	必修课	中国概况、教育心理学
	选修课	当代话题、中国政治与经济、中外文化交流史、中医药与中国传统文化、电子商务、日语(1)、日语(2)、演讲与口才、外贸英语函电、中国科技史概论、择业与就业
专业教育课程	学科核心课(必修)	现代汉语(1)、现代汉语(2)、语言学概论、中国文化概论、中国现代文学史、中国当代文学史、文学原理、中国古代文学史(1)、中国古代文学史(2)、中国简史、古代汉语、对外汉语教学论、对外汉语教学方法与技巧、对外汉语教学语法研究、跨文化交流导论、论文写作
	专业基础课(必修)	综合汉语(1)、综合汉语(2)、汉语口语(1)、汉语口语(2)、汉语听力(1)、汉语听力(2)、普通话正音(1)、普通话正音(2)、汉语阅读、汉语写作(1)、汉语写作(2)、综合英语(1)、综合英语(2)、综合英语(3)、综合英语(4)、英语口语(1)、英语口语(2)、高级英语文选、汉语视听
	专业选修课	汉语惯用语、现代修辞学引论、现代汉语语法精讲、汉字与文化、成语故事、旅游文化、中国民俗、中文工具书使用、英汉翻译(1)、英汉翻译(2)、商务汉语、中国商务文化、中国当代城市文化、鲁迅作品选读、唐诗宋词赏析、《论语》选读、中国四大名著欣赏
	专业实践类课程(必修)	教学实践(1)、教学实践(2)、教学实践(3)、毕业论文

4. 第二课堂建设

我们在对华文师资的培养中尝试引入在上海交通大学中国本科生中采用的一些行之有效的培养方法,帮助学生融入我们的校园文化,更好地了解中国社会。其中第二课堂建设是比较成功的一种做法。所谓第二课堂,主要是指在正式的课堂教学时间之外,组织丰富多彩的科学研究和文体活动,比如组织学生参加学校资助的本科生科学研究课题申报(PRP项目)、组织学生参加公益活动和志愿者服务活动,组织学生参加各种形式的文化考察及体验活动,组织留学生社团并参与中国本科生社团活动,等等。这些活动对于学生各项能力和素质的提高起到了积极的作用,受到学生的普遍欢迎。

目前,上海交通大学"1+3"项目的第一批学生已于2011年春季顺利毕业,大部分毕业生已经走上了华文教师的岗位,其他毕业生大多数找到了相关的翻译、编辑等工作。

四、合作培养模式中的问题与对策

为了了解合作培养模式的实施现状,我们对2008、2009、2010三个年级的学生进行了问卷调查,主要了解他们的学习状况和学习需求,从中也发现了我们始料未及的问题,主要有以下几个方面。

首先,学生反映有些课程不符合他们的实际情况。这些课程中,一类是汉语课程,许多同学毫不客气地指出我们低估了他们的汉语水平,认为汉语听说读写的大部分课程均可以取消;一类是中国文化类课程,与"《论语》选读""中国四大名著欣赏"等与传统文化密切相关的课程相比,"中国商务文化""中国当代城市文化"等反映当代中国社会生活的课程更受欢迎;令我们吃惊的是,我们一向认为对留学生非常重要的"跨文化交流导论"课程,并未得到马来西亚学生的认可,多数学生建议取消这门课程,究其原因,并不是由于教学内容或者教师的教学方法不受学生欢迎,而是学生认为他们将来的工作环境是本乡本土,并不存在文化差异。

其次,学生对教学实践类课程的需求最多。这是因为,虽然从统计结果看,有四分之一的学生认为如果可以选择,他们的第一志愿并非当教师,如果有可能,他们会考虑改行,但是由于项目的限制,汉语教师仍是大部分学生明确的就业方向。也正因为如此,学生非常重视教学能力的培养。他们普遍认为,虽然安排了三个单元的教学实践,但是仍存在见习时间不足、旁听课程种类不够等问题,另外,教学见习、教学理论讲授和教学实践三者的衔接不够紧密,造成学生听课之后收获不大,而且缺乏直接授课机会。

再次,教材、教法上也存在问题。由于培养对象的特殊性,无法照搬常用的一般留学生的语言和文化教材,也无法直接使用中国中文系本科生的教材,因此部分课程教师使用自编讲义,由于初次授课,难免有不足之处。个别教师的授课方法过多注重知识传授,这也使思维活跃的马来西亚学生感到有些枯燥。

还有一点让我们没有想到的是,学生对教学管理、生活服务人员意见很大。经过访谈发现,问题不是来自服务,而是相关人员处理问题时的"无间隙"立场。本项目的马来西亚学生绝大多数为华裔,外表上看起来与中国本科生并无二致,使人很容易把他们当成中国学生,因此管理人员常常忽略他们外国留学生的身份,把他们与中国学生同样对待,在一些问题上采用简单化的管理方法,引起了学生的不满。

在听取学生意见的基础上,我们仔细分析了造成这些现象的原因,针对不同的问题与相关教师或管理人员沟通,调整课程设置,满足学生的学习需求,改进教学方法,尽最大可能改进教学效果。针对管理人员对马来西亚学生的身份"错觉",我们专门进行培训,向他们介绍马来西亚华人的情况,特别强调他们与非华裔留学生不同的特性,从而减少了误会和摩擦。

五、结语

上海交通大学"1+3"华文师资培养项目是中马合作培养马来西亚本土华文师资的一种探索和尝试。由于项目刚刚起步,许多问题还有待进一步研究和探讨。从我们的经历来看,以下几点需要引起充分重视:首先是要抢抓机遇,及时了解目的国市场需求及相关政策法规;其次是要准确定位,为培养对象量身定制培养方案,增强针对性;第三是要充分发挥孔子学院的平台作用;第四是要在教室、宿舍等硬件方面加大投入,同时还要加大奖学金的力度,以一流的环境吸引学生;第五是要分清文化认同和国家认同的差异,年轻的马来西亚华裔学生虽然了解中国传统文化,但是他们对自己国家的认同感非常强烈,教师和管理人员在教学和管理时应注意他们与中国学生及非华裔留学生的不同特点。

附注

① 马来西亚"董教总"网站：http：//www.djz.edu.my/resource/index.php? option＝com_content&view＝article&id＝798：1973-2008&catid＝75：2009-07-31-05-27-30&Itemid＝76。
② 参见顾洪兴《马来西亚华文教育情况》，http：//my.china-embassy.org/chn/zt/nycf/t314470.htm。

参考文献

[1] 蔡丽.华文教育专业学生教育技能培养问题刍论.中国成人教育，2010(5).
[2] 胡春艳，周丰峨.冷战后马来西亚华文教育发展状况探析.东南亚纵横，2009(12).
[3] 马来西亚"董教总"网站 http：//www.djz.edu.my.
[4] 马跃.华文教育专业的定位与海外华文师资素质需求分析.暨南大学华文学院学报，2007(1).
[5] 上海交通大学通识教育网 http：//ge.sjtu.edu.cn.
[6] 郑祖伟.马来西亚：教育部长表示将从国外引进所需师资.现代教育报，2007-11-13.
[7] 周丰峨，胡春艳.浅析 20 世纪 80 年代以来"成就困境"中的马来西亚华文教育.南洋问题研究，2010(2).

（作者简介：翟宜疆，上海交通大学国际教育学院副教授、副院长，主要研究方向为汉语国际教育；华霄颖，华东师范大学对外汉语学院副教授，主要研究方向为海外华文教育、汉语国际教育。）

附录：

调查问卷

各位同学：

以下问题都和你在上海交通大学三年的学习有关，请根据你的实际情况回答。我们向你保证，所有信息只用于与此相关的研究。谢谢合作！

1.请删去下列课程中你觉得对你没有帮助的课程，补充你需要的其他课程。

（1）中国概况、教育心理学、中国政治与经济、中外文化交流史、中医药文化、演讲与口才、日语、择业与就业

（2）中国文化概论、现代汉语、古代汉语、中国现代文学史、中国古代文学史、文学原理、语言学概论、跨文化交流导论、中国简史、对外汉语教学论、对外汉语教学方法与技巧、对外汉语教学语法研究、论文写作

（3）综合汉语、汉语听力、汉语口语、汉语阅读、汉语写作、普通话正音、综合英语、高级英语文选

（4）中国民俗、汉字与文化、旅游文化、中国商务文化、中国当代城市文化、中文工具书使用、唐诗宋词赏析、汉语惯用语、现代修辞学引论、中国四大名著欣赏、鲁迅作品选读、现代汉语

语法精讲、《论语》选读、英汉翻译

2. 你觉得目前教学实践的内容怎么样？还需要增加什么？

3. 你对任课老师的课堂教学比较满意的是什么？不满意的是什么？

4. 你对办公室老师比较满意的是什么？不满意的是什么？

5. 你对上海交通大学的校园生活比较满意的是什么？不满意的是什么？

6. 你是怎么来上海交通大学学习的？

7. 你选择上海交通大学的主要原因是什么？

8. 你毕业以后希望从事什么职业？目前的情况下最有可能从事的职业是什么？

9. 你觉得在上海生活哪些方面比较难以适应？

对外汉语教学研究生专业信念研究

马秀丽

提　要　本文从隐喻的角度探讨对外汉语教学研究生的专业信念问题之一,即他们是怎样认识对外汉语教师的。28 名刚刚入校的对外汉语教学和汉语国际教育研究生参加了调查,他们一共用了 30 个隐喻来描述自己对对外汉语教师的认识。结果显示,50% 的隐喻是从知识传播的角度来理解对外汉语教师的,另外 30% 的隐喻则关注对外汉语教师需要具备的专业知识和技能,还有 20% 的隐喻强调对外汉语教师对学生的引导和帮助作用。文章结合国际同类研究讨论了本研究的意义和价值,并据此对研究生培养工作提出了建议。

关键词　隐喻　信念　对外汉语教学

一、引言

在教育学界,信念指的是个体对于人、自然和社会的基本认识、理解和假设(赵昌木,2004)。相应地,在第二语言教学相关研究中,"信念"(belief)指的是关于第二语言学习和教学特征的任何看法(Busch,2010)。本文探讨对外汉语教学和汉语国际教育硕士生(以下简称"对外汉语教学研究生")在进入该项目学习时对本专业所持有的信念之一,即他们是如何认识对外汉语教师的。

在文献中,本文讨论的话题是在"教师信念"这个框架下进行研究的。我们首先回顾一下教师信念研究的历史。简单地说,研究者对于教师信念的认识有一个变化的过程,从最初的完全忽视到现在越来越重视(Freeman,2002;Borg,2003)。20 世纪 70 年代中期以前,研究者重视的是教学行为(特别是优秀教学行为)以及这些行为对学习过程和学习结果的影响。在这一背景下,教师的个体经验包括信念在研究中是没有地位的,重要的是掌握符合理论要求的优秀教学行为并将之成功地运用到教学当中。进入 80 年代,整个教育界进入了一个重要的变革期,特别是后现代主义思潮,对教师学习研究产生了重要影响。这段时期,研究者开始把教师看成是有思想的人,开始关注教师的心智活动(mental lives),关注教师认知(teacher cognition)对教学的影响以及教师如何做出理性决定。研究者普遍认为,教师对教学的信念取决于很多因素:做学生的经历、个人实践性知识、价值观、工作环境等等。教师的信念影响知觉和判断,进而左右教学决定,最终会影响学生的发展。最近的研究指出,在职前教师(pre-service teachers 或 student teachers)的培养过程中,如能适当考虑职前教师已有的信念,将会提高课程的针对性和教学效率(Busch,2010;Lo,2005;Peacock,2001 等)。

研究教师信念可以采用不同的方法,其中之一是教师所用的隐喻。传统上是把隐喻看成一种修辞手段,重视的是那些新颖独特的优秀比喻,特别是文学作品中的隐喻。当代的隐喻研究则重视隐喻在人类思维中的作用,把隐喻看成是认识世界的工具,一种深层的认知机制,正如 Lakoff & Johnson(1980)指出的那样:"通过隐喻理解经验的能力,类似于一种感官,就好像视觉、听觉和触觉一样。绝大多数情况下,隐喻是感知和体验世界的唯一方式。"在这方面,教师也不例外。在谈论自己的职业、信念以及日常活动时,教师常常会使用隐喻,特别是一些常规的隐喻。对隐喻进行分析,有助于了解教师的行为和态度,以及他们对教学问题进行反思时所依据的知识基础。

本文试图通过隐喻研究刚刚开始专业学习的对外汉语教学研究生的专业信念,即他们对"对外汉语教师"的看法。对外汉语教学研究中,关于教师信念,已经有一些成果问世(参见曹贤文、王智,2010 及其所引参考文献),但从隐喻入手进行研究的,我们尚未见到。需要说明的是,本文的调查对象,在文献中多称为"职前教师"(pre-service teacher)或"学生教师"(student teacher)。

二、文献综述

第二语言教学最近才开始对隐喻进行研究,不过大部分研究都集中在二语教学和二语习得中(Cameron & Low,1999;Danahy,1986;Herron,1982;Low,1988;Lantolf,1996;Littlemore & Low,2006 等),只有很少几项研究通过教师使用的隐喻来研究教师信念问题(De Guerrero & Villamil,2000、2002;Oxford,*et al.*,1998;McGrath,2006;Zapata & Lacorte,2007)。

Oxford 等(1998)分析了教师、学生的自我叙述,以及教育专家对语言教学(包括教师)的看法。通过综合,一共得出 14 个关于教师的隐喻,这些隐喻被归为四类。一、社会秩序。这一观点认为,教育的功能是确保社会的和谐发展,学习者是满足社会需要的资源。具体的隐喻如"教师是制造商"。也就是说,学习者被看成是原材料,教育的目的是要把他变成社会产品。二、知识传播。教师是智慧和知识的拥有者和卫士,对课程和课堂拥有至高无上的权力,一步步地引导学习者掌握知识,获得智慧。教学是一种单向的信息传递,学生的目的是从老师这儿学到知识。具体的隐喻如"教师是管道"。三、以学习者为中心的成长(learner-centered growth)。学生具有理解社会和知识的内在潜能,教师的作用是,按照自然的逻辑,提供合适的条件,帮助学生全面均衡成长。具体的隐喻如"教师是园丁"或"教师是搭支架者"。四、社会改革。教育的目的是培养学生科学、民主、平等、宽容的素质,以及解决问题、创造新知识的能力。教师要鼓励学生的不同观点,跟学生一起参与学习。具体的隐喻如"教师是学习伙伴"。

De Guerrero & Villamil(2000、2002)调查了 22 名参加教师培训的人对英语第二语言（ESL）教师的看法。这些人都有或长或短的教学经历。研究人员让他们用"ESL 教师是……"来描述他们的想法，并对自己的想法进行分析。这些人一共写出了 28 个隐喻，De Guerrero & Villamil 分析说，尽管表现形式不同，但调查对象对教师作用的看法，都不外乎传统的几种，以下面三类最为突出：知识的提供者；有合作精神的领导者；挑战者或者变化的推动者。此外，个人生活经历不同，所用隐喻也有不同的侧重，有些隐喻明显地以学生而不是老师为中心，比如"导演"；有些隐喻意识到了教学当中的困难，比如"驯狮员"。换句话说，个体的经历塑造了他们对教师角色的认知。从这些隐喻的理论基础看，大多仍与信息处理有关，不过，建构主义和社会文化学理论的影响也开始显现。Zapata & Lacorte(2007)运用 Oxford 等(1998)的框架，研究了 64 位职前或在职助教、教师对西班牙语和英语第二语言教师的看法。结果发现，尽管这些人学习经历不同，文化有别，但在他们的概念中，教师主要是和"知识传播"相连的，是知识的守护者，是桥梁。持这类看法的有 34 人，占 53%。另有 23 人（占 36%）的隐喻属于"以学习者为中心的成长"一类。只有两位教学经验在 10 年以上的老师的看法属于"社会改革"类，他们所用的隐喻是"教师是学习者""教师是旅行伴侣"，这意味着，在这两人看来，知识是教师和学生在互动中通过互相学习一起构建的。

总的来说，已有研究说明，第二语言教学的从业人员，不管经验如何，都倾向于把教师看成是知识的传输者。建构主义思想、自主学习、意义协商等新的教学理念，在很大程度上并没有内化为教师的信念。

三、研究方法

本文关注的是对外汉语教学研究生在刚刚开始专业学习时所持有的信念，特别是关于教师的信念。我们采用目前常用的研究方法(De Guerrero & Villamil，2002；McGrath，2006；Zapata & Lacorte，2007)，即通过问卷的形式，让学生完成"对外汉语教师是……"这一表述，来说明他们对教师的认识。问卷指令中，要求学生尽量采用打比方的方式（本文所谓的"隐喻"），并在需要的时候对自己的隐喻进行说明。为了使学生更容易明白研究者的意图，我们引用了 De Guerrero & Villamil(2002)研究中一位教师的看法作为例子："外语教师是一棵结满苹果的树（隐喻），全身上下洋溢着可以教给学生的知识（解释）。"除了对外汉语教师之外，问卷中还要求学生写出对对外汉语教材和对外汉语教学的认识（见附录）。本文只分析教师隐喻这一部分。

调查对象是北京大学对外汉语教育学院 2011 级新生，问卷在他们刚刚入校的第一周周末发放。至第二周结束，共收回问卷 28 份，其中汉语言文字学（对外汉语教学）方向研究生 5 人，汉语国际教育方向研究生 23 人。从性别看，男生 2 人，女生 26 人。专业方向和性别比例基本上反映了该届学生的整体情况。

在将学生的隐喻进行归类时，我们没有刻意运用某位学者的分类系统。之所以如此，有两个原因。第一，应用语言学领域现有的五种隐喻分类框架都有问题，Low(2003)甚至不得不用"有缺陷"(flawed)和"不可靠"(unsound)来描述它们。不管采用其中的哪一种，似乎都无助于提高分类的质量。第二，对外汉语教学界目前尚无人从隐喻角度对教师信念进行研究，因此，对现状进行如实的描述也许更为重要。

学生描述时，基本上都能按照我们的要求去做，既有隐喻，又有解释。比如："对外汉语教师是快乐的摆渡者(隐喻)，以语言为舟，热情为桨，承载着来自五湖四海的学生，驶向另一种文化的彼岸(解释)。"由于有学生自己的解释，所以就可以比较精准地确定隐喻的侧重点，从而做出合理的类别划分。上面这个例子是与船有关的隐喻，强调的是其沟通传播功能，因此我们将之归入"知识传播"类。但是下面的这个隐喻就有所不同："对外汉语教师是帆船上有经验的船长，在教学中处于指导性地位。"这个隐喻也与船有关，但强调的是船长的经验和指导性地位，落脚点在教师应该具备的素质上，因此我们将之归入"职业素养"类。换句话说，在对隐喻进行分类时，我们依据的是学生的整体表述中蕴含的意义，而不仅仅是隐喻自身。

四、调查结果

28名同学中，27人均用一个隐喻来完成自己的描述，另一人则用了3个隐喻。这样，我们一共得到30个隐喻。依照上面的分类原则，这30个隐喻分为如下三类。

(1)知识传播。这一类别强调教师在语言文化传播中的作用。这是数量最多的一个类别，共15个，占全部隐喻的50%。这一类别的具体隐喻中，"船"类("摆渡者""船夫"和"扬帆起航的船")和"桥梁"类是最多的，各有三个；其次是"导游"类，有两个。剩下的7个隐喻是："代言人""传教士""种子""天使""窗""演奏家"以及"彩虹"。其中，有的知识传播隐喻还对"知识"(即中国语言和文化)的特性进行了描述，主要是强调汉语和中华文化的美丽。比如："对外汉语教师是汉语天空中的一道彩虹，把色彩斑斓展现给仰望天空的人们，让他们看到汉语的美丽和魅力。"有的知识传播隐喻对传播者的态度做了刻画，使用的词语包括"无私""虔诚"和"热情"等。比如："对外汉语教师是上帝派到人间的天使，将上帝喜欢的礼物——汉语，无私地送给那些不曾拥有它的人。"

从传播的内容来看，只说"汉语"的有6个，如"对外汉语教师是一座桥，为求知若渴的汉语学习者搭建便捷而坚固的通道"；只提"文化"的有4个，如"对外汉语教师是一颗种子，把中国的文化散播到世界各地，生根发芽"；同时提到"汉语"和"文化"的有5个，如"对外汉语教师是一扇窗，透过自己把汉语和中华之美展现给世界"。

(2)职业素养。这一类别关注的对外汉语教师应该具有的素质，或者该职业的社会地位，共有9个，占全部隐喻的30%。其中6个是从正面说的，如"对外汉语教师是一台电脑，既要有专业知识等硬件配置，更要有专业素养和教学方法等软件配置，同时硬件软件要不断更新"。其他从正面描述的隐喻是"船长"(有经验)、"私人飞机"(需要专业知识和技能等资本)、"西红柿"(营养最全面、最丰富，需要有成熟而完备的知识体系)、"大厨"(能够做出丰盛美味的大餐)、"挑战者"(为了尝试新生活接受新挑战，必须拥有知识和技能这样的"行李")。这一类别中的另外3个隐喻则从反面入手，分别是"正在成长的年轻人"（充满热情但还不知道努力的方向）、"中国文化的二道贩子"（仗着顾客是个外行，试图以其昏昏，使人昭昭）、"冰激凌"（看起来火热实际上冰冷异常）。这几个隐喻关注的是对外汉语职业的尚不成熟、学科知识缺乏深度、就业情况未必尽如人意等现象。

（3）学生发展。这一类别聚焦在学生发展的问题上，教师的作用则是提供各种条件帮助学生发展。这类隐喻共有 6 个，占 20%。其中 2 个强调教师的指引作用，所用的具体隐喻是"明亮的灯"（指引学子前进的方向）、"路书"（引领学生走向他们期望到达的美丽之地）；还有 2 个重视教师的助手作用，所用的具体隐喻是"接生婆"（帮助学生把知识导出来）、"小孩子的保姆"（千方百计哄着他们吃饭喝奶）；另外 1 个则关注教师带给学生的情感享受，所用隐喻是"一泓清泉"（滋润着汉语学习者的心灵）；最后 1 个认为教师和学生一样需要摸索，但同时也有领路的作用，所用的隐喻是"探险者"（通过自己的探索不断发现语言文化的魅力，并带领同在此中探索的学生一道前往）。

总起来看，在本文调查得到的 30 个隐喻中，有 50% 是从知识传播的角度来理解对外汉语教师的，有 30% 关注的是对外汉语教师需要具备的专业知识和技能，还有 20% 则强调对外汉语教师对学生的引导和帮助作用。下表是对这一结果的总结。

表 1　隐喻调查结果一览表

类别	人数（比例）	例子
知识传播	15（50%）	对外汉语教师是快乐的摆渡者，以语言为舟，热情为桨，承载着来自五湖四海的学生，驶向另一种文化的彼岸。
职业素养	9（30%）	对外汉语教师是帆船上有经验的船长，在教学中处于指导性地位。
学生发展	6（20%）	对外汉语教师是一本路书，引领学生走向他们期望达到的美丽之地。

五、讨论

与国外同类研究相比，本研究最大的一个发现是，有 30% 的被调查者在所使用的隐喻中，关注的是对外汉语教师的职业素养，这是国外同类研究（De Guerrero & Villamil，2000、2002；Oxford, *et al.*, 1998；Zapata & Lacorte，2007）中所没有的。为什么会出现这样的情况呢？

我们认为，之所以如此，和对外汉语教学学科的发展还不成熟有关。在美国，英语第二语言教学作为一门学科，至少可以追溯到 1967 年 *TESOL Quarterly* 杂志成立之时；在英国，也许可以从 1946 年 *ELT Journal* 成立时算起。经过四五十年的发展，英语第二语言教学的学科地位已经牢固地确立下来。不管是已入职的英语教师，还是正在接受培训的职前英语教师，考虑更多的都是英语教师在教学过程中的作用，而不是作为一名英语教师，需要具备什么样的条件。而在中国，对外汉语教学的历史虽然可以追溯到 1950 年，但从学科的角度认识对外汉语教学的历史则不超过 30 年（"对外汉语教学"这一名称是1983 年提出的）。从研究的角度看，对外汉语教学作为一门学科所积累的研究基础尚不深厚。突出的一个证明是,在业界影响深远的《对外汉语教育学引论》(刘珣,2000)的第一章,就花了整整 35 页的篇幅来论证"对外汉语教育是一门专门的学科"(这里暂不考虑"对外汉语教学"和"对外汉语教育"的细微区别)。这其实是学科还没有完全得到承认时的一种反应。作为对外汉语教学研究生,对此是有所耳闻的。这一认识,反映在教师信念(外化为上文提到的"隐喻")上,就是:一方面用"对外汉语教师需要专门的知识和技能"为自己"撑腰壮胆",另一方面也深深地担忧这一学科的发展和在社会上的地位。也就是说,学生的隐喻折射出了对外汉语教学学科的发展现状及面临的问题。

Zapata & Lacorte(2007)指出,他们自己的研究和 De Guerrero & Villamil 的研究都发现,教师隐喻中,最主要的都和"知识传播"观念相连,教师被看成是知识的守护者和传递者。他们认为,这主要是因为两项研究中的调查对象都深受西方文化的影响,他们对教育的功能和外语教学方法的认识有很大的相似性。本文的研究中,学生运用最多的隐喻也是"知识传播"类,有一半学生把汉语教师看成是语言和文化知识的传递者。中国文化和西方文化区别很大,为什么在两种文化背景下做的调查得出的结果却如此相似?对此,可以有两种解释:一、在中国,目前人们对教育的主流认识,以及外语教学中采用的主要方法,都与西方国家差别不大。世界正在变得越来越小,中国正在与世界同步。二、中西方不同教育、不同文化背景下,教师信念如此趋同,说明大家对"知识传播"观念的认可。也许可以认为,语言教师最重要的作用就是,通过各种途径,把语言和文化知识传递给学习者,让他们能够理解目的语文化,能够用目的语进行工作和交际。对这两种解释进行更多讨论超出了本文的范围,但这一问题毫无疑问值得深入研究。

值得一提的是,文化在本文的研究对象心目中,占有非常突出的位置。在隐喻中只提"文化"的有 4 例,同时提到"汉语"和"文化"的有 5 例。换句话说,有 30% 的研究对象认为,对外汉语教师的主要作用(或主要作用之一)是传播中华文化。语言教学中必然包含文化因素,但学术界最新的认识是更加强调二者的密切结合。崔希亮(2010)就指出:"单纯的语言教育已经不能适应时代的需要,语言加文化式的博雅教育会成为对外汉语教学和汉语国际教育的主要观念。"传播中华文化,这是对外汉语教学和汉语国际教育走出教育领域、走进大众视野的过程中最容易被人接受的一个理由。作为刚刚进入专业领域的研究生,接受这样的看法也在情理之中。

本次研究中,从关注学生发展角度来定义对外汉语教师的学生不多,只有 20%。在语言教学过程中,关注学习者的情感体验和个人发展,培养学生的科学、民主意识是一种比较新的教学理念。2001 年欧洲理事会制订的《欧洲语言共同参考框架:学习、教学、评估》(简称"共同框架")中,就把培养欧洲人的"民主公民意识"(democratic citizenship)列为语言教学的目标之一。为此,"共同框架"提出,要大力发展现代外语教学方法,使之能够促进个体思维、判断和行动的独立性,增强其社会生活能力和责任感。在对外汉语教学中,这样的意识尚未得到普及,学生自然也很少接触类似的观点。另外,从"社会变革"角度来思考问题的回答暂时没有。

总的来说,本次调查所得结果在某些方面验证了前人的研究结论,也发现了前人研究没有提到的新情况。调查结果说明,刚入校的研究生对对外汉语教学的历史和现状还是有一定了解的。

六、结束语

对外汉语教学中,从隐喻角度对教师信念进行的研究还不多见。从上面可以看到,这一角度还是能够发现不少有价值的现象的。这些发现也为进行有针对性的教学提供了很好的参照。比如,根据本文的调查结果,在研究生培养过程中,要注意向学生展示学科的最新进展,介绍新的教学思想,增强他们的学科意识和对学科的信心;在课程设置方面,需加大文化课特别是中国文化课的比重,并且注意语言和文化的密切结合。更重要的是,在研究生培养过程中,也可以把隐喻有机地融合进来。De Guerrero & Villamil(2002)指出,ESL教学是一个复杂的职业,只有运用多个隐喻,才能全面展现其复杂性。不过,在用隐喻进行表达时,人们关注的往往是对自己而言最突出的特征,而不是自己的全部认识。我们认为,就结合隐喻进行研究生培养而言,以下方案是可行的:首先,在不同时期,可以让学生用隐喻把自己的想法表达出来,思考在每一个时期自己最关注的是什么;其次,在相同时期,可以让几个同学一起,比较各自的隐喻,观察每个人的关注点有何不同。对外汉语教学活动的复杂性、对外汉语教师角色的多面性等,都可以在上述活动中得到一定程度的展示。本文探讨的是刚入校研究生的职业信念。在学习过程中,他们的信念有没有改变?信念和他们的教学实践活动之间有什么关联?……这些都是值得进一步研究的课题。

参考文献

[1] 曹贤文,王智.对外汉语教师与欧美留学生对"有效教学行为"的评价.语言教学与研究,2010(6).

[2] 崔希亮.对外汉语教学与汉语国际教育的发展与展望.语言文字应用,2010(2).

[3] 刘珣.对外汉语教育学引论.北京:北京语言大学出版社,2000.

[4] 赵昌木.论教师信念.当代教育科学,2004(9).

[5] Borg,S. Teacher Cognition in Language Teaching:A Review of Research on What Language Teachers Think,Know,Believe and Do. *Language Teaching*,2003(2).

[6] Busch,D. Pre-service Teacher Beliefs about Language Learning:the Second Language Acquisition Course as an Agent for Change. *Language Teaching Research*,2010(3).

[7] Cameron,L. & Low,G. (ed). *Researching and Applying Metaphor*. Cambridge:Cambridge University Press,1999.

[8] Danahy,M. On the Metaphorical Language of L2 Research. *Modern Language Journal*,1986(3).

[9] De Guerrero,M. & Villamil,O. Exploring ESL Teachers' Roles through Metaphor Analysis. *TESOL Quarterly*,2000(2).

[10] De Guerrero,M. & Villamil,O. Metaphorical Conceptualizations of ESL Teaching and Learning. *Language Teaching Research*,2002(2).

[11] Freeman,D. The Hidden Side of The Work:Teacher Knowledge and Learning to Teach. A Perspective from North American Educational Research on Teacher Education in English Language Teach-

ing. *Language Teaching*，2002(1).

[12] Herron, C. Foreign Language Learning Approaches as Metaphor. *Modern Language Journal*，1982(3).

[13] Lakoff, G. & Johnson, M. *Metaphors We Live by*. Chicago：The University of Chicago Press，1980.

[14] Lantolf, J. SLA Theory Building：'Letting All the Flowers Bloom!'. *Language Learning*，1996(4).

[15] Littlemore, J. & Low, G. Metaphoric Competence, Second Language Learning, and Communicative Language Ability. *Applied Linguistics*，2006(2).

[16] Lo, Y.-H. G. Relevance of Knowledge of Second Language Acquisition：an In-depth Case Study of a Non-native EFL Teacher. In：Bartels, N. （ed）. *Applied Linguistics and Language Teacher Education*. New York：Kluwer Academic，2005.

[17] Low, G. On Teaching Metaphor, *Applied Linguistics*，1988(2).

[18] Low, G. Validating Metaphoric Models in Applied Linguistics, *Metaphor and Symbol*，2003(4).

[19] McGrath, I. Teachers' and Learners' Images for Coursebooks. *ELT Journal*，2006(2).

[20] Oxford, R. *et al*. Clashing Metaphors about Classroom Teachers：toward a Systematic Typology for the Language Teaching Field. *System*，1998(1).

[21] Peacock, M. Pre-service ESL Teachers' Beliefs about Second Language Learning：a Longitudinal Study. *System*，2001(2).

[22] Zapata, G. & Lacorte, M. Preservice and Inservice Instructors' Metaphorical Constructions of Second Language Teachers. *Foreign Language Annals*，2007(3).

（作者简介：马秀丽，香港大学教育学院博士研究生，研究方向为教师教育和发展、对外汉语教学等。）

附录：

调查问卷

请您根据自己的理解，完成下面的叙述。我们希望您能用生动有趣的方式把您的看法表述出来，因此，在写作时，请尽量使用打比方的方式。如果您觉得有必要，可以对您使用的比喻加以解释。举例来说，一位波多黎各英语教师认为："外语教师是一棵结满苹果的树（比喻），全身上下洋溢着可以教给学生的知识（解释）。"再比如说，一位中国香港的中学生认为："外语教材是一只愤怒的狗（比喻），用我不懂的语言将我吓倒（解释）。"

非常感谢您的配合和支持！

对外汉语**教师**（汉语第二语言教学）是……

对外汉语**教材**（汉语第二语言教学）是……

对外汉语**教学**（汉语第二语言教学）是……

中学对外汉语教师发展需求的个案研究①

刘 弘

提 要 本研究通过对一所国际学校中三位中学对外汉语教师的访谈,尝试了解她们对待自己工作的态度和对专业发展的期待。研究中发现,虽然这几位中学对外汉语教师都有一定的专业发展需求,但对于如何发展的认识则较为模糊,且由于受到多种因素影响,她们对自身的需求认识不足。笔者据此对中学对外汉语教师的在职培训提出了一些建议。

关键词 中学 对外汉语教师 发展需求 个案研究

一、引言

目前,学习中文的外国学生从大学生扩展到了中小学生,因此有越来越多的教师在中小学从事对外汉语教学,可是专业研究者对于他们的工作和生活状态的了解并不多。本研究通过对一所国际学校中三位对外汉语教师的访谈,了解她们对待自己工作的态度以及在专业发展上的需求,并进行深入分析,以期推动中小学对外汉语教师的专业化工作。鉴于目前海外来华接受培训的教师也以中小学教师为主,因此本研究也将有助于我们对海外华文教师的培训。

教师发展就是教师不断成长、不断接受新知识、提高专业能力的过程。它不仅包括教师个体生涯中知识、技能的获得与情感的发展,还涉及教师工作环境中的学校组织文化和结构(卢乃桂,2006)。本文所探讨的教师发展需求,就是指教师在实现专业发展的过程中对自己应该在哪里、实际在哪里、想要到哪里的一个反思和展望(陈秀梅,2008)。教师发展需求是教师培训工作的基础,因此在汉语国际推广的背景下显得十分重要。

国内已有一些关于外语教师发展需求的实证研究,其中绝大多数是通过发放问卷来获取数据的(陈秀梅,2008;李华,2006;全鸿翎、李珂,2007;吴琼,2010;曾嵘、陈丽,2008;周燕,2005),而质性研究只有一项(郝彩虹,2006)。我们认为,通过发放大规模问卷的手段能够对教师的发展需求有一个总体的了解,但是问卷设计的科学性直接关系到研究的信度和效度。由于我们对中学对外汉语教师的生活工作状态和发展需求所知甚少,因此直接套用大学英语教师的发展需求调查问卷并不一定十分有效。而且问卷调查方式本身已经限制了教师自身意思的表达,获取的信息有可能是比较表面化的,教师内心的真实想法未必能完全表达出来。因此,在中学对外汉语教师发展研究中,有必要先进行访谈形式的质性研究,从而为今后大规模问卷的制订工作打下基础。因此从某种意义上说,本研究是一个探索性研究(exploratory research)。

二、研究设计

1. 研究问题

本研究主要探寻以下几个问题：

（1）中学对外汉语教师如何看待自己现在的工作状况？

（2）他们如何看待对外汉语教学工作？

（3）他们专业发展上的动力和需求怎样？

2. 研究场景的选择

本研究选择 Y 校作为研究学校。Y 校是上海一所知名的国际学校，至今已有近 20 年历史，是上海最早的国际学校之一，在上海就拥有四个校区。与其他国际学校相比，Y 校比较重视中文教学，所有的班级每天都有一节中文课，且是必修。由于学生的家庭背景各不相同，因此校方把中文教学分成两种："母语班"和"非母语班"。"母语班"的学生家长至少有一方是说中文的，他们的教学模式基本就是国内的语文教学模式。"非母语班"学生家中都没有人说中文，目前有初级和中级两个水平段。由于受到学生人数等方面的限制，Y 校没有"非母语"的高级班教学。一旦"非母语班"的学生完成了中级水平的学习，就转入"母语班"的高级班继续学习。

3. 研究对象的确定

本研究的对象是三位教师，均是来自 Y 校浦东校区从事"非母语班"教学的教师。选择的依据结合了方便抽样和典型抽样两个原则。Y 校负责中文教学的副校长作为研究的"看门人"在听取了研究者的说明之后，向研究者推荐了三位教师。她认为三位教师都有至少三年的"非母语班"的教学经历，教学效果较好，而且三位教师的个人经历基本上代表了 Y 校"非母语班"教师的情况。

表 1　三位教师的基本情况

编号	性别	学习经历	以前工作情况	对外汉语教学经历
A	女	毕业于中师。后获大专（英语）和本科（商务管理）文凭。未参加过系统的对外汉语专业教师培训。	担任过 10 年小学英语教师	先任教于小学部，现同时在中学部教授初级水平学生。执教经历为 5 年。
B	女	大学中文系本科毕业。目前自费上夜大学习对外汉语专业。现为中学部中文教学组组长。	曾在小学担任两年的语文教师	先从事"母语班"的教学（1 年），后调任"非母语班"从事教学至今。对外汉语执教经历为 4 年。
C	女	大学英语系毕业。参加过对外汉语教师短期培训（3 个月）。	曾在高中担任 1 年英语教师	私立对外汉语教学中心任教 2 年，教授成人。目前在中学部，执教 3 年。

郝彩虹（2006）认为，"新手教师"尚处于职业发展的"生存期"，为适应工作而努力，一般无暇考虑专业发展问题。而本研究中的三位教师已是"熟手教师"，她们有条件也有可能考虑专业发展问题。

4. 数据的收集和处理

本研究中，数据的来源主要有三种：（1）与三位教师的访谈记录；（2）与 Y 校副校长的访谈记录；（3）研究者访谈之后记录的田野笔记。

与三位教师的访谈采取半结构化的访谈方式。研究者事先草拟了若干个问题，在指定时间来到 Y 校，分别与三位教师做访谈，每位访谈者的时间约为 90 分钟。研究者把整个访问过程全部录音，在访谈完成之后，把访谈录音转写成文字稿，并将文字记录稿发给受访教师，请她们确认（参考 Nunan＆Bailey，2009）。在论文写作中，有部分不清楚的细节通过电子邮件方式重新与受访者进行了确认。与副校长的访谈主要是为了了解 Y 校聘用教师的制度和教研活动的情况，访谈录音也整理成了文字稿。

本研究采用"质性研究"中的类属分析模式来处理访谈资料（陈向明，2000）。步骤包括：（1）开放登录；（2）二次编码；（3）归类。本研究参考波格丹等（2008：142～143）提出的编码角度，主要有三种，一是"场景码"，主要用于学校的基本情况、教师个人背景等方面；二是"被研究者对事情的定义码"，如对被研究者说明自己需求的具体内容进行编码；三是"被研究者看待人和事的方式"，如对被研究者对于某些事情的主观看法进行编码。

三、结果和分析

通过类属分析，有如下主题（theme）浮现出来。

1. 在经历了最初的迷茫之后，她们对自己现在的工作感到满意

三位教师在工作的最初阶段都遇到过不少困难。在访谈中，她们都对第一年的教学印象深刻。不过三人的困难各不相同，且均与自身教学经历有关。A 是从英语教学转过来的，她用"迷茫"来形容自己最初的工作。A 回忆说，自己那时的教学基本沿用了中国小孩子的母语教学方式，对于那时的教学效果，她觉得不太成功。B 说自己刚从母语教学转过来的时候，"很慌""一点概念都没有"，采用"比较偏母语的（方法）"。她也觉得自己现在的教学方法和以前完全不一样。

A 和 B 都有与小孩子接触的经验，因此她们的困难比较多地集中在教学的内容和方法上。相比之下，有过成人对外汉语教学经历的 C 遇到的困难反而更大。压力主要来自她不知道如何管理班级纪律，课堂交流也不太顺利。相比之下，她觉得课堂管理上遇到的困难比教学本身还要大。

可是，她们对目前自己的工作均比较珍惜，均表示愿意把它当作终身职业。这应当成为她们专业发展的基础。

2. 她们对于如何搞好教学有一些自己的理念

三位教师在自己的教学实践中对于如何搞好教学逐步形成了自己的认识,有了一些比较固定的观念。比如,三个人都把"能提高学生的学习兴趣"放在很重要的位置。三位教师全都提到备课、钻研教材的重要性。A强调要认真阅读每一课,并了解整本书。B强调备课要细致,尽可能把所有可能想象到的问题都预设出来。C则强调要对教材深入理解,要对教学目标有比较清楚的把握。

3. 她们对于成为好老师的条件也有比较明确的认识

A和C都谈到了"责任感"和"爱心"的重要性。A谈到"爱心"的时候很自然地谈到了自己以前在中国普通学校的教学经历,这可能与她教的学生年龄较小,需要更多关心有关。B和C都谈到了"钻研精神"。B说自己很欣赏"愿意不断尝试新东西的老师",C认为教师"要有不断地钻研的精神,就是不断地去想不同的活动"。

C还多次谈到"控班能力"(课堂管理)。事实上,这也是Y校副校长多次提到的②。因为Y校学生年龄比较小(12~15岁),自控能力和学习态度还需要教师指导,若没有好的课堂纪律,教师便无法把课进行下去。A和B没有谈到这一点可能是因为她们本身曾经在中小学任教,在这方面较有经验,故没有刻意提及。

值得注意的是,三位教师没有简单地说"拥有丰富的语法知识""高超的教学技能"这方面的话。她们对有效教学和优秀教师的理解都包含了多个因素。比如"调动学生兴趣",既要求教师有一定的教学方法,也要求教师掌握学生的心理和兴趣爱好;"爱学生"不但要求教师具有对工作的敬业精神,同时要求教师具有一定的跨文化交际能力。即使是"备课"这样的"纯"教学行为,其实也包含了多个方面(比如考虑学生,前后几课都要看等)。这些表述说明她们不是从某个单一角度来看待教学的,而是把工作的各方面联系起来。她们都没谈到语言知识的问题也反映出她们对于教学有一些自己的看法。

4. 尽管三人在专业发展上的动力不同,但是都有一定的发展愿望

三位教师的发展动力有所差异。相对来说,A的发展需求更多是以一种"隐性"的状态存在的。当研究者问她有没有兴趣再去进修,学点专业知识的时候,她的回答是"没有这个精力了""老实说,我没有学习的愿望了"。可是在访谈的过程中,研究者发现,其实A挺注意吸收别人的教学经验的。比如她说自己备课的时候,也会看别人的案例或者学校网络平台上提供的其他教师的教案。当研究者指出她教学中的一个问题时,她马上询问有没有好的书籍推荐。

B是三位教师中发展需求最强烈的。这表现在几个方面:首先,她主动报名参加了某大学的相关专业学习。B已经有大学本科毕业证书,因此再读第二本科并非是为了学历需要,而完全是因为个人对教学有更高的要求。她还主动询问过研究者有关专业硕士的报考和学习情况,并表示愿意再学习。她对于参加其他学校的培训也比较积极,曾利用暑假专门去参加过TPR教学法的培训。另外,作为中学部的教学组长,她经常在自己主持

的教研活动中把获取的一些信息与其他教师分享。她还会主动看一些相关的参考书籍，尽管有时并不一定有特殊目的。

C也有一定的发展需求。C是英语系出身，虽然在来Y校之前在其他地方有过三个月的对外汉语专业培训，但那个培训只是针对当时她所要教的课本而进行的。虽然C觉得这个培训有用，但是她还是觉得自己在对外汉语教学方面的基础不够。她想对整个"中文体系"③有更深入的理解。C还希望能把同样的教材再教几次，因为"可以见到不同的学生，知道怎么去面对不同（学生）的教学，处理也会更娴熟一些"。

从这三位老师的陈述中可以看到，正在走向成熟的汉语教师对于专业发展动力都比较强。

5. "实际教学方法"和"语法知识"是她们普遍的需求

正是由于她们个人成长经历和发展需求的差异，三位教师对于具体想进一步学习的内容也有所不同。A比较想得到的是"教学方法"方面的培训，尤其是了解实践的案例，包括别人成功的或失败的经历。B也希望学到实用的教学方法。C更想学的是中文的语言体系，C没有系统学过中文的相关语言知识，因此她在教学中遇到一些语法难点，会采用"规避"的方法来解决。而且她有时遇到学生作文中的错误时，无法给学生解释。她也试图自己看语法书，但是还是不太理解。

6. 三位教师对单纯的"理论"都表现出排斥的心理

在整个访谈中，令研究者印象最深刻的就是她们对"理论"的排斥，她们更愿意学一些实践性强的东西。三位老师都表示不太希望去学"理论"。例如，A觉得理论知识都是很空洞的，没有帮助。B虽然在学校进行过专门的学习，但也不太喜欢理论的东西。她觉得"理论只有等到实践了以后你才会有体会"。她对学校组织的暑假教研活动中的理论学习评价不高。C对于"理论"的态度有点矛盾，一方面说自己想学一点语法理论，但同时也觉得消化理论很难，不如实际的东西能立竿见影。

三位老师都愿意学习可是却都排斥"理论"的状况很值得我们注意。访谈中，研究者发现教师们所说的"理论"其实包含教学法知识和语言学知识等多个方面。她们对"理论"的排斥与她们的教学经历有关。由于她们都是在实践中获得成功的，在成长过程中"理论"没有发挥过作用，因此她们不会特别重视"理论"的作用，而是更愿意通过学习别人的成功"案例"来提高自己的教学水平。而且由于她们没有接受过系统的专业培训，因此她们在理解很多专业术语上有困难，这也造成了她们对理论的排斥。尽管如此，她们也意识到缺乏"理论"是自己的弱点，模糊地感觉到"理论"对于自己专业发展的重要性。可是她们的认识是表面的，不够深刻，因此就出现了这种既排斥又有点渴望的矛盾现象。

7. 有的教师不一定能正确认识到自己的弱点和不足

研究中另一个有意思的发现就是，由于受到自身条件的限制，有的教师对于自己真正需要什么不一定能表述清楚。目前，相当一部分中学对外汉语教师并非毕业于对外汉语专业。这些教师对于如何与孩子沟通,如何管理课堂有丰富的经验,但是对于对外汉语教学的一些专业内容(例如汉语的语法)却了解不多。他们依靠教学实践逐步积累起个人"经验",拥有较为丰富的"实践性知识"。实践性知识具有"默会性"的特点(陈向明,2003),教师本人能模糊地体会到,却不一定能清楚地表达出来。因此对于自己存在的问题,他们能描述现象,却不一定能了解产生这种现象的本质,也就不一定能把自己真正的需求表述出来。

在本调查中,A在回答"你觉得最想学习什么时",说自己很想学习教学方法,特别是汉字教学和语法教学方面的方法。因为她觉得现在的学生"忘性大","容易混淆"。她特别希望能学到一些有用的方法来解决教学中的问题。接着她举例说明自己教"了"以后又教"常常",结果学生造出了"常常"和"了"连用的句子,A觉得是由于学生没有掌握好,造成了两种结构的混淆。她认为要是自己能够有一些好的办法,就能够帮助学生记住语法规则。学生就能很快理解并吸收,而且不会用错。可是在访谈中,研究者发现她在解释"了"时用"'了'表示过去式"这样的说法,而这很可能正是造成学生犯错的重要原因。可直到她把这个事例讲完,她一点儿也没提到自己在语法解释上的问题。因此她举的这个例子恰恰说明了她语法知识的欠缺,应该在语法知识方面加强,而A本人却归结于自己还没找到好的教学方法。由于A教师没有系统学习过中文语法,因此她无法正确判断造成学生犯错的真正原因是什么,她只能从结果来推测,并想当然地归结到自己的教学方法还不够好这方面,没有能够真正找到出现问题的源头。因此在教师发展需求研究中,我们要深入分析教师的表述,以确定他们表述的真实意思。这同时也对发放问卷来获取教师发展意愿的研究方式提出了挑战,因为如果教师对自己的认识不够正确的话,简单的发展意愿问卷无法真正了解教师的需求。

8. 三位教师目前参加教研活动的情况

Y校中文教学的教研活动主要有两种形式:一是教研组活动,二是夏季的各分校之间的"交流营"。教研组活动有大小组之分,大组活动安排在学期之初和期末,小学和中学的教研组共同参加,一般是介绍本学期的要求和政策。小组教研就是每个教研组的日常教研活动。中学教研组一般每月有两次活动,其主要任务是集体讨论,确定教学的重点和难点。由于没有配套的教材参考书,教师主要通过已有的经验来判断。他们有时候还集体讨论一些比较难教的课文,这时每个教师都会提供一些自己的教学建议。事实上,这种教研活动的形式基本上与国内普通中学教研活动相同。

她们都觉得这种教研活动的形式很好,认为"比较开放""比较自由""比较有用"。B作为负责小组教研活动的人,自己也认为虽然学校的"教研活动不是很发达",但是也有优点("我们的教研活动形式还是比较自由的,每个人都会发点言,每个人谈点自己的想法。非常实在,比较有用。即使跟你没有直接关系,对你也有启发和灵感")。A和C都希望能够在教研活动中看到不同风格的教师教学。由于条件限制,他们很少有机会听别人的课。

三位教师对于交流营的看法则有差异。A和C都认为可以听到别人的想法,还是不错的。但是 B 则觉得各个学校的教师都有点保留,帮助不太大。Y 校中学组曾经考虑过集体备课,但是最终没能实行。原因是目前中学部学生还不多,每册书都只有一位教师执教,因此失去了集体备课的可能性。

总的来说,她们的教研组活动基本局限在学校内部,很少有与外部交流的机会。Y 校副校长认为,Y 校中文教学相对其他国际学校来说比较领先,因此他们觉得与其他学校交流对他们的帮助不是很大,他们希望与更高层次的机构(如大学的专业研究机构)进行交流,但这种机会却很少。

9. 对研究的排斥心理

与对"理论"的态度类似,三位老师都对"研究"很排斥。她们对于"研究"的看法就是"写论文",认为"研究"是离一线教师很远的事情,且与教学无法兼容。

C 说:"学校的整个思路就是上课,你上课上得好就可以,就是对于做研究啊,好像没有这个要求,所以我们从来就不要求写什么论文之类的。像我们这边学校的话,说实话也没有这个时间浪费,我没有那个兴趣,也没有那个能力,我还是扎扎实实搞好教学吧。"

A 谈到自己当初离开原来学校的一个因素就是当时的校长总是要她们搞科研。C 也对以前在原来学校中的"研究"有不好的印象,认为很多研究是抄来抄去,浪费时间。她们从来没听说过"行动研究""教育叙事"等符合一线教师特点的研究形式。

四、本研究对中学对外汉语教师专业化发展工作的启发

1. 中学对外汉语教师已经对在职培训活动形成一些固定却未必正确的观念,因此,更新观念应当成为教师专业化发展工作中的重要部分

一线教师并非白纸一张。在他们的头脑中,对于目前工作和教师发展,已经有一些比较成形的观念,这些观念的形成与他们的教学经验和人生经历有着密切的关系。可是这些观念未必正确。比如他们认为"理论"是一种与具体教学相对立的、抽象化的、对他们实际教学没有多大作用的东西;他们即使参加了一些新的教学法学习班,也会凭自己的经验主观地下一些否定性的结论,例如"我的班不合适",轻易地就放弃尝试[①];他们认为"研究"是很空洞的、不实际的,与一线教师没什么关系;他们希望的培训是能够"立竿见影""拿来就能用的"等等。

而在教师发展研究领域,一些新的观念逐步为大家所接受。比如"教师即研究者"的观念,现在公认教师成长的重要途径是要有"研究的意识"(崔允漷,2009)。如今一线教师的"研究"并非是以往人们头脑中的以写论文为主的"研究",而有多种形式,如:写教学日志、教育叙事、反思笔记等。但这些教师由于脱离公办学校较早,对此并不了解。他们从功利的角度出发,希望学到的东西马上能用,却没有考虑到由于教学环境和条件的限制,没有一种方法是绝对有效的。要想成功,就需要自己进行反思和研究。

因此,教育培训中更新观念显得非常重要,否则当受训教师听到培训者介绍的诸如"理论"和"研究"时,内心的排斥感会使得培训效果大打折扣。

2. 对中学对外汉语教师的培训应考虑他们的工作特点和学习习惯

在调查中,三位教师都谈到她们对于教材和备课的重视,她们自己的教研活动也主要是在讨论教材的具体教法。这与学校的文化和管理制度密切相关。作为一个非公办的国际学校,家长和学生都很重视教学质量,而一年一签的聘用制度使得教师不得不把最多的精力放在日常教学中。由于教师工作量很大,也使得他们自然而然地把注意力集中在如何提高日常教学的有效性上。因此,教师的关注焦点多在"课"上。如果我们的教师培训集中在对"课"的研讨上,或许更容易为他们所接受。对"课"的研讨也能帮助教师比较深刻地理解教学。访谈中发现,A虽然听过 TPR 教学法的讲座,但由于没有机会真正深入地从"课"的角度来了解和应用这种教学法,因此她只是简单做了评价就放弃了尝试。因此现有的"讲座式培训"即使加上一些案例介绍,也无法使教师真正积累起相关的实践性知识。实践性知识的"情境性""具体性""综合性""经验性""情感性"等五大特点(杨翠蓉、胡谊、吴庆麟,2005)告诉我们,实践性知识的获得必须与具体教学相联系。正如骑自行车时保持平衡的能力只有在骑车的过程中才能学到一样,教师对新的教学方法的掌握只有在教的过程中才能实现。因此"理论讲座+举例"的培训对于一线教师的专业发展作用有限。

对于"课"的研讨,也称作"课例研究"。课例是关于一堂课的教与学的案例。课例研究一般以某一具体的课为研究对象,针对存在于该课的教学设计、教学实施、教学评价等阶段中的各类教学问题的解决。实践证明,这种研究方式较易为教师接受,是一种适合学校教师开展的、有效的、常态化的教师专业发展方式(顾泠沅等,2003)。"课例研究"使教师经常处于一种反思状态,有助于内化教学理论,提升实践水平,对于他们形成敏锐的课堂观察能力和课堂教学领悟能力有很大的帮助,是教师改进教学、深化教学研究的有效途径。

3. 大学的专业研究者应深入中小学教学一线,帮助并引领中小学教师反思和改进教学

在教师专业发展上,教师个人的自我反思、教师集体的同伴互助,以及专业研究人员的专业引领三者缺一不可(顾泠沅,2002;余文森,2003)。目前中学的对外汉语教研工作还处于自发状态,缺乏更高层次的专业引领。这使得教师的反思带有随意性,深度不够。在中学对外汉语教师专业发展中,光有同伴互助,而缺少纵向的引领,即没有专家等高一层次的指导,就会变成同水平反复,甚至有可能在互助中形成一些错误的认识。因此,专业研究人员的参与显得更为重要。事实上,很多中学的国际部和国际学校对争取专业研究者的帮助都是非常积极、主动的,只是由于体制、经费等多方面的限制,目前实际进行的还不多。作为专业研究人员,要以高度的责任心和满腔热情,积极主动地参与中学对外汉语教学的各种教研制度的建设,努力发挥专业引领作用,为学校和教师提供切实有效的帮助,不断推动中学对外汉语教师专业化水平的提高。

附注

① 本研究得到教育部人文社会科学研究规划基金项目"汉语国际推广背景下的对外汉语教师职前

教育课程改革与培养研究"(项目号 10YJA740098)和国务院侨办一般项目"海外华文教师职业发展规律研究"(项目号 GQBY2011022)资助,特致谢忱。同时也要感谢参与本研究的三位国际学校对外汉语教师。

② Y 校副校长提到他们续聘教师的重要条件之一就是"控班能力",受访的几位教师都已多次续聘,因此都是"控班能力"较强的教师。

③ C 说的"中文体系"是指汉语语音、词汇、语法等方面的内容,也就是"现代汉语通论"课程的主要内容。

④ 例如,A 曾经参加过其他学校组织的 TPR 教学法培训班,但是她觉得自己班上的学生人数较多,就没有尝试。

参考文献

[1] 波格丹等.教育研究方法:定性研究的视角.北京:中国人民大学出版社,2008.

[2] 陈向明.质的研究方法与社会科学研究.北京:教育科学出版社,2000.

[3] 陈向明.实践性知识:教师专业发展的知识基础.北京大学教育评论,2003(1).

[4] 陈秀梅.地方高校青年英语教师专业发展需求调查.集美大学学报(教育科学版),2008(3).

[5] 崔允漷.有效教学.上海:华东师范大学出版社,2009.

[6] 顾泠沅.专业引领与教学反思.上海教育科研,2002(6).

[7] 顾泠沅等.教师在教育行动中成长——以课例为载体的教师教育模式研究.全球教育展望,2003(1).

[8] 郝彩虹.高校大学英语教师发展需求调查.教育理论与实践,2006(12).

[9] 李华.英语教师参与职后培训需求与专业发展动力的研究.基础教育外语教学研究,2006(11).

[10] 卢乃桂.国际教育视野中的教师专业发展.比较教育研究,2006(2).

[11] 全鸿翎,李珂.新疆地区高中英语教师发展需求现状调查.新疆师范大学学报(哲社版),2007(3).

[12] 吴琼.高职院校英语教师专业发展需求的调查研究.职业技术教育,2010(14).

[13] 杨翠蓉,胡谊,吴庆麟.教师知识的研究综述.心理科学,2005(5).

[14] 余文森.自我反思 同伴互助 专业引领(一)——以校为本的教学研究的三个基本要素.黑龙江教育,2003(28).

[15] 曾嵘,陈丽.新疆高职院校英语教师发展需求的调查与分析.江苏技术师范学院学报,2008(7).

[16] 周燕.高校英语教师发展需求调查与研究.外语教学与研究,2005(3).

[17] Nunan, D. & Bailey, K. M. *Exploring Second Language Research: A Comprehensive Guide*. Heinle. 第二语言课堂研究:综合指导.北京:外语教学与研究出版社,2009.

(作者简介:刘弘,华东师范大学对外汉语学院讲师,主要研究领域为对外汉语教学研究、教师发展研究。)

加拿大汉语教学及汉语推广考察分析

——以加拿大魁北克省为例

曾　嵘　吴丽君

提　要　随着中国经济的快速发展和综合国力的不断增强,全球汉语教学与汉语推广工作呈现出前所未有的发展趋势和愈发多样化的发展形式。针对国别、不同地区开展研究分析既符合汉语教学与推广工作的发展现状和要求,也是进一步加快汉语国际推广的历史性课题。本文通过多种调查方式对加拿大魁北克省汉语教学及汉语推广现状进行考察,在此基础上对其中发现的问题做了简要分析并提出解决设想。

关键词　加拿大魁北克省　汉语教学　汉语推广　调查

在全球"汉语热"的推动下,加拿大汉语教学和汉语推广取得了可喜的成就。魁北克省作为加拿大面积最大的省,东濒大西洋,南部与美国交界,它的语言、文化体现了法国的影响,它的政治制度和经济生活则受到英国的影响。加拿大移民政策、多元文化政策和中国汉语国际推广的影响在很大程度上促进了魁北克省的汉语教学与汉语推广事业,而语言立法的提出则阻碍了法语以外其他语言的发展。因此,魁北克省汉语教学及汉语推广事业的发展尽管与加拿大其他各省拥有相同的大背景,却因其历史、文化和语言的特殊性而体现出不同的特点。

一、魁北克省汉语教学现状考察分析

目前魁北克省的汉语教学主要有以下几种形式:高校的汉语教学、CEGEP[①]的汉语教学、中小学的汉语教学和华文学校的汉语教学。为了全面、深入地了解魁北克省汉语教学的现状,笔者利用担任加拿大魁北克省汉语教师志愿者的机会对以上四种汉语教学形式进行了考察分析。

1. 魁北克省高校的汉语教学

1.1　概况

魁北克省法语学校的数目远比英语学校多。大学当中,英语学校仅有 3 所。笔者采访了麦吉尔大学(英语)、蒙特利尔大学、魁北克大学蒙特利尔分校和拉瓦尔大学(均为法语)四校汉语教师,收集到这四所大学的汉语教学情况,现将结果从以下三个方面进行概述。

1.2 范例研究

1.2.1 设课情况

四所大学有多年的汉语教学历史,汉语课程在学校的地位大多比较稳定。在课程设置方面,拉瓦尔大学开设了汉语综合课,麦吉尔大学和蒙特利尔大学开设了综合课、口语课与写作课,魁北克大学蒙特利尔分校则开设了综合课、听力课、口语课、阅读课、写作课和指导研究课等一系列课程。这四所大学也为汉语专业和非汉语专业的学生开设了相关的中国文化课程,如中国文学、历史、传统艺术等。

此外,麦吉尔大学、蒙特利尔大学和魁北克大学蒙特利尔分校都利用假期开设强化班,还设有面向社会的可获得学分的晚间课程,麦吉尔大学每年暑假还会组织学生到中国进行 10 周的强化学习课程。

1.2.2 教学情况

这四所大学的汉语老师均为华裔,以教授简体汉字为主。课堂用语根据学校性质的不同而不同。如麦吉尔大学是英语学校,教师多采用中英文混合教学,其他三所学校为法语学校,多为中法文混合教学。

在教学过程中,教师们大多采用翻译教学法,比较注重多媒体技术的运用,如电脑、投影仪和 DVD 等,取得了较好的教学效果,赢得了学生的喜爱。

除了课堂教学外,这四所大学也常常组织相关的汉语课外活动,如汉语知识竞赛、唱歌比赛和中文演讲比赛等。教师也大力支持并指导学生参加每年的"魁北克汉语演讲比赛"和"汉语桥"世界大学生中文比赛。

1.2.3 教材情况

这四所大学所用的教材大不相同,麦吉尔大学用的是《新实用汉语课本》《走进中国》《汉语外贸口语 30 课》《外贸洽谈 500 句》《实用商业会话》等,而其他三所大学由于是法语学校,基本上采用的是大学自编教材,如蒙特利尔大学用的是《今日汉语》,魁北克大学蒙特利尔分校用的是《汉语路路通》。除了这些教材外,也会选用一些活页文选配合课本一起上课。

2. 魁北克省 CEGEP 的汉语教学

2.1 概况

魁北克省的 CEGEP 包括普通教育学院和职业教育专科学院两种,旨在提供介于中学与大学之间的两年普通教育或三年技术教育,相当于中国学制的高三和大学第一年。相对魁北克的大学而言,CEGEP 开设汉语课的寥寥无几。笔者实地考察后发现,目前位于蒙特利尔市的 Dawson College(道森学院)和 John Abbott College 开设了汉语课。

2.2 范例研究

道森学院是魁北克省 CEGEP 系统中第一所采用英语教学的学院,也是 CEGEP 中开设第二外语最为丰富的学校。到目前为止,道森学院已经开设了西班牙语、意大利语、德语、希腊语、希伯来语和汉语等六种语言。其中汉语课已开设四年,但只提供 1 级和 2 级的课程,课型为综合课。

道森学院是一所英语学校,汉语教师的授课方式为中英混合,使用的汉语教材是由美国 Prentice Hall 公司出版的供大学中文课程使用的 *Chinese Link*(《中文天地》),配套资源丰富,以词汇教学为起点,采用词汇—句型—课文的编排方式,循序渐进,体现了美国的 5C 外语教学目标和一些新的教学理念。学校并没有提供电脑设备,只有电视和 DVD,但也对课堂教学起到了一定的作用。

在教学过程中,教师觉得教授听力最难。除了课堂教学外,教师也会组织一些课外活动,如汉语知识竞赛和 Field Trip(实地考察旅游)。

3. 魁北克省中小学的汉语教学

3.1 概况

目前汉语课并没有进入魁北克省公立中小学的教学系统,私立中小学中开设汉语课的学校也不多,主要集中在蒙特利尔市区。笔者通过个人面谈的方式,采访了蒙特利尔三所开设汉语选修课的私立学校的华裔汉语教师。

3.2 范例研究

3.2.1 学校情况

法语私立中小学 Stanislas 目前有 4 到 18 岁的学生 2200 人左右;私立女子中学 Villa Maria 分为法语部和英语部,两部日常教学基本独立,各有学生 600 人左右;法语私立中学 Regina Assumpta 有学生 2000 人左右。

3.2.2 汉语教学情况

这三所私立学校均开设了汉语选修课,但开设时间、年级、班级数目和周课时各不相同,见表1:

表1

学校名称	课程性质	开设时间	开设年级	班级数目	周课时
Collège Stanislas	选修课	四年	初一到初五	9 个	21
Collège Villa Maria	选修课	四年	初一到初三	3 个	6
Collège Regina Assumpta	选修课	三年	初三、初四	4 个	16

在教学过程中,教师使用中法双语混合教学,以法语为主。教师经常使用 DVD、电脑等多媒体,并认为多媒体辅助教学效果明显。Villa Maria 学校每月会开设一次中国文化课,教学生唱中文歌、剪剪纸等,有时会举办与中国文化相关的讲座。除了课堂教学外,这三所学校都有组织去中国旅游的项目,让学生在学习汉语之余,能够亲自去中国,亲身体

验中国文化。

3.2.3　汉语教材情况

Stanislas 学校用的教材为法国出版的《学好汉语》，受访教师认为该教材基本适合学生水平；Villa Maria 学校用的是蒙特利尔大学老师自编的《今日汉语》；Regina Assumpta 学校用的是中国编写出版的《当代中文》法语版。后两个学校的受访教师认为教材不太适合该校学生现有水平。

4. 魁北克省华文学校的汉语教学

4.1　概况

魁北克省华文学校绝大多数集中在蒙特利尔市。其中佳华学校是蒙特利尔市规模最大的华文学校，也是整个北美地区最大的华文学校之一。笔者采访了佳华学校的几位老师，了解到该校汉语教学的近况。

4.2　范例研究

4.2.1　设课情况

自 1994 年至今，佳华学校逐渐发展为以汉语课程为核心，数学、英语、法语、美术和文体等课程全面发展的综合性华文学校。学生既有华人子弟，也有混血家庭的子女、非华人家庭领养的华人子女，还有社会上对汉语感兴趣的一些母语为非汉语的青少年或成年人。因此佳华开设了丰富多样的汉语课程，包含幼儿汉语班（适合学龄前儿童）、特殊汉语班（适合母语为非汉语的学生）、初级语文班、中级语文班、高级语文班、中国文学历史班和成人汉语班等。

4.2.2　教学情况

佳华学校均为周六上课，分上午、中午和下午三个时段。教师们用普通话授课，教授简体字。该校的中文老师学历有学士、硕士，也有博士，还有在读的留学生。专业背景是汉语或相关专业的比较少，大部分是理工专业或外语、教育等专业。从工作经历来看，有的在国内曾经是中小学教师，有的则没有教学经验。

每年夏天，佳华学校还会开设强化班，举办夏令营，以巩固学生们平时学到的知识，并丰富暑期生活。佳华"寻根之旅"夏令营更是为华裔学生开阔视野、加深对祖国历史文化的了解提供了宝贵的机会。

4.2.3　教材情况

佳华学校针对不同的教学对象采用不同的汉语教材。针对母语为汉语的学生，一般采用中国出版的语文教材，如暨南大学华文学院编写的《中文》。针对母语为非汉语的学生，一般采用中国出版的对外汉语教材，如《快乐汉语》《美猴王汉语》等。

二、魁北克省汉语推广现状考察分析

1. 孔子学院和孔子课堂

魁北克孔子学院由道森学院、舍布鲁克大学与北京师范大学于 2007 年联合建立，旨在大力推广魁北克地区的中文学习,在当地人更多地了解中国文化和中华文明的基础上增进两国人民的友谊。据魁北克孔子学院外方院长荣盟女士介绍,作为魁北克省唯一的一所孔子学院,它不仅致力于为魁北克省各企业投资中国提供有效的培训机会,也提供包括对外汉语教学教师证书培训等多项课程,并且不定期举办各种讲座和文化活动。

目前,魁北克孔子学院面向学生和社会提供的系统汉语课程见表2:

表2 魁北克孔子学院汉语课程表

班级	课型	水平	报名要求	学时	上课次数
1	初级汉语	1A	无	30	10
2	初级汉语	1B	已学30学时或者水平相当	30	10
3	初级汉语	2A	已学60学时或者水平相当	30	10
4	初级汉语	2B	已学90学时或者水平相当	30	10
5	初级汉语	3A	已学120学时或者水平相当	30	10
6	初级汉语	3B	已学150学时或者水平相当	30	10
7	初级汉语	4A	已学180学时或者水平相当	30	10
8	初级汉语	4B	已学210学时或者水平相当	30	10
9	中级汉语	1A	已学240学时或者水平相当	30	10
10	中级汉语	1B	已学270学时或者水平相当	30	10
11	中级汉语	2A	已学300学时或者水平相当	30	10
12	中级汉语	2B	已学330学时或者水平相当	30	10
13	高级汉语	1	已学360学时或者水平相当	30	10
14	高级汉语	2	达到高级水平1	30	10
15	高级汉语	3	达到高级水平2	30	10
16	初级汉语(法语)	1A	无	30	10
17	初级汉语(法语)	1B	已学30学时或者水平相当	30	10

(说明:表格资料来源于魁北克孔子学院网站:http://www.confuciusinstitute.qc.ca/programs.php? lang = e&type = language)

其中针对说英语的学生一共开设15个班,包括8个初级班、4个中级班和3个高级班。每个班都为30学时,共10次课,每次3小时。每个班级针对不同水平的学生而开设,整个汉语课程学到高级1的话,学生就能达到360学时的汉语水平。另外,魁北克孔子学院针对说法语的学生也开设了2个初级班,分别针对无基础的学生和学过30学时的学生。

此外,魁北克孔子学院也向学生和社会提供丰富多彩的文化课程,具体课程见表3:

表3 魁北克孔子学院文化课程表

	课型	报名要求	学时	上课次数
1	商务汉语文化	无	6	2
2	中医	无	6	2
3	中国书法和国画	无	21	7
4	旅游汉语	无	18	6
5	太极	无	6	2

(说明:表格资料来源于魁北克孔子学院网站:http://www.confuciusinstitute.qc.ca/programs.php? lang = e&type = cultural)

其中商务汉语文化、中医和太极共上 2 次课,每次 3 小时,上课时间不一定连续。

与此同时,魁北克孔子学院在道森学院建立了孔子学院资料室,每周定期向学生开放,为学生提供了学习汉语和中国文化的空间。

2. 汉语教师志愿者计划

在魁北克省,目前有汉语教师志愿者的项目主要是国家汉办与 FEEP[②] 项目、国家汉办与 CSDM[③] 项目。此外,国家汉办每年也向魁北克大学蒙特利尔分校派出 1~2 名志愿者。

2.1　国家汉办与 FEEP 项目介绍

2007 年,国家汉办与 FEEP 首次签署了关于派遣汉语教师志愿者的谅解备忘录,魁北克省私立学校联合会中文项目主管以及 6 所私立学校的校方代表面试录取了 7 名志愿者教师。这是国家汉办第一次向加拿大成批派遣志愿者教师。此项目进展顺利,截至 2011 年 9 月,国家汉办已向魁北克省私立中小学派出 20 名志愿者。

2.2　国家汉办与 CSDM 项目介绍

国家汉办于 2010 年和 2011 年开始与 CSDM 合作,派遣志愿者赴蒙特利尔法语学校委员会下属的公立中小学任教。据此项目的志愿者介绍,他们周一到周五会去不同的公立中小学上课,具体课程根据每个学校的要求而定,大部分为汉语活动课,也开设艺术、文化、书法等相关课程。

2.3　中国赴加拿大魁北克省汉语教师志愿者问卷调查和分析

为了更全面、深入地考察魁北克省汉语推广的现状,笔者对赴魁北克省 FEEP 项目、CSDM 项目和魁北克大学蒙特利尔分校的 25 名汉语教师志愿者进行了问卷调查,并对部分志愿者进行了电话访谈。

2.3.1　调查概述

本次调查以问卷调查为主,内容分为个人基本情况、汉语教学情况和对志愿者项目的态度三个部分。问卷中的开放性问题通过个人面谈或电话访问的形式完成。

2.3.2　调查对象

参与调查的 25 名志愿者来自全国不同高校,均为在读研究生或本科毕业生,来魁北克之前与外方学校并无任何联系,笔者认为他们具有一定的典型性和代表性。

2.3.3　数据分析

2.3.3.1　个人基本情况

此次调查的 25 名志愿者中,男性 5 人,女性 20 人。其中 2 人在大学任教(8%),20 人在私立中小学任教(80%),3 人在蒙特利尔法语学校委员会任教(12%)。

在最高学历方面,有 5 名志愿者为硕士学历(20%),12 名为本科学历(48%),还有 8 名为在读研究生(32%)(在读研究生没有算在 48% 的本科学历志愿者当中)。在专业背景方面,有 5 名志愿者的专业与汉语、英语或法语没有关系(20%)。此外,志愿者教学经验和第二外语运用程度方面情况如表 4、表 5 所示:

表 4　教学经验

	没有任何教学经验	少于 1 年	1~2 年	2 年以上
赴魁北克之前是否有教学经验	48%	36%	12%	4%

表 5　志愿者第二外语运用程度

	流利	基本可以交流	会一点	不会
法语流利程度	36%	16%	36%	12%
英语流利程度	64%	28%	8%	0%

2.3.3.2　教学情况

志愿者所在学校有 76% 为第一年开设汉语课,其余开设 2~4 年汉语课的学校则是聘用志愿者与华裔中文老师授课相结合。

在汉语课类型方面,笔者通过问卷和访谈了解到,魁北克省的汉语课并没有纳入任何学校的必修课系统,在笔者调查的 25 名志愿者所在学校中,开设汉语选修课的只有 3 所学校,其他学校则是汉语活动课或文化讲座。开设汉语选修课的学校一般在正常上课时间开课,时长为 70~80 分钟。而汉语活动课的上课时间则比较自由,一般为中午休息、下午放学或晚上活动时间,时长从 30 分钟到 60 分钟不等,授课内容根据学校要求而定,有的是语言课,有的是文化课或才艺课。开设这些课程的目的是增加学生对汉语或中国文化的了解,并对进一步开设汉语选修课程的可行性进行试探。

表 6

汉语课开设时间	第一年	第二年	第三年	第四年	四年以上
学校数量(百分比)	19(76%)	2(8%)	2(8%)	2(8%)	0(0%)

表 7

汉语课类型	必修	选修	活动课	其他
学校数量(百分比)	0(0%)	3(12%)	18(72%)	4(文化讲座)(16%)

表 8

上课时间	正常上课时间	中午活动时间	下午活动时间	晚上活动时间	其他
学校数量(百分比)	6(24%)	8(32%)	4(16%)	7(28)	0(%)

2.3.3.3　对志愿者项目的态度

在回答问题"您赴加拿大魁北克省担任汉语教师志愿者的目的"时,36%的志愿者选择传播汉语和中国文化,28%的志愿者选择开拓眼界、丰富经历,其余44%的志愿者出国是因为想旅游、增加经济收入等。任期结束后,只有12%的志愿者继续或将继续留任,88%的志愿者选择回国工作或者继续学习。

在回答最后一题"您在志愿服务的过程中遇到的主要困难与问题"时,大部分志愿者觉得法语水平不够,此外,跨文化适应性不强和教材的缺乏也是其中的困难。

3. "魁北克汉语演讲比赛"与"汉语桥"中文比赛

"魁北克汉语演讲比赛"在"汉语桥"世界大学生中文比赛开办之前已经举办过 15 次,每年一届。该活动由麦吉尔大学等四所开设汉语教学的大学联合举办,受中国驻加拿大大使馆教育处委托,从 2003 年开始,该项比赛同时作为"汉语桥"世界大学生中文比赛的预赛。

此外,自开展"汉语桥"世界中学生中文比赛以来,中国驻加拿大大使馆教育处每年与蒙特利尔的一所私立中学合作,举办"汉语桥"中学生演讲比赛预选赛,参赛选手均为魁北克省各中学母语非汉语的中学生,预赛结束后,组织委员会会推荐 1~2 名选手前往中国参加"汉语桥"世界中学生中文比赛复赛。

"汉语桥"中文比赛的开办已成为魁北克省不同年龄阶段的学生学习汉语、了解中国和中国文化的重要平台,极大地激发了他们学习汉语的积极性,每年吸引着越来越多的魁北克省学习汉语的学生参加。

三、小结与建议

通过本文的考察分析可以看到,魁北克省汉语教学及汉语推广在全球汉语推广的大环境下正呈现越来越热的发展趋势,但在发展过程中也出现了不少问题。

1. 魁北克省华裔汉语教师的质量与培训

华裔汉语教师目前是魁北克汉语教学队伍中的主力军,他们任职于魁北克省的高校、CEGEP、私立中小学和华文学校等教学机构。从本文的调查结果来看,目前的华裔汉语教师不仅在数量上有待扩充,在整体素质上也有待进一步提高。国家汉办应当通过多种途径与当地华裔汉语教师进行沟通,向他们提供来中国研修的机会。此外,在教学方法、汉语教材资源和文化课程等方面也应当提供帮助,从而进一步提高魁北克汉语教学的整体质量和水平。

2. 赴魁北克省汉语教师志愿者的培养与派遣

通过本文的调查可以发现,大多数志愿者在赴任前期都会遇到语言和文化的障碍,而由于教学经验的欠缺,在课堂上遇到一些突发性问题时,往往难以有效控制课堂。因此笔者建议：首先，国家汉办在向魁北克省派遣志愿者时，应尽量选择专业背景为法语、有教学经验的志愿者，并且任期能延长为 2～3 年，这样对魁北克省汉语推广工作的延续性发展更为有利。其次，国家汉办在选好赴魁北克省的志愿者后，在赴任前的培训中不仅应该加强魁北克当地文化和历史的知识介绍，也应该开设日常交流等方面的法语课程，这样才能使志愿者赴魁北克省后能尽快适应当地环境，并顺利开展汉语教学和汉语推广工作。

3. 魁北克省汉语教材的编写

尽管目前魁北克省不同类型的学校都开设了汉语课程，他们所使用的教材也五花八门，其中有从中国引进的，有从法国引进的，有从美国引进的，也有自己编写的，但有些学校选用的教材并不合适。例如本文调查的三所私立中小学所用的汉语教材都是适用于大学的，这样就导致了有些学生会因为教材过难、枯燥等原因而对汉语失去兴趣。因此，加快魁北克省尤其是中小学汉语教材的建设步伐，对魁北克省汉语教学和汉语推广工作意义深远。

4. 孔子学院的作用

魁北克孔子学院作为魁北克省唯一的一所孔子学院，在其自身发展的同时也应当真正发挥孔子学院在汉语推广中的"中心基地"作用。因此，笔者建议魁北克孔子学院充分利用自身的资源优势，加强对外宣传和推广工作，尤其是应加强与当地其他汉语教学机构如私立中小学的沟通与合作，将孔子学院的丰富资源和信息与其他汉语教学机构共享，从而进一步促进汉语推广事业的发展。

附 注

① Collège d'enseignement général et professionnel，普通教育与职业学院。

② Fédération des établissements d'enseignement privé，加拿大魁北克省私立学校联合会。

③ Commission Scolaire de Montréal，蒙特利尔法语学校委员会。

参考文献

[1] 陈国贲. 烟与火——蒙特利尔的华人. 北京：北京大学出版社，1996.

[2] 崔建新. 从加拿大汉语教学现状看海外汉语教学. 汉语学习，2005(6).

[3] 杜珠成. 华文教育与华族文化的关联性. 海外华文教育，1994(5).

[4] 高鉴国. 加拿大文化与现代化. 沈阳：辽海出版社，1999(12).

[5] 高霞. 汉语在加拿大的传播及发展研究. 楚雄师范学院学报，2010(11).

[6] 黄昆章，吴金平. 加拿大华侨华人史. 广州：广东高等教育出版社，2001.

[7] 姜明宝. 加拿大汉语教学现况. 语言学动态，1979(3).

[8] 李宝贵. 加拿大华裔中文教学现状分析. 世界汉语教学，2005(1).

[9] 刘珣. 对外汉语教育学引论. 北京：北京语言大学出版社，2000.

[10] 阮西湖.加拿大语言政策考察报告.世界民族,2001(3).

[11] 唐燕儿,李坚.海外华文教育发展之困境与对策.清华大学教育研究,2001(2).

[12] 田燕.海外华文教育概况.民族教育研究,2000(3).

[13] 王丽彩.加拿大新移民子女华文教育的问题及对策.八桂侨刊,2004(3).

[14] 王燕燕,罗庆铭.加拿大的祖语教育与华文教育.语文建设,1998(3).

[15] 余建华.论加拿大魁北克问题的历史演进.史林,2000(1).

[16] 袁源.冷战后加拿大华文教育研究——兼论加、美华文教育之异同.暨南大学硕士学位论文,2006.

[17] 张燕.加拿大华文教育的历史发展及前景展望.八桂侨刊,2010(12).

[18] 周小兵.对外汉语教学入门.广州:中山大学出版社,2004.

[19] Authority of the Minister Responsible for Statistics Canada，Minister of Industry. Canadian Demographics at a Glance, 2008.

[20] Fong，Eric＆Ooka，Emi. Patterns of Participation in Informal Social Activities among Chinese Immigrants in Toronto. *International Migration Review*, 2006(40).

[21] Wang，Shuguang & Lo，Lucia. Chinese Immigrants in Canada：Their Changing Composition and Economic Performance. *International Migration*, 2005(43).

（作者简介:曾嵘,北京外国语大学中文学院国际汉语教育专业研究生,曾赴加拿大从事汉语教学工作,目前在加拿大蒙特利尔市玛利亚学院担任汉语教师志愿者;吴丽君,北京外国语大学中文学院教授,研究方向为汉语语用学、对外汉语教学理论、汉语教育史。）

商务孔子学院初探①

刘佳平　叶　蓉

提　要　本文在对国家汉办/孔子学院总部正式命名的三家商务孔子学院：英国伦敦商务孔子学院、丹麦哥本哈根商务孔子学院及希腊雅典商务孔子学院的各类信息进行搜集整理的基础上，首先介绍了三家商务孔子学院的发展概况，然后从海外合作院校与单位、教学对象与教学内容以及讲座、研讨会等其他活动几方面探索了商务孔子学院的办学特色，最后对商务孔子学院的建设提出了加强与企业合作办学、增加商务文化的教学内容以及建设专业的师资队伍等若干建议。

关键词　商务孔子学院　发展概况　办学特色　建议

2004年底，我国开始尝试在海外采取中外合作办学的模式，设立以汉语教学和传播中国文化为主旨的汉语推广机构"孔子学院"。而随着中国与世界各国经贸关系的进一步加深，越来越多的外国商界人士加入到了学习汉语的队伍中，他们希望更好地了解中国，了解如何与中国人打交道、做生意，于是"商务孔子学院"应运而生。

根据国家汉办/孔子学院总部的网站（www. hanban. edu. cn）信息，目前全球共有三家正式命名的商务孔子学院，均设立在欧洲，分别为：英国伦敦商务孔子学院、丹麦哥本哈根商务孔子学院和希腊雅典商务孔子学院。本文在对上述三家商务孔子学院的各类信息进行搜集整理的基础上，探索商务孔子学院的办学特色，并以伦敦商务孔子学院为例，对商务孔子学院的建设提出一些建议。

一、商务孔子学院的发展概况

1. 英国伦敦商务孔子学院

2005年12月，中国教育部部长在访问英国期间，与汇丰银行董事长就中方与英国企业合作建立商务孔子学院一事达成了合作意向。2006年4月，中国教育部与汇丰银行等5家英国企业在伦敦达成谅解备忘录，将在伦敦合作建立"商务孔子学院"，从而开创了海外孔子学院运作的新模式。英国伦敦商务孔子学院于2006年10月25日揭牌，2007年开始正式运行，是全球第一家商务孔子学院。

伦敦商务孔子学院是由汇丰集团(HSBC)、英国石油公司(BP)、太古集团(John Swire & Sons)、德勤会计师事务所(Deloitte Touche Tohmatsu)、英国渣打银行(Standard Chartered Bank)发起并参与建设,在中国教育部、国家汉办、中国驻英国大使馆的大力支持下,由伦敦政治经济学院(LSE)和清华大学合作承办的。

伦敦商务孔子学院以英国工商界中高层管理人员及对与中国进行商务往来感兴趣的人士为主要教学对象,以讲授汉语、当代中国文化、经济、法律为办学宗旨,服务内容包括基础汉语和商务汉语的教学、中国商务文化的教学及研究、当代中国问题研究、商务问题公共讲座及研讨会、汉语师资和商务汉语师资的培训等。

除教学科研活动外,伦敦商务孔子学院也不时举行各类招待会,如 2012 年新年举办的英国上议院春节招待会、2011 年新年为英国学者举办的春节招待会、2010 年为伦敦商界人士举办的元宵节联欢会等,这些活动为关注中国以及中英关系的伦敦各界人士提供了一个很好的交流平台。

2. 丹麦哥本哈根商务孔子学院

2007 年 11 月,中国驻丹麦大使代表国家汉办与哥本哈根商学院校长签署了协议,这标志着丹麦第一所孔子学院,也是全球第二所商务孔子学院正式启动。丹麦哥本哈根商务孔子学院于 2008 年 9 月举行揭牌仪式,开始正式运行。

哥本哈根商务孔子学院由中国国家汉办和丹麦哥本哈根商学院(CBS)合作共建,中方承办院校为中国人民大学。学院实行理事会领导下的院长负责制,院长负责学院的日常运营和管理。

哥本哈根商务孔子学院以"开展汉语教学和中外教育、文化、经济等方面的交流与合作"为办学宗旨,教学范围涉及哥本哈根商学院本科生的必修课和选修课、面向社会成人的汉语口语课、面向丹麦中学和华裔中文学校的《快乐汉语》兴趣课以及面向丹麦公司的集体课程或一对一课程等。为检验教学效果,学院还组织学生参加汉语水平考试(HSK)、中小学生汉语考试(YCT)和商务汉语考试(BCT)。除汉语教学活动外,学院还定期举办各类讲座,组织各类学术研讨会。为了提高丹麦的汉语教学水平,在丹麦进一步推广汉语教学,学院也积极组织或参与本土汉语师资的培训。

此外,哥本哈根商务孔子学院还举办了学生艺术团演出、"中欧文化交流年"、"中国日"、年节庆祝等一系列文化活动,并与中国驻丹麦大使馆共同举办了世界大学生、中学生"汉语桥"中文比赛丹麦赛区初赛。

3. 希腊雅典商务孔子学院

希腊雅典商务孔子学院于 2008 年 6 月在北京签署协议,2009 年 10 月 8 日举行揭牌仪式,11 月 5 日正式开课。雅典商务孔子学院的中外合作院校是中国对外经济贸易大学和希腊雅典经济商业大学(AUEB)。

雅典商务孔子学院主要开设初、中、高三个级别的基础汉语培训班和听说能力强化班。除汉语课程外,学院还开设中国烹饪、书法、民乐、太极拳等传统艺术技能班。学院每周定期举办"汉语角"活动并邀请主讲嘉宾,或欣赏、了解中国文化,或欣赏、讨论中希影视戏剧等,内容丰富,话题众多。此外,学院还举办了由中国对外经济贸易大学艺术团和中国杂技团组成的"友谊之旅"演出、"中国—希腊电影赏析会"等大型文化活动,并举办了"汉语桥"中文比赛希腊赛区总决赛。

二、商务孔子学院的办学特色

本文在对三家商务孔子学院的各类信息进行搜集整理的基础上,认为与一般孔子学院相比,商务孔子学院的办学特色主要体现在以下三方面。

1. 海外合作院校与单位

从目前已设立的三家商务孔子学院来看,外方的合作院校无一不是商科类院校:伦敦商务孔子学院的外方承办院校是伦敦政治经济学院;哥本哈根商务孔子学院的外方共建院校是哥本哈根商学院;雅典商务孔子学院的外方合作院校是雅典经济商业大学。

除外方合作院校是商科类院校外,伦敦商务孔子学院还是由汇丰集团、英国石油公司、太古集团、德勤会计师事务所和英国渣打银行等国际知名企业联合发起并参与建设的;而哥本哈根商务孔子学院的合作伙伴主要有华为(HUAWEI),学院还在网站上诚邀丹麦各大公司成为自己的合作单位。

2. 教学对象与教学内容

商务孔子学院的教学对象以商界人士为主。如雅典商务孔子学院的首批学员主要来自希腊的高校、公司、政府机关和使领馆;哥本哈根商务孔子学院对企业管理者和企业员工进行商务汉语培训;而伦敦商务孔子学院更是以英国工商界中高层管理人员为主要教学对象。

伦敦商务孔子学院的学员包括:英国上议院华人议员韦鸣恩男爵(Lord Nat. Wei)、汇丰集团主席格林先生(Lord Green)、太古集团执行董事邓莲如男爵(Baroness Dunn)、48家集团俱乐部(The 48 Group Club)主席斯蒂芬·佩里先生(Steven Perry)、诺顿·罗氏国际律师事务所(Norton Rose)编辑主任 Nicola Liu 女士等。近年来,除跨国公司中高级职员外,来上课的经济学界的学者也明显增多,既有资深教授,也不乏年轻学者,如伦敦政治经济学院经济系主任 Danny Quah 教授、亚洲研究中心主任 Athar Hussain 教授等。

由于伦敦商务孔子学院的许多教学对象是伦敦各大银行、企业的中高层管理人员,所以学院的教学内容和教学方法也与一般孔子学院不太一样:这些学员大都选择的是一对一的量身定做课程,他们学习汉语的具体内容是可以自己决定的,老师会事先发邮件问他们下次课想学什么,再根据他们的想法来准备教案。老师的教学内容不但要把汉语教学和商务相结合,而且必须有很强的时效性;教学方法则要采取讨论形式的商学院授课方式。此外,课时的安排也要非常"柔性",因为来上课的公司管理人员、学校教授通常都很忙,必须根据他们的工作状态来安排课程,许多课时分布在普通人的早中晚饭时间。

3. 讲座、研讨会等活动

除了是汉语的学习园地之外,商务孔子学院还肩负着弘扬中华文化的职责,承担着为中外商界人士搭建交流平台的任务。活动的形式主要有各类讲座、研讨会等,其中又以商务类讲座、研讨会为主。

如雅典商务孔子学院为充分促进中国和希腊的民间经贸活动和交流,于 2011 年 6 月举办了"2011 中希经贸论坛暨企业洽谈会"。又如哥本哈根商务孔子学院,根据其网站信息,学院已多次举办商务类讲座,其中包括丹麦企业界资深顾问 Tue Tyge Moller 先生的讲座"在中国并购的实践经验",华为公司丹麦分公司总经理蓝洋先生的讲座"从丝绸之路到信息高速公路——一个中国公司如何走向世界"等;在学院已举办的 5 次研讨会中,商务类研讨会共计 3 次,商务汉语教学研讨会 1 次。再如伦敦商务孔子学院,根据其网站信息,自 2007 年正式运行至 2012 年 6 月,学院已累计举办各类讲座、研讨会 28 次,其中涉及中国经济和商务的公共演讲或会议 21 次,占总数的 75%;涉及商务语言和文化教学的公共演讲或会议 3 次,占总数的 11%。

三、对商务孔子学院建设的若干建议

下面以伦敦商务孔子学院为例,谈谈笔者对商务孔子学院建设的一些想法。

1. 加强与企业合作办学

伦敦商务孔子学院中方院长、清华大学教授黄国营先生在接受 21 世纪网(21cbh.com)记者采访时曾指出,孔子学院发展的一个现实矛盾是学院本身应该是面向社会的,做的是文化普及工作,而大学则是学术性很强、靠研究带动的,两者之间尽管可以互相支持,但毕竟有距离,定位不够协调。因此他建议,未来各个孔子学院不一定按照同样模板设置,可根据当地情况调整运作方式,部分带有研究性质,部分则面向社会人士。而伦敦商务孔子学院就是在英国商界人士的推动下发起设立的,并且主要面向英国工商界中高层管理人员。在学院的建设过程中,与企业合作办学优势尽显。

与企业合作办学,首先可以使学院不愁生源。伦敦商务孔子学院除上文提到的一些高端学员主要来自学院的合作伙伴之外,还把课堂开进了合作伙伴的办公场所。如汇丰银行的总部大楼就设有一个专门的教室,供伦敦商务孔子学院上门授课,这个小班通常每周开课一至两次,参加者多为该公司的中高级职员;诺顿·罗氏国际律师事务所也请了伦敦商务孔子学院在其伦敦总部开设中文教室。

其次,与企业合作办学,除便于邀请来自企业的专业人士为学院开展商务类讲座和研讨会等活动之外,更可邀请到企业高层为学院的发展出谋划策。如伦敦商务孔子学院就有一个包括不少跨国公司高层管理人员及教育机构负责人的顾问委员会。该顾问委员会成员有中国驻英国大使馆教育处公参田小刚先生,国家汉办主任许琳女士,伦敦商务孔子学院顾问委员会主席、清华大学副校长谢维和教授,伦敦政治经济学院副校长Janet Hartley教授,伦敦商务孔子学院顾问委员会副主席、汇丰集团监管政策及发展全球总监、中国事务总监贺洽思先生(Charles Haswell),太古集团执行董事邓莲如男爵,英国石油集团政治顾问 John Baldwin 先生,德勤会计师事务所中国服务部主席 Collin Hudson 先生以及渣打银行资本市场部副主席 Thomas Harris 爵士等。该顾问委员会于 2010 年成立,2011 年 7 月和 2012 年 7 月举行了两次年会,对伦敦商务孔子学院未来更好的发展起到了积极的指导和推动作用。

最后,与企业合作办学,还为商务汉语和中国商务文化的课程学习与实习工作相挂钩的尝试提供了可能性。如伦敦商务孔子学院曾于 2011 年举办过世界"中国精英"联合招聘会,就旨在为伦敦知名公司和广大求职者搭建沟通桥梁,帮助全世界的"中国精英"找到和中国相关的职业,同时也帮助招聘者找到合适的员工。在现场摆出展台进行招聘的企业包括:汇丰集团、英中贸易协会、Michael Page、中国日报等。除举办招聘会外,商务孔子学院还可把优秀学员直接推荐给合作伙伴,以便为有需要的学员谋求实习和工作的机会。

2. 增加商务文化的教学内容

伦敦商务孔子学院目前主要提供三大类汉语培训:为公司总裁提供量身定做的汉语培训;为高级经理提供在公司内部的汉语培训;为伦敦政治经济学院的师生提供初级、中级、高级的商务汉语课程。

但伦敦越来越多的商务人士不仅对汉语感兴趣,更对中国的商务文化感兴趣,他们希望了解中国人的经商之道,学习与中国商人打交道的诀窍或是商场上的规则。因为如果能了解一点儿中国的商务文化,无疑会使双方的商务沟通更为顺畅。所以除商务汉语的课程外,商务孔子学院还应开设商务文化的课程,而且这门课程应与学生的汉语水平无关,可全部使用外语进行教学。为了更好地开设"中华商务文化"这门课程,伦敦商务孔子学院已于 2011 年上半年召开了多次座谈会,通过讨论来确定课程的具体内容并计划开发一套集合商务文化及商务礼仪的教材。

3. 建设专业的师资队伍

近年来,商务汉语教学越来越热门,但合格的商务汉语教师却比较缺乏,青年教师队伍更是亟待充实,特别是在海外任教的老师,还需要有在全球视野下开展工作的素养。在伦敦商务孔子学院中方院长黄国营教授看来,目前影响商务孔子学院发展的一个根本问题就是缺乏稳定的、专业的骨干教师。

先说稳定性。师资的稳定性不是商务孔子学院才有的问题,而是所有孔子学院都面临的问题。现在国内派出的汉语教师通常最多只干两年,刚熟悉情况就该考虑回国了,还有一些教师外语不够好、对当地文化缺乏了解,导致教学效果大打折扣。所以,如果国内派出的教师能有 3 年至 5 年的稳定期,有更长的时间融入当地生活,相信一定会对孔子学院的发展更为有利。

再说专业性。如果说国内派出的教师的主要问题在于稳定性不够，那么海外招聘的本土教师的主要问题则是缺乏专业性，特别是商务方面的知识储备不够。为此，伦敦商务孔子学院已于 2010 年、2011 年和 2012 年举办了三届高级商务汉语教师研修班。该研修班由中国国家汉办、伦敦政治经济学院、清华大学和伦敦商务孔子学院联合举办，邀请在英国有丰富教学经验的教授指导对商务汉语教学感兴趣或已在该领域有一定经验的学员，是目前全球最主要的商务汉语教师培训班之一，着眼于培养具有全球视野的商务汉语教学人才。培训主要包括三部分：引导研究、集中培训和在线论坛。其中，引导研究部分要求学员事先阅读相关的参考书目和研究材料，完成一些商务汉语教学方面的作业，为集中培训做好充分的准备；集中培训时有来自牛津大学、剑桥大学、伦敦亚非研究学院和伦敦政治经济学院的专业培训师运用面谈、专题讨论和团队合作等多种手段就教学法、语言学、商务文化知识等各方面对学员进行指导；在线论坛则是一个专为学员而设的分享教学经验的网络平台。此外，伦敦商务孔子学院的专家还会把各种最新的教学材料通过电子邮件发送给学员并定期组织各类活动。因此，所有学员都将通过来自伦敦商务孔子学院的长期的、持续不断的支持而受益匪浅。

其实，除国家汉办网站公布的上述三家商务孔子学院之外，具有商务性质的孔子学院还包括美国纽约州立大学莱文学院（The Levin Institute）与南京财经大学合作建设的纽约州立大学商务孔子学院、斯洛文尼亚卢布尔雅那大学（University of Ljubljana）与上海对外贸易学院合作的卢布尔雅那大学孔子学院等。本文限于篇幅的原因，未及论述，有待今后的相关研究进行更为全面的考察。

附注

① 本论文是上海市教育科学研究项目"商务孔子学院建设与商科院校国际化办学内涵建设及人才培养创新研究"（项目编号 B11058）的阶段性成果。感谢伦敦商务孔子学院教务与行政院长卢红老师提供的相关资料，感谢《国际汉语教育》编辑部审稿老师提供的宝贵修改意见。

参考文献

[1] 哥本哈根商务孔子学院网站.www.cbs.dk/confucius.

[2] 哥本哈根商务孔子学院.哥本哈根商务孔子学院庆祝成立三周年.海外华文教育动态·欧洲孔院，2011(11).

[3] 国家汉办/孔子学院总部网站.www.hanban.edu.cn.

[4] 黄堃.英国伦敦商务孔子学院的汉语教师释义"快乐的负担".http://www.chinanews.com，2009-9-9.

[5] 焦新.全球首家商务孔子学院落户伦敦.中国教育报，2006-4-7.

[6] 伦敦商务孔子学院网站.www.lse.ac.uk/Confucius.

[7] 师琰.当孔夫子遭遇汇丰银行.http://www.21cbh.com，2011-1-15.

[8] 雅典商务孔子学院.雅典商务孔子学院成功举办"2011 中希经贸论坛暨企业洽谈会".海外华文教育动态·欧洲孔院，2011(8).

（作者简介：刘佳平，上海对外贸易学院讲师，曾任教于法国南特大学，目前在斯洛伐克考门斯基大学任访问学者，主要研究方向为对外汉语教学；叶蓉，比较文化博士，上海对外贸易学院教授，曾任教于斯洛伐克考门斯基大学文学院东亚语言文化系、斯洛文尼亚卢布尔雅那大学文学院亚非研究系，主要研究方向为对外汉语教学、比较文学、比较文化。）

墨尔本南区学校汉语沉浸式体验营成功举办

2012年9月10日至9月12日，澳大利亚早期儿童发展教育部（Department of Education and Early Childhood Development）在维多利亚州的巴拉瑞特（Ballarat）地区举办了一次墨尔本南区学校的汉语沉浸式体验营（Southern Metropolitan Region Chinese Immersion Camp）。来自周边地区三所中学（Alkira, Glen Eira and Keysborough Secondary College）的50多名九到十年级的学生参加了此次体验营活动，在六位中文教师和四位汉语助教志愿者的努力下，此次活动取得了很大的成功，并获得了十分积极的反响。

此次活动非常受重视，得到了当地媒体的详细报导，活动已被录制剪辑并准备制成宣传光盘。墨尔本南区副执行主席鲍勃·史蒂文斯（Bob Stephens）、中国驻墨尔本总领事馆教育组迟刚副领事以及澳大利亚汉语教师培训中心的赵媛琳老师等于9月11日参观了本次南区学校汉语沉浸式体验营，亲临了各种文化活动的现场，并对体验营给予了高度评价。

本次汉语沉浸式体验营力图给澳大利亚非中文背景的学习汉语的学生提供真实的中文语境，让他们沉浸在说中文的环境中，通过举办各种有关中国文化的活动，使学生在实践中不知不觉地提高中文水平，并加深对中国文化的理解。本次汉语沉浸式体验营也通过让学生体验各种文化活动，提高学生学习汉语的积极性，培养他们对中华文化的兴趣。

此次汉语沉浸式体验营的活动包括太极拳、中国武术、书法、包饺子、剪纸、篆刻、太极扇、服装秀等，参加本次体验营的中文教师和助教纷纷施展其中华才艺，给学生留下了深刻的印象。

（北京外国语大学汉语国际教育专业2010级研究生孙桐供稿）

越南高校中文系课程设置的分析与思考

(越南)阮氏玉征　田　艳

提　要　本文对越南三所高校中文系汉语课程的设置进行分析,进而探讨越南高校中文系课程设置的特点,并提出相应的改进意见。

关键词　越南高校　中文系课程设置　国际汉语教学

　　近些年越南汉语教学呈现出迅速发展的态势,不过在快速发展的同时,也暴露出了一些问题,如各高校都是根据自身的情况来设置课程,因而课程设置呈现出相对无序的状态,而学界对于越南高校汉语课程的研究却几乎为空白。课程设置关系到越南汉语教学是否能够持续、稳健地发展下去,因此值得关注。

　　据统计,目前越南全国有四十多所大学开设了中文系,也有不少学校开设了中文专业或汉语作为第二外语课程。本文选取越南三所开设中文系的著名高校,对其汉语课程设置进行分析与思考,以期为今后越南高校中文系汉语课程设置提供一些启示。

一、河内大学中文系的课程设置

1. 基本情况

　　河内大学(以下简称"河大")创建于 1959 年,是一所以外语教学和研究为主的著名大学,主要培养高级翻译人才和汉语教师。该校中文系每年招收约 150 名学生。

　　笔者参照河大中文系课程的网络信息[①],对其课程设置进行了整理,详见表1。

表1　河内大学中文系课程设置表

学年	学期	序号	课程	必修课 (170学分)	选修课 (78学分)	课程学分	学年学分
第一学年	第一学期	1	语言技能(1)	√		12	66
		2	学习和研究方法	√		2	
		3	信息学(Excel、Word)(1)		√	4	
		4	越南文化基础		√	3	
		5	越南语		√	3	
		6	马列哲学(1)		√	6	

学年	学期	序号	课程	必修课 （170学分）	选修课 （78学分）	课程 学分	学年 学分
第一学年	第二学期	7	语言技能（2）	√		20	66
		8	信息学（Excel、Word）（2）		√	4	
		9	越南文化基础		√	3	
		10	越南语		√	3	
		11	马列哲学（2）		√	6	
第二学年	第三学期	12	语言技能（3）	√		20	58
		13	语言学引论		√	3	
		14	马列政治经济（1）		√	5	
	第四学期	15	语言技能（4）	√		20	
		16	马列政治经济（2）		√	5	
		17	语言学引论		√	3	
		18	语言学对比		√	2	
第三学年	第五学期	19	翻译理论	√		2	64
		20	语音文字	√		3	
		21	词汇	√		3	
		22	中国概况	√		3	
		23	第二外语（1）	√		10	
		24	语言学对比		√	2	
		25	科学社会主义		√	4	
	第六学期	26	翻译实践	√		10	
		27	语法（1）	√		3	
		28	中国文学	√		6	
		29	第二外语（2）	√		10	
		30	科学社会主义		√	4	
		31	越南共产党历史（1）		√	4	
第四学年	第七学期	32	外语教学法	√		9	60
		33	语法（2）	√		3	
		34	汉语理论专题	√		5	
		35	胡志明思想	√		3	
		36	心理学大纲	√		3	
		37	古代汉语（1）		√	5	
		38	越南共产党历史（2）		√	4	
	第八学期	39	教育学大纲	√		3	
		40	教育管理	√		3	
		41	实习	√		3	
		42	古代汉语（2）		√	5	

学年	学期	序号	课程	必修课 (170 学分)	选修课 (78 学分)	课程 学分	学年 学分
第四学年	第八学期	43	毕业论文	√		14	60
总学分						248	248

从表 1 可以看出,包括"实习"和"毕业论文"在内,河内大学中文系一共开设有 43 门课程,课程数量不是太多,但总学分较高,且课程层次比较分明。河大中文系在一年级、二年级主要开设语言技能课,对学习者进行各项语言技能训练。要说明的是,该系语言技能课每学分要修 20 个学时,而其他学校同类课程每学分只修 15 学时,这说明河大对语言技能课程比较重视。一、二年级还开设研究方法类课程以及语言学等课程。三年级开设语音文字、词汇、语法等汉语理论知识课。四年级注重讲授师范专业知识,包括外语教学法、教育学、汉语理论专题等教育专业理论知识。

笔者按照课程内容,对河大中文系课程进行了分类("实习"与"毕业论文"未计算在内,下同),如表 2 所示:

表 2   河内大学中文系课程类别

课程类别	课程名称	总学分	比例
语言技能类课程	语言技能(1)、(2)、(3)、(4)	72	31%
语言学类课程	越南语、语言学引论、语言学对比、词汇、语法(1)、语法(2)、语音文字、汉语理论专题	33	14%
教育学、心理学类课程	外语教学法、教育学大纲、教育管理、心理学大纲	18	8%
文学文化类课程	中国概况、中国文学、越南文化基础	15	7%
专业汉语类课程	翻译理论、翻译实践	12	5%
其他类课程	越南共产党历史、科学社会主义、胡志明思想、马列政治经济、马列哲学、古代汉语、第二外语、学习和研究方法、现代教育技术	81	35%
总 计		231	100%

从表 2 可以看出,从学分数量上看,以思想政治类课程为主的"其他类课程"排在第一位,处于第二位的是"汉语技能类课程",占 31%,接下来是"语言学类课程"(14%),这二者相加为 45%,可见该系比较重视汉语语言类课程。"教育学、心理学类课程"和"文学文化类课程"所占比例也较为合理,分别为 8% 和 6%。"专业汉语类课程"共有两门,分别为翻译理论课和翻译实践课,占 5%。

2. 对河内大学中文系课程设置的调查与分析

笔者还就河大中文系学生对课程设置的看法进行了调查,以便更加全面地了解该系课程设置的情况。发出问卷 120 份,收回 100 份,合格问卷 100 份②。调查情况详见表 3。

表3 河内大学中文系学生课程满意度调查

问题	调查结果		
1. 对现有课程的满意度	A. 十分满意:6% D. 比较不满意:2%	B. 比较满意:64% E. 十分不满意:0%	C.一般:26%
2. 每周课时是否合适	A. 非常多:11% D. 比较少:0%	B. 比较多:26% E. 非常少:0%	C.比较合理:63%
3. 课程设置中最大的问题	A. 课程过多:15% D. 没有问题:11%	B. 门类不全:29% E. 其他:39%	C. 实践较少:6%
4. 对中文系课程设置的意见和建议	需要补充贸易汉语、旅游汉语、文秘汉语等选修课;减少公共课。		

由表3可以看出,70%的学生对河大中文系的课程设置表示满意,一半以上的学生认为每周课时安排比较合理(占63%)。河大中文系课程设置总学分为248,这个学分已经很高了,但是29%的学生认为河内大学中文系的课程门类不全。学生也对课程提出了一些意见,认为应该补充专业汉语课程(如贸易汉语、文秘汉语、旅游汉语等),减少公共课课程(主要指思想类课程)。

河大中文系课程设置具有如下特点:(1)课程设置基本合理,总学分较高,且能在一定程度上满足学生掌握所学知识和技能的需求。(2)课程设置也存在一定不足,如在专业汉语课程的设置方面尚显薄弱。

二、顺化外国语大学中文系的课程设置

1. 基本情况

顺化外国语大学(以下简称"顺外")于1993年设立中文系。中文系除了培养外语教师队伍以外,还培养翻译人才和外语贸易人才。每年顺外中文系招收30~40名学生,大部分学生汉语程度为零起点。

笔者根据顺外中文系课程的网络信息③,对其课程设置进行了整理,详见表4。

表4 顺化外国语大学中文系课程设置表

学年	学期	序号	课程	必修课(112学分)	选修课(54学分)	课程学分	学年学分
第一学年	第一学期	1	综合课(1)	√		2	36
		2	综合课(2)	√		2	
		3	综合课(3)	√		2	
		4	综合课(4)	√		2	
		5	越南语	√		2	
		6	第二外语(1)	√		3	

65

续表

学年	学期	序号	课程	必修课 (112学分)	选修课 (54学分)	课程 学分	学年 学分
第一学年	第二学期	7	汉语语音文字		√	2	36
		8	汉语句法	√		2	
		9	综合课(5)	√		2	
		10	综合课(6)	√		2	
		11	综合课(7)	√		2	
		12	综合课(8)	√		2	
		13	汉语词法	√		2	
		14	语言学引论	√		2	
		15	马列主义	√		2	
		16	信息学(Excel、Word)	√		3	
		17	第二外语(2)		√	2	
第二学年	第三学期	18	听说(1)	√		3	39
		19	读写(1)	√		3	
		20	汉语词汇学	√		2	
		21	马列主义	√		3	
		22	人类和环境	√		2	
		23	第二外语(3)		√	2	
		24	汉语风格学		√	2	
		25	中文电脑处理		√	2	
	第四学期	26	科学研究方法	√		2	
		27	中国概况	√		2	
		28	听说(2)	√		3	
		29	读写(2)	√		3	
		30	胡志明思想	√		2	
		31	越南文化基础	√		2	
		32	第二外语(4)		√	2	
		33	中国文化引论		√	2	
		34	越南汉喃		√	2	
第三学年	第五学期	35	听说(3)	√		3	48
		36	读写(3)	√		3	
		37	外语教学心理学(1)	√		2	
		38	越南共产党历史	√		3	
		39	世界文明历史	√		2	
		40	第二外语(5)		√	2	
		41	初级报刊语言		√	2	
		42	高级报刊语言		√	2	
		43	高级贸易语言		√	2	
		44	HSK初中级		√	2	

续表

学年	学期	序号	课程	必修课 (112学分)	选修课 (54学分)	课程学分	学年学分
第三学年	第五学期	45	HSK 高级		√	2	
		46	语义学		√	2	
		47	语用学		√	2	
	第六学期	48	中国文学历史	√		2	48
		49	中国文学讲略	√		2	
		50	听说(4)	√		3	
		51	读写(4)	√		3	
		52	教育学(1)	√		2	
		53	外语教学心理学(2)	√		2	
		54	师范业务	√		2	
		55	第二外语(6)		√	3	
第四学年	第七学期	56	教育学(2)	√		2	43
		57	国家管理和教育培训管理	√		2	
		58	教学法(1)	√		2	
		59	教学法(2)	√		3	
		60	教学法(3)	√		3	
		61	教学法(4)	√		2	
		62	教学法(5)	√		2	
		63	古代汉语	√		2	
		64	语言学对比	√		2	
		65	跨文化交际		√	2	
		66	经济学行为		√	2	
	第八学期	67	实习	√		5	
		68	传统文化和现代生活		√	2	
		69	修辞学		√	2	
		70	对比翻译理论		√	3	
		71	毕业论文		√	7	
总学分						166	166

从表4可以看出,该系课程丰富,共71门,但总学分较少,只有166个学分。顺外中文系一年级注重密集训练汉语的综合技能,也开设了语音文字、句法、词法等语言知识类课程。二年级开设听、说、读、写分项技能训练课程,另外还开设有词汇课、词法课、文化课和研究方法类课。三年级设置了专项汉语课程,如报刊汉语、HSK等。要说明的是,这些专项汉语课程都是选修课,所以学生可以根据自己的水平和喜好来选择相应的课程,因此

具有一定的弹性。到了三年级第二学期和四年级第一学期,开设了教育、管理方面的课程,如教学法、心理学、师范教育等。

我们按照课程内容,将顺外中文系课程进行了分类,详见表5。

表5　顺化外国语大学中文系课程类别

课程类别	课程名称	总学分	比例
语言技能类课程	综合(1~8)、听说(1~4)、阅读(1~4)、HSK 初中级、HSK 高级	44	28%
语言学类课程	越南语、语言学引论、语言学对比、句法、词法、词汇、汉语风格学、修辞学、语义学、语用学、语音文字	22	14%
教育学、心理学类课程	教育管理、教育学(1~2)、普通教学法(1~5)、师范业务、外语教学心理学(1~2)	24	16%
文学文化类课程	越南文化基础、中国概况、中国文化引论、中国文学历史、中国文学讲略、越南汉喃、传统文化和现代生活、跨文化交际、世界文明历史	18	12%
专业汉语类课程	初级报刊语言、高级报刊语言、高级贸易语言、对比翻译理论	9	6%
其他类课程	马列主义(1~2)、胡志明思想、越南共产党历史、信息学(Excel、Word)、中文电脑处理、人类和环境、科学研究方法、第二外语、古代汉语、经济学行为	37	24%
总计		154	100%

由表5可以看出,顺外中文系"汉语技能类课程"学分比例最高(占28%),"语言学类课程"也占到了14%,可见该校还是很重视语言类课程的。"教育学、心理学类课程"和"文学文化类课程"的比例相对也较高,分别占16%和12%。另外,该系开设的"专业汉语类课程"也较多,共4门,占6%。

2. 顺化外国语大学中文系课程设置的调查与分析

笔者还就顺外中文系学生对课程设置的看法进行了调查。发出问卷100份,收回73份,合格问卷73份。调查情况详见表6。

表6　顺化外国语大学中文系学生课程满意度调查

问题	调查结果
1. 对现有课程的满意度	A.十分满意:3人,占4%　B.比较满意:44人,占60%　C.一般:24人,占33%　D.比较不满意:2人,占3%　E. 十分不满意:0%
2. 每周课时是否合适	A.非常多:4人,占5%　B.比较多:16人,占22%　C.比较合理:43人,占59%　D.比较少:10人,占14%　E.非常少:0%
3. 课程设置中最大的问题	A.课程过多:7人,占10%　B.门类不全:15人,占21%　C.实践较少:34人,占46%　D.没有问题:13人,占18%　E.其他:4人,占5%
4. 对中文系课程设置的意见和建议	多设置汉语专业课程,增加应用性、实用性课程;减少越南语类课程;多安排课外实践活动以及跟中国人交流的课程。

从表6可以看出,79%的学生认为课程设置能使他们适应以后的工作,但是学生对该校的课程满意度不是太高(持"不满意"或"一般"观点的占36%)。笔者认为,这或许与课程学分少有一定的关系。在课程设置问题上,接近一半的学生认为课程的实用性和实践性较差(占46%)。我们认为,这与该系学生的就业取向不无关系。

顺外中文系课程设置具有如下特点:(1)课程设置比较齐全,课程结构比较合理。(2)开设了一些特色课程,如"人类和环境""经济学行为"以及"国家管理和教育培训管理"等。(3)课程设置也存在一些问题,如学分设置较少。另外,由于该校主要培养翻译和外贸人才,学生对专业汉语课程要求较高,因此仍有一些学生对课程设置不太满意。

三、岘港外国语大学中文系的课程设置

1. 基本情况

岘港外国语大学(以下简称"岘外")前身是岘港师范大学。1994年,学校外语系开设了中文课程,2007年正式成立中文系,现在每年招收40名左右的学生。岘外中文系的培养目标是能在高中以上层次的学校教授汉语的人才④。

我们根据岘外中文系课程的网络信息⑤,对其课程设置进行了整理,详见表7。

表7 岘港外国语大学中文系课程设置表

学年	学期	序号	课程	必修课(111学分)	选修课(90学分)	课程学分	学年学分
第一学年	第一学期	1	马列主义	√		5	44
		2	越南语	√		2	
		3	信息学(Excel、Word)	√		2	
		4	体育(1)	√		1	
		5	综合课(1)	√		5	
		6	听力入门(1)		√	2	
		7	口语入门(1)		√	2	
		8	写作入门(1)		√	2	
		9	语音入门		√	2	
	第二学期	10	语言学引论	√		2	
		11	体育(2)	√		1	
		12	国防教育	√		5	
		13	综合课(2)	√		5	
		14	听力入门(2)		√	2	
		15	口语入门(2)		√	2	
		16	写作入门(2)		√	2	
		17	汉语常用句子		√	2	

续表

学年	学期	序号	课程	必修课 (111 学分)	选修课 (90 学分)	课程 学分	学年 学分
第二学年	第三学期	18	越南文化基础	√		2	56
		19	体育(3)	√		1	
		20	心理学大纲	√		2	
		21	科学研究方法	√		2	
		22	综合课(3)	√		5	
		23	词法	√		2	
		24	听(1)		√	2	
		25	说(1)		√	2	
		26	读(1)		√	2	
		27	写(1)		√	2	
		28	汉语旅游口语		√	2	
	第四学期	29	越南共产党历史	√		3	
		30	第二外语(1)	√		3	
		31	体育(4)	√		1	
		32	语言学对比	√		2	
		33	师范心理学	√		2	
		34	语音文字	√		2	
		35	综合课(4)	√		5	
		36	听(2)		√	2	
		37	说(2)		√	2	
		38	读(2)		√	2	
		39	写(2)		√	2	
		40	报刊语言		√	2	
		41	中国文化		√	2	
		42	中国历史		√	2	
第三学年	第五学期	43	胡志明思想	√		2	56
		44	体育(5)	√		1	
		45	第二外语(2)	√		3	
		46	教育学大纲	√		2	
		47	中国文学历史	√		2	
		48	汉语词汇	√		2	
		49	综合课(5)	√		4	
		50	听(3)		√	2	
		51	说(3)		√	2	
		52	读(3)		√	2	
		53	写(3)		√	2	
		54	贸易口语		√	2	
		55	听新闻		√	2	
		56	普通教育学	√		3	
		57	中文教学理论	√		2	
		59	中国概况	√		2	

续表

学年	学期	序号	课程	必修课 (111学分)	选修课 (90学分)	课程 学分	学年 学分
第三学年	第六学期	60	中国文学讲略	√		3	56
		61	综合课(6)	√		4	
		62	教学法(1)	√		2	
		63	句法	√		2	
		64	听(4)		√	2	
		65	说(4)		√	2	
		66	读(4)		√	2	
		67	贸易写作		√	2	
		68	公司文秘汉语		√	2	
第四学年	第七学期	69	综合课(7)		√	4	45
		70	教学法(2)	√		3	
		71	检查评审	√		2	
		72	教育管理	√		2	
		73	笔译实践		√	2	
		74	口译实践		√	2	
		75	古代汉语		√	2	
		76	汉喃		√	2	
	第八学期	77	实习	√		6	
		78	考试(1)		√	5	
		79	考试(2)		√	5	
		80	毕业论文		√	10	
总学分						201	201

从表7可以看出,岘外中文系为学生提供了较多的课程(共80门)。一年级到三年级主要开设汉语技能类课程,也开设多门教育学、语言学类课程。从三年级到四年级第一学期开设贸易口语、贸易写作、报刊语言、中国文化、中国历史、新闻、口笔译实践、古代汉语等选修课。

该校课程的特别之处在于汉语技能课程和汉语专业课程大部分被设为选修课,学生可以根据选择自己的汉语水平和兴趣来选择课程,从而满足了学习者的个性化需求,以适应学习者在入学时就存在的语言能力上的差别。

我们按照课程内容,将岘外中文系的课程进行了分类,详见表8。

表8 岘港外国语大学中文系课程类别

课程类别	课程名称	总学分	比例
语言技能类课程	综合课(1~7)、听力入门、口语入门、写作入门、语音入门、汉语常用句、听(1~4)、说(1~4)、读(1~4)、写(1~3)	78	45%

续表

课程类别	课程名称	总学分	比例
语言学类课程	越南语、语言学引论、语法(1~2)、语言学对比、语音文字、汉语词汇	14	8%
教育学、心理学类课程	汉语教学理论、教育学大纲、普通教育学、教学法(2)、教学法(3)、检查评审、教育管理、心理学大纲、师范心理学	20	11%
文学文化类课程	越南文化基础、中国文化、中国历史、中国文学历史、中国概况、中国文学讲略、汉喃	15	9%
专业汉语类课程	新闻听力、报刊语言、贸易写作、贸易口语、中文旅游口语、笔译实践、口译实践、汉语文秘	16	9%
其他类课程	马列主义、信息学(Excel、Word)、体育(1~5)、国防教育、越南共产党历史、第二外语(1~2)、胡志明思想、科学研究方法、古代汉语	32	18%
总计		175	100%

从表8可以看出,该校中文系"语言技能类课程"在三所学校中所占比例最高,达到了45%,这说明岘外中文系十分重视学生外语技能的培养。"专业汉语类课程"占9%,共8门课,有口笔译实践、贸易口语、贸易写作、新闻听力等。"语言学类课程""教育学、心理学类课程""文学文化类课程"分别占8%、8%和9%。特别是"教育学、心理学类课程",种类丰富,共有9门课。

2. 对岘港外国语大学中文系课程设置的调查与分析

笔者还就岘外中文系学生对课程设置的看法进行了调查。发出问卷100份,收回100份,合格问卷100份⑥,详见表9。

表9 岘港外国语大学中文系学生课程满意度调查

问题	调查结果
1. 对现有课程的满意度	A. 十分满意:11%　B. 比较满意:50%　C. 一般:39% D. 比较不满意:0% E. 十分不满意:0%
2. 每周课时是否合适	A. 非常多:13%　　B. 比较多:35%　　C. 比较合理:35% D. 比较少:16%　　E. 非常少:11%
3. 课程设置中最大的问题	A. 课程过多:2%　B. 门类不全:12%　C. 实践较少:78% D. 没有问题:5%　E. 其他:3%
4. 对中文系课程设置的意见和建议	增加具有实用性的课程

从表9可以看出,81%的学生认为该校的课程能使他们适应以后的工作。然而学生的课程满意度却不是很高,只占61%,这在三所高校中是最低的。近80%的学生认为该校课程的实用性不强。笔者认为,相比其他两所高校,岘外中文系课程的实用性已经比较强了,笔者在与一些学生的访谈中发现,相当多的学生学习汉语是为了将来从事应用性强的工作,因此对于课程实用性的要求会更高一些。

岘外中文系课程设置具有如下特点：(1)语言技能类课程的比例很高，教育学、心理学类课程比例也较高。选修课的设置颇有特色，满足了学生多元化的学习需求。(2)尽管如此，不少学生仍认为本系课程实用性不强。笔者通过补充调查发现，该系45%的学生希望毕业后能找到与汉语直接相关的实用性的工作，因此对课程实用性的要求在三所学校中也是最高的。

四、总结与思考

笔者通过分析越南三所高校中文系的课程设置发现，每所学校在课程设置方面都有其优缺点，详见表10。

表 10　越南三所高校中文系课程设置特点

大学	总学分/课程数量	主要教学目标	特色	不足
河内大学	248/43	教授汉语基本基础知识、汉语应用知识、专业语言知识、中国文化知识；培养学生熟练运用听、说、读、写、译五种技能的能力。	课程设置思路较为清晰，旨在培养均衡发展的人才。学分较多，课程内容量充足。	思想类课程比例较大；专业汉语课比较薄弱；实用性课程不足；课程门类较少。
顺化外国语大学	166/71	培养学习者熟练地掌握用外语进行交流的技能，并达到较高师范教育程度，以保证毕业生能在中学从事外语教学。	重视教育学、心理学；专业汉语课门类比较丰富，比较符合教学目标。	学分较少，学生掌握的知识和技能有可能不够扎实；课程的实用性有待加强。
岘港外国语大学	201/80	培养有专业知识和专业技能，并能在高中以上层次学校教授汉语的人才。	重视汉语技能的培养，开设了比较丰富的专业汉语课程。	虽然技能课程学分较多，专业汉语课程比例也较高，但是因学生在应用性方面的需求很高，因此仍感到课程的实用性有所欠缺。

笔者认为，越南高校在设置汉语课程时应该注意三个问题：

(1) 教学目标。明确教学目标是设置课程的重要步骤。如果以提高学习者汉语综合能力为目标，就需要设置全面性的课程；如需培养翻译、贸易等专门人才，则需要在专业汉语方面加大课程比例。

(2) 学习者的需求。学校应清楚学生学习汉语的需求和动机，比如是为了就业还是对中国文化历史感兴趣。只有明确了这一点，才能清楚各类课程的比例该如何调配，也才能最大程度地满足学习者的需求。

(3) 教学环境。在越南非目的语环境下，学校应多给学生提供了解中国人和中国文化的机会，以增强课程的实践性和应用性。

总体而言，越南三所高校中文系的课程设置基本合理，并基本符合各自学校教学目标的基本要求。不过也存在一些问题：(1)课程设置较为随意，表现为各学校汉语课程学分、课程数量以及课程内容差异均较大，可以看出越南高校中文系的课程设置还缺乏规范性和系统性,因此需要对课程设置进行适当的调整。(2)课程的实用性需要加强,特别是在非目的语环境下,学习者的这一呼声非常强烈,校方对此不能视而不见。

笔者希望本文能促进越南高校汉语课程设置更加完善,以便今后更好地开展汉语教学。

附 注

① 信息来源:http://web.hanu.vn/cn/mod/resource/view.php?id=8。
② 由于本问卷的调查人数为 100 人,人数和百分比具有一致性,所以本表中省去了每项的人数,特此说明。
③ 信息来源:顺化外国语大学网站:http://www.hucfl.edu.vn。
④ 信息来源:http://www.cfl.udn.vn/modules.php?name=Intro&op=Department&sid=6。
⑤ http://www.cfl.udn.vn/uploads/uploads/Vanban/pub_dir/khungchuongtrinh.pdf。
⑥ 由于本问卷的调查人数为 100 人,人数和百分比具有一致性,所以本表中省去了每项的人数,特此说明。

(作者简介:阮氏玉征,中央民族大学国际教育学院汉语国际教育硕士;田艳,博士,中央民族大学国际教育学院副教授、硕士生导师,研究方向为国际汉语教学、教材研究等。)

土耳其汉语教学的发展与困境

刘 军

提　要　随着全球"汉语热"的持续升温和孔子学院的广泛建立,学习汉语逐渐成为广受关注的话题。面对世界范围内的汉语学习者,谁来教? 教什么? 怎么教? 这些问题迫在眉睫,亟待解决。师资问题是目前汉语国际推广中面临的首要难题,土耳其的汉语教学也不例外。笔者根据在土耳其的亲身教学体验及相关调查,描述了当前土耳其汉语师资的现状,指出了土耳其汉语教学在快速发展的同时,还存在的一些制约因素,并希望能就有效解决这些问题提供建议,从而确保土耳其汉语教学长期、有效、优质、可持续的发展。

关键词　土耳其　汉语教学　现状　问题　对策

土耳其地跨亚、欧两洲,位于地中海和黑海之间,人口约为7472万(截至2011年12月),其中土耳其族占大多数,全国绝大多数居民信奉伊斯兰教,土耳其语为国语。目前土耳其实施6~14岁的八年义务教育,全国大约有820所包括大学在内的各类教育机构,其中大学约116所,主要分布在首都安卡拉和最大的港口城市伊斯坦布尔,分为国立与私立两类,国立大学自2012年9月起开始实施免费教育。

随着中国经济快速发展,在世界上的地位也不断提高,为了加强与中国的经贸关系,2005年,土耳其教育部把汉语列入职业高中外语选修课程,2007、2008学年度,又在10个试点商业旅游高中开设了汉语课。随着中土经贸关系的快速发展,目前汉语已被列入公立高中课程和中小学外语教学选修课程,开设中文课程的中小学有20多所,开设汉语班的社会团体有20多家,开设汉语课程的大学约有12所。早在1935年,响应国父凯末尔总统的号召,安卡拉大学史地文学院即设立了汉语系,主要从事历史语言学的研究,以古代汉语和文化研究为特色,这是土耳其高校中汉学研究历史最悠久的院系。

一、现状调查与分析

土耳其的汉语教学始于20世纪三四十年代,在20世纪90年代,随着中国经济的迅速发展,土耳其自下而上地掀起了一股学习汉语的热潮,为汉语在当地的推广奠定了广泛的社会基础。进入21世纪,随着中土两国经贸文化交流的进一步深入以及两国政府的积极推动,土耳其学校中的汉语教学也逐渐兴起并迅速发展,自上而下地促进了汉语言文化在土耳其的传播。近10年来,中土两国关系日益紧密,高层互访不断,两国政府都对汉语教学给予了充分的重视和支持,土耳其的汉语教学也在向全面与纵深发展。

截至2011年,土耳其已有五所大学开设汉语专业,分别是安卡拉大学(1935)、法提赫大学(1996)、埃尔吉耶斯大学(1998)、奥坎大学(2005)、伊斯坦布尔大学(2011)。每年有近百名主修汉语专业的大学生,毕业后,他们或者到中国学校继续深造,或者在土耳其外交、商业、学校等政府和民间机构任职。

表1　土耳其开设汉语课程的基本情况

学校名称	所在地	性质	开设汉语课时间	汉语课程性质
安卡拉大学	安卡拉	国立	1935年	专业课
中东技术大学	安卡拉	国立	2008年	选修课
埃尔吉耶斯大学	开塞利	国立	1998年	专业课
海峡大学	伊斯坦布尔	国立	2010年	选修课+培训
伊斯坦布尔大学	伊斯坦布尔	国立	2011年	选修课
法提赫大学	伊斯坦布尔	私立	1996年	专业课+选修
奥坎大学	伊斯坦布尔	私立	2005年	专业课
5-19大学	萨姆松	国立	2010年	培训课
佳蕾小学孔子课堂	安卡拉	私立	2008年	选修课
LOTUS语言中心	伊斯坦布尔	私立	2001年	培训课
Çalm教育中心	伊兹密尔	私立	1992年	培训课

1. 两国文化交流日益深入

近年来土耳其教育部门对汉语教学越来越重视,中国国家汉办也十分重视和支持土耳其汉语教学事业的发展,双方签署协议,由中国的厦门大学和上海大学与土耳其的著名高校中东技术大学和海峡大学合作,分别于2008年10月、2010年4月在安卡拉和伊斯坦布尔成立了孔子学院。两家孔子学院虽然成立不久,但积极开展中土教育、文化等方面的交流与合作,在汉语教学、汉语教师培训、提供教学资源与中国教育信息咨询、开展汉语考试和提供留学服务等方面都做出了贡献。

近年来,在中国驻土耳其大使馆和驻伊斯坦布尔总领事馆的大力支持下,各协作高校与中方企业积极配合,土耳其大学生"汉语桥"比赛成绩喜人,参加比赛的学员语言功底较为扎实,表演节目形式多样,充分展现了他们对中国文化的较深的理解。

2. 汉语学习渐成潮流

随着土耳其政府对汉语教学政策的逐渐开放和中土两国关系的良好发展,土耳其人特别是年轻人深刻认识到汉语在拓宽个人发展和职业规划空间上的重要性,越来越多的大学成立了中文系或开设了汉语课程,在各类学校中选修汉语的学生数量也在不断增长。主要城市的各类汉语培训机构更是数量众多,无法一一统计,比较有名的如由安卡拉AGS公司投资组建的汉语语言教学文化研究中心,2002年创建的"中土文化教育语言咨询服务机构",后者约有100多名学习汉语的土耳其学生,还聘请了中国老师。土耳其学习汉语的人数由过去的数十人增加到数千人,这无疑是一种飞跃。虽然目前与部分国家相比,土耳其的汉语学习者总量还不大,但增长速度令人吃惊。

另外,安卡拉有"土耳其之声"广播电台,这是一个半官方的媒体,以26种外语广播。其中每天有一个小时的汉语广播时段,栏目内容以新闻为主,播报各报纸的新闻摘要,介绍土耳其旅游等各个方面的情况。每年"土耳其之声"广播电台都会举办一次中文征文比赛,对于推广汉语有着重要作用。随着网络的不断发展,土耳其汉语学习者可以通过网络阅读中文新闻,看中文电视、电影。自2008年以来,一年一度的世界大学生"汉语桥"比赛也成了促进土耳其的汉语教学及汉语推广的重要途径。

表2　2006～2010年土耳其在校生学习汉语人数统计

学校名称	2006年	2007年	2008年	2009年	2010年	合计
安卡拉大学*	32	33	35	38	35	173
中东技术大学			50	50	70	170
埃尔吉耶斯大学*	30	33	40	45	42	190
海峡大学				120	200	320
伊斯坦布尔大学				25	23	48
法提赫大学*	11	18	21	4	19	73
奥坎大学*	13	14	12	20	10	69
5-19大学				7	20	27
佳蕾小学孔子课堂			240	365	365	970
总计	86	98	398	674	784	2040

(说明:带*的为开设汉语专业的大学,统计人数为当年招生人数;其他是未开设汉语专业的学校,统计人数为当年选修汉语课程的人数。)

二、存在的问题与分析

如今的土耳其汉语教学可谓呈现出一派繁荣的景象,但我们也要清醒地看到,其中还存在着诸多不完善的因素,潜在地制约着它的发展。集中到一点,就是目前最突出的"三教"问题,即教师、教材、教法等三方面的问题。在教师、教材方面,国家汉办提出"一无两有",即凡是开设汉语课的地方都没有盲点,一定要有国家汉办派出的教师或者培训过的教师,要有相适应的教材。本文就重点阐述师资、规范、教材等因素,以及由它们引发的其他问题。

1. 师资因素

师资问题是目前汉语国际推广中面临的首要难题,土耳其的汉语教学也不例外,这已经成为制约其良性发展的瓶颈。师资问题主要是数量和质量的问题,数量方面更多的是本土化培养的问题。现在虽然已经在培养本土教师,但数量还是很少,培养的规模和进度与需求相比还远远不够,教师短缺的问题依然很严重。质量方面更多的是指派出教师的质量,特别是孔子学院教师的质量,问题主要集中在跨文化交际能力不足以及教学方法不适用等方面。

1.1 师资不足

目前土耳其除了大学、中学、小学外,还有相当数量的汉语培训机构等社会办学力量,对汉语教师的需求量都很大,而且呈逐渐增长的趋势。现有的师资已远不能满足需求,很多拟增开汉语课的中小学,都由于找不到合格的教师而使计划搁浅。过去若干年中,当地汉语师资队伍发展较缓慢,虽然我国派往土耳其的公派汉语教师和志愿者数量逐年增加,但师资队伍总体发展仍跟不上需求的增长。

1.2 水平不齐

孔子学院教师和公派汉语教师虽然都是国内的大学老师,但毕业于汉语及相关专业的老师并不多,据我们调查,不足 50%。有对外汉语教学经验的老师就更少,只占 30% 左右。而志愿者大多是大学毕业生或在读硕士研究生,其中有的是语言专业,也有的是其他文科专业,对汉语教学并不熟悉。由于语言上的障碍和环境不适应等诸多因素的影响,他们初期的教学情况大都不是很理想,等经过约半年的适应期后又快要离任了。而那些从中国自行来土耳其谋职的人员和土籍华人的教学水平就更加多样,参差不齐,很难评论。最关键的是作为汉语教师重要组成部分的土耳其中文专业毕业生的教学水平也多一般,有的汉语水平也并不是很高。

1.3 成分复杂

土耳其本国汉语教师有华人和原住民教师之分,外来教师有中国国家汉办选派的志愿者、公派汉语教师、孔子学院的教师等,还有少量自行从中国到土耳其谋职的各类人员,这给土耳其汉语教学带来了各式各样的教学理念、教学风格及教学法。

1.4 比例不当

从长远考虑,笔者认为本土教师和中国籍教师呈 2∶1 的比例是比较理想的状态,然而据我们对主要学校的调查统计数据,目前土耳其在职汉语教师中,本土教师比例不足 40%,而其中真正毕业于中文专业的只有 11 位,占 27.5%。本土教师比例严重偏低,这将严重制约和影响土耳其汉语教学的长远与深入发展,如中小学汉语教学和研究生汉语教学等。

1.5 队伍不稳

孔子学院教师、公派汉语教师及土耳其高校中文专业的毕业生在土耳其汉语教师队伍中占有不小的比例。这三个群体中,前两类教师的流动性很大,大多任教一两年就离任了,而土耳其高校中文专业毕业生很多愿意到待遇较高的企业谋职,而不愿在学校从事汉语教学工作,一些在岗教师也由于工作量大、待遇低等原因,对工作没有足够的积极性和责任感。因而土耳其汉语师资队伍非常不稳定,每隔两至三年,就得更换约50%至60%的教师。

2. 质量因素

有人说"三教"实际是"两教"的问题,教材和教师的问题解决了,教学法的问题就不用解决了。但我们还是说"三教",因为教学法也是一个很大的问题,其中一个重要方面是文化差异带来的沟通上的问题。这个问题在孔子学院的教学中表现得比较突出。到中小学任教的老师面临的教学上的挑战会尤其大,他们如果外语不好就很难教好,在外语很好的情况下,如果不了解当地人的性格特点和习俗,也会很难教好。

2.1 缺乏大纲规范

目前土耳其汉语教学的系统层次还不完善,缺乏一定的规范性、连贯性和系统性,缺乏统一完善的汉语教学规划和运作机制,学校在教材、课程设置等方面还是各自为政。土耳其目前还没有制订出全国统一的汉语教学大纲来规范、指导汉语教学。虽然土耳其教育部制订了外语教学课程设置规范,对外语教学设定了一些标准,但那主要是以英语为目标语来制订的。根据调查,各校开设汉语课的周学时差别很大,从每周9学时到18学时不等,各大学对语言课和文化课的侧重也不同。另外,安卡拉大学仍在教授汉字繁体字,而其他大学则以简化字为主。

2.2 缺乏评估标准

目前,由于没有统一的教学大纲,汉语教学质量缺乏有效的手段进行准确的评估,由各校自行对汉语课制订教学目标、设定课程标准和评估方式,部分学校甚至没有制订教学评估标准,因此难以进行质量控制。在无统一教学规范的前提下,组织参加统一的汉语水平考试不失为一种对汉语教学质量进行评估的好方法。但是由于各校汉语课程设置不同,教学目标、学时、选用教材、教学进度等差别很大,使用统一的考试进行测评似乎不切实际,得出的评估结果的信度及效度都有待商榷。

3. 教材因素

3.1 种类繁多

在土耳其,本土的汉语教材很少,使用的主要是中国编写出版的汉语教材,可谓种类繁多,五花八门,但针对母语为土耳其语的学习者编写的教材却少之又少,目前仅有《当代中文》《跟我学汉语》《快乐汉语》等少量教材有土耳其语版,且往往只有入门级别,缺乏后

续教材。由于没有统一规范,各校自主权很大,在教材的选用上各行其是,这由笔者调查到的教材选用情况可见一斑,见表3:

表3 土耳其汉语教材使用情况统计

学校名称	教材名称	作者	出版社	备注
安卡拉大学	新实用汉语课本	刘珣主编	北京语言大学出版社	
	中国历史文化		中国台湾地区某出版社	
中东技术大学	长城汉语	课题组	北京语言大学出版社	
	新实用汉语课本	刘珣主编	北京语言大学出版社	
埃尔吉耶斯大学	博雅汉语·初级、中级	李晓琪主编	北京大学出版社	
	当代中文	吴中伟主编	华语教学出版社	土耳其语版
海峡大学	跟我学汉语	陈绂、朱志平	人民教育出版社	
	长城汉语	课题组	北京语言大学出版社	
伊斯坦布尔大学	博雅汉语·初级	李晓琪主编	北京大学出版社	
	快乐汉语	李晓琪等	人民教育出版社	
法提赫大学	汉语教程	杨寄洲主编	北京语言大学出版社	
	中级汉语——桥梁	陈灼主编	北京语言大学出版社	
奥坎大学	汉语教程	杨寄洲主编	北京语言大学出版社	
	汉语听力教程	胡波等	北京语言大学出版社	
	汉语阅读教程	彭志平	北京语言大学出版社	
5-19大学	新实用汉语课本	刘珣主编	北京语言大学出版社	
佳蕾小学孔子课堂	快乐汉语	李晓琪等	人民教育出版社	土耳其语版

3.2 缺乏适用性和系统性

一方面是教材本身的问题,土耳其各学校选用的汉语教材大多是针对到中国留学的留学生编写的教材,是参照《中国高等学校外国留学生汉语言专业教学大纲》编写的,还有一些是针对日、韩或欧美学生编写的对外汉语教材,对土耳其学生并不适用。另一方面是选用的问题,土耳其有的学校中不同类型、不同层次的学生同用一本教材的现象并不少见,而且多个课型共用一本教材的现象也很普遍。很多学校只有主教材而没有配套练习册及其他教辅资源,甚至只有主教材第一册而无后续教材。有的教材在内容、版式上都显得有些古板、陈旧,不贴近土耳其学生的生活,难以激发学生的学习兴趣。另外,适合中小学生使用的系统汉语教材就更难选择了。

三、应对策略与发展建议

要想实现汉语教学在土耳其的可持续与跨越式发展,还是要以国家汉办主任许琳女士提出的"转变观念和工作重点,实施对外汉语教学的六大转变"为指导:一是发展战略从对外汉语教学向全方位的汉语国际推广转变;二是工作重心从将外国人"请进来"学汉语向汉语加快"走出去"转变;三是推广理念从专业汉语教学向大众化、普及型、应用型转变;四是推广机制从教育系统内推进向系统内外、政府民间、国内国外共同推进转变;五是推广模式从政府行政主导为主向政府推动的市场运作转变;六是教学方法从纸质教材面授为主向充分利用现代信息技术、多媒体网络教学为主转变。六个转变实际包含了三个层面：体制和机制、对象和教学类型、教材和教法。

1. 争取官方支持，建立统一规范

争取到土耳其政府部门对汉语教学的政策支持十分重要。因此，要特别重视和利用好两国政府官员高层互访的机会，积极促成土耳其政府制定有利于汉语教学的政策，并探寻双方合作推动汉语教学的有效途径。另外在资金投入、质量监控、标准规范等方面也需要得到土耳其官方的认可和支持，才能有效地推广汉语教学。

1.1　制订统一的教学规范和评估标准

拟定各阶段教学目标，制订质量评估标准，土耳其汉语教学就可在科学、规范的框架下健康发展。这个问题早就提出，然而至今仍未解决，究其原因，笔者猜测，首先可能是土耳其政府尚未找准汉语教学在其国民教育体系中的明确定位，对全面开放汉语教育仍有所顾虑；其次是土耳其大学分为国立、私立两种，就学校类别来看，私立大学教学上有较大自主权，很多方面和国立大学存在差别。因此，制订一个适用于全国各类学校的大纲比较困难。

1.2　推广汉语水平考试，建立"双准"制度

以中东技术大学孔子学院为例，2010 年报名参加 HSK 的考生还只有十几人，2011 年就增加到 60 多人。土耳其国内还开设了"中小学生汉语考试"考点，与 HSK 有机结合，做到"考教结合""以考促教""以考促学"。

我们认为，应尽快建立"双准"制度，即汉语教师的准入制度和汉语专业毕业生的准出制度。这将有利于土耳其汉语教育的长期健康发展，意义重大。

2. 坚持两个"本土化"

2.1　师资本土化

自接收来自中国的公派汉语教师以来，土耳其汉语师资紧缺的状况得到了一定的缓解，但需注意到，中国输送的汉语教师人数近年来呈增长趋势固然说明了土耳其的"汉语热"，但另一方面也表明土耳其仍未建立起自己的汉语师资队伍，中国对土耳其的师资输出大于土耳其自己培养的师资数量。而在土耳其推广汉语，仅靠中国国家汉办和部分高校的"输血"只能解一时之急，土耳其自己拥有汉语师资的"造血"能力才是长久之计。师资队伍的建设要着眼于本地教师的培养，可以让本土教师到中国接受培训，也可以由中国派出专家到土耳其对当地师资进行培训。要达到土耳其师资队伍本土化、专业化、年轻化、批量化的目标，一方面要坚持"请进来、送出去"的策略，积极实施国外汉语教师来华研修项目及土耳其汉语教师本土化策略，继续以孔子学院为平台，对各类汉语教师开展培训，多管齐下，建立、完善合作培养与中国输出相结合的师资模式；另一方面，孔子学院及公派教师要做的不仅仅是单纯的教学，更应担负起培养本土汉语教师的重任。

2.2　教材本土化

应加强本土化教材及工具书的编写。在这项工作上,孔子学院和公派汉语教师应该起到更大的作用,可以和土方教师联合编写,充分调动起本土教师参与的积极性,这样既可以保证教材中中国文化的贯穿,又能更好地适应当地学习者的习得规律,特别是针对土耳其中小学的汉语教材。开发本土教材需要注意的是,不要一开始就求大求全,这样一来难度大,二来周期长。要根据目前最急需的情况,先编写一些简单且易操作的教材或辅助材料,等时机成熟了,再在此基础上编写系统性的成套教材。

2.3　充分重视中小学

汉语国际推广需要做的工作很多,但成功经验告诉我们,中小学是汉语国际推广的重要方面,面向中小学的汉语教育能起到抓好一校带动一片的效果,抓好中学,促进小学,可以推动大学的汉语教学。通过中小学的汉语传播,可以更广泛地引发高等学校的汉语学习需求,因此要充分重视中小学汉语教学。

由于人才市场需求的侧重点不同,对于汉语专业人才和普通外语人才的要求也不尽相同,土耳其的汉语教学将逐步实现专业学习与普通外语学习的细分。日后随着学科建设的完善和教学体系的健全,专业汉语学习者将由小学开始,接受小学、中学、大学的一条龙汉语教学。这种专业汉语的学习将有别于汉语作为普通外语的学习,从不同角度培养汉语人才。

四、结语

随着我国国际地位的不断提高,未来还会有更多的土耳其人学习汉语,为了更好地满足快速增长的汉语学习需求,针对目前的实际情况,当地汉语教学的软硬件都还需要加强。近年来,国家汉办提出了集成、创新、跨越的汉语对外教学和国际传播工作的发展战略,即集成一切资源要素,采取创新的举措,实现对外汉语教学事业的跨越式发展。笔者以为,土耳其的汉语教学应该体现集成、创新、跨越,但不应是求大求全、片面追求广度的推广普及,要根据其国情对汉语的推广方式进行创新,应体现策略性和长效性,集约地整合、使用资源,采取高水平、高效率、可操作、可持续的汉语教学发展战略。

当前全球汉语学习的热情不断高涨,土耳其汉语教学的涉及面也将逐渐扩大,汉语推广的前景非常广阔。当前,伊斯坦布尔市已经营造出了浓厚的汉语学习与教学的氛围,在其带动下,其他城市将会以该市为中心,逐渐营建遍及全国的汉语教学网,推进土耳其全国的汉语教学及汉语推广工作。

参考文献

[1] 陈记运.泰国汉语教学现状.世界汉语教学,2006(3).

[2] 李凌艳.汉语国际推广背景下海外汉语教师师资问题的分析与思考.语言文字应用,2006(6).

[3] 许琳.汉语国际推广的形势和任务.世界汉语教学,2007(2).

（作者简介：刘军，文学硕士，新疆财经大学中国语言学院讲师，现任职于土耳其埃尔吉耶斯大学中文系，研究方向为应用语言学、跨文化传播。）

"汉语国际传播历史国际学术研讨会
暨世界汉语教育史研究学会第五届年会"一号通知

世界汉语教育史是一个全新的研究领域，它使汉语作为第二语言教学这一学科有了深厚的历史根基。"世界汉语教育史研究学会"的成立以及近几年四届世界汉语教育史研究学会年会的召开，已经将该领域渐渐纳入学者们的学术视野中，并促使学界对中国语言史的思考、对"汉语国际教育"的研究不断扩展到一个更为广阔的学术空间。

基于此，世界汉语教育史研究学会拟定于2013年9月20—22日在天津召开"汉语国际传播历史国际学术研讨会暨世界汉语教育史研究学会第五届年会"，本届会议将由北京外国语大学中国海外汉学研究中心、天津外国语大学国际交流学院和世界汉语教育史研究学会联合主办，北京外国语大学世界亚洲研究信息中心协办。现将会议的相关事项通知如下：

一、会议主题：汉语国际传播历史及相关领域研究。

1. 世界汉语教育史（世界各国汉语教育的历史、文献研究；各国重要汉学家以及重要汉语教材、字典、词典、汉语研究著作等研究）；

2. 语言接触与中国近代语言变迁（西人汉语研究直接影响了中国近代的语言发展与变化，汉语作为外语研究的发展反哺汉语本体研究的发展，在交错的文化史中展开近代汉语的研究）；

3. 汉语国际教育研究（国别汉语政策研究、汉语国际传播战略规划研究、孔子学院发展与管理研究、国际汉语教学特点与规律研究）。

欢迎海内外学者提供原创性研究成果，中、英文均可。

二、会议时间：2013年9月20日报到，21—22日为正式会议。文化考察路线信息另行发布。

三、会议地点：天津外国语大学

四、会务安排及要求：

1. 请各位学者于2013年5月15日之前提交论文提要。提要含题目、关键词、主要内容及结论，Word文档不超过一页。请注明作者姓名、单位、电子邮箱、通讯地址等，中英文均可，并将文档命名为"作者＋论文标题"，发至 yantaohui@tjfsu.edu.cn。

2. 2013年7月15日之前，务请惠赐齐、清、定的参会论文（word版，中英文均可）。

3. 论文经匿名评审后，会议秘书处将于2013年7月30日前通知论文提交者评审结果。

4. 会议费用：往返交通费、住宿费自理，会议期间材料费、餐费、文化考察费等由主办方统一收取、统一安排。

5. 论文出版：会议结束后，组委会将选择符合会议主题的论文结集出版。

6. 请参会的国外学者根据办理入境的相关规定提前向会议组委会申请入境之前办理签证所需的相关公函。

联系人：梁园园　联系电话：022－23263544

巴基斯坦汉语教育最新概况

张海威　张铁军

提　要　巴基斯坦的汉语教育已有 40 多年的历史,近年来发展尤为迅速。开设汉语课程的高等院校逐渐增多,越来越多的中小学也将汉语纳入学校课程体系,伊斯兰堡孔子学院是当地汉语教育事业发展过程中的中坚力量。巴基斯坦的汉语教育事业有着鲜明的特点,但同时也面临着诸多问题和挑战。

关键词　巴基斯坦　汉语教育　伊斯兰堡孔子学院

自 20 世纪 70 年代巴基斯坦国立现代语言大学(National University of Modern Languages,简称 NUML)开设第一个中文系,巴基斯坦的汉语教育事业至今已有 40 多年的历史。40 多年来,巴基斯坦的汉语教育经历了从无到有、从小到大、从点到面的全面发展过程。从 1971 年巴基斯坦国立现代语言大学中文系成立,到 2005 年伊斯兰堡孔子学院成立,再到 2010 年前后众多中小学开设汉语课程,巴基斯坦汉语教育体系基本覆盖了其国民教育体系的所有教育阶段;从以前只有一所中文系和孔子学院,到今天已有 20 多所大、中、小学开设汉语课程;从当初的 30 多人到如今的 3000 多人,巴基斯坦汉语学习者人数已有了百倍的增长;从北部的伊斯兰堡/拉瓦尔品第到南部的卡拉奇,从西北边境省到东部的旁遮普省,汉语教育基本覆盖了巴基斯坦的主要大中城市。

此前已有相关文章介绍巴基斯坦的汉语教育情况(Lu, Sh., 1982;崔晓飞,2007;蔡冰、张海威,2011),但还不够系统全面,不能反映当地汉语教育的最新面貌。本文将集中介绍巴基斯坦 2011 年最新的汉语教学概况,内容涵盖高等院校、中小学及孔子学院、孔子课堂的汉语教育情况[①]。

一、高等院校汉语教育

巴基斯坦高等院校主要包括高职高专[②]、大学本科、硕士和博士等四个阶段。高等院校的汉语教育主要分为两种:汉语专业教育和汉语辅修教育。

1. 汉语专业教育

汉语专业教育,就是将汉语语言文学作为专业课程学习的高等教育。巴基斯坦的汉语教育起始于汉语专业教育,其中伊斯兰堡的 NUML 于 1971 年最早成立了中文系,随后拉合尔的旁遮普大学也开设了中文课程③。崔晓飞(2007)专文介绍过 NUML 中文系概况,本文不再赘述,只做简要补充。

NUML 中文系最早只开展针对巴基斯坦军方和政府的专项培训项目,为军方和政府培养汉语人才,满足两国间的军事和政治交流需求;随后也逐渐向社会普通人群开放,以满足当地人与中国进行经济、文化、教育交流的需求。目前该系有中文教师 10 名,其中本土教师 8 名,中国国家汉办公派教师 2 名。本土教师都有在中国学习、进修的经历,其中 1 人在中国获得汉语言文学硕士学位,3 人在 NUML 中文系获得硕士学位,另有一名教师正在中国攻读博士。NUML 中文系现有注册学生 177 人左右,其中初级班 103 人,中级班 42 人,高级班 30 人,硕士生 2 人,总体师生比为 5.6∶100。

NUML 中文系目前使用的教材主要是北京语言大学汉语学院编写的《汉语教程》系列教材以及部分教师自编教材,暂时没有专门的本土化汉语专业系列教材。

2. 汉语辅修教育

汉语辅修教育,即非汉语专业的学生将汉语作为外语辅修的高等教育。目前开设汉语辅修教育的都是商务、经济、电子通信等专业,旨在培养具备基本汉语交际能力、了解中国文化、能满足两国在上述领域交流合作需求的汉语人才。2005 年伊斯兰堡孔子学院成立之前,巴基斯坦高等院校的汉语辅修教育基本处于空白阶段。孔子学院成立以后,积极推进高等院校汉语辅修教育的发展,截至 2011 年 12 月底,巴基斯坦全国开设汉语辅修课程的高等院校已有 7 所。

2.1 地区分布

从地区分布来看,开设汉语课的高等院校主要集中在巴基斯坦首都伊斯兰堡及附近的拉瓦尔品第地区和旁遮普省首府拉合尔,信德省首府卡拉奇有一所,其他省份则没有。

表 1 巴基斯坦开设汉语辅修课程高等院校的地区分布

地区	学校数量	比例	学生数量	比例
伊斯兰堡/拉瓦尔品第	4	57.1%	178	40%
旁遮普省	2	28.6%	228	51.2%
信德省	1	14.3%	39	8.8%

2.2 学校性质

从学校性质来看,巴基斯坦开设汉语课的高等院校以私立学校为主,共 6 所(85.7%),而公立院校只有 1 所(14.3%)。

2.3 教育阶段分布

巴基斯坦高等教育阶段的汉语学习人数共有 445 人,其中高职高专阶段有 206 人,占

46.3%;大学阶段有 239 人,占 53.7%,略多于高职高专阶段的汉语学习人数。

2.4 课程性质

高职高专阶段的 3 所学校都是将汉语作为选修课程开设的,平均周课时为 2.7 小时。

大学本科阶段有 2 所学校分别将汉语作为商务和计算机本科专业的外语必修课程,平均周课时为 3 小时;另有 2 所学校将汉语作为外语选修课程,平均周课时为 2.5 小时。

2.5 教材

目前巴基斯坦汉语辅修教育使用的都是中国国内编写的汉语教材,主要是《汉语会话 301 句》(3④),其他教材有《长城汉语》(1)、《汉语教程》(1)、《商务汉语入门》(1)、《商务汉语交际篇》(1)和《跟我学汉语》(1)等。

2.6 师资

目前在高等院校从事汉语辅修教学的有 10 名教师,其中本土教师 3 名(30%),中国国家汉办公派教师 3 名(30%),学校自聘中国教师 3 名(30%),当地中国留学生兼职教师 1 名(10%)。其中高职高专阶段有 4 名汉语老师,师生比是 1.9∶100,大学阶段有 6 名汉语老师,师生比是 2.5∶100,总体师生比为 2.2∶100。

二、中小学汉语教育

近年来,巴基斯坦中小学的汉语教育发展十分迅速。截至 2011 年 12 月底,全国开设汉语课程的中小学已有 13 所,遍布巴基斯坦主要省市;汉语教学全面涵盖小学(1~5 年级)、初中(6~8 年级)、高中(9~10 年级)教育阶段。

1. 地区分布

从地区分布来看,开设汉语课的中小学主要集中在巴基斯坦首都伊斯兰堡及附近的拉瓦尔品第地区,其次是经济较为发达的旁遮普省,西北边境省和信德省则相对较少。

表 2　巴基斯坦开设汉语课的中小学地区分布

地区	学校数量	比例	学生数量	比例
伊斯兰堡/拉瓦尔品第	7	53.8%	1430	55.3%
旁遮普省	4	30.8%	926	35.8%
信德省	1	7.7%	150	5.8%
西北边境省	1	7.7%	80	3.1%

2. 学校性质

从学校性质来看,巴基斯坦开设汉语课的中小学也是私立学校更多(93%),目前只有一个军方下属的学校开设了汉语课程(7%),政府公立学校暂时没有开设汉语课程的。

3. 教育阶段分布

巴基斯坦中小学阶段的汉语学习者共有 2586 人,其中小学汉语学习人数最多,为 1665 人,占 64.4%;其次是初中汉语学习人数,为 862 人,占 33.3%;高中汉语学习人数最少,仅 59 人,占 2.3%。

4. 课程性质

巴基斯坦中小学汉语课程的性质并不一致,84.6%的学校(11 所)只是将汉语设为外语选修课,仅有 15.4%的学校(2 所)将汉语作为外语必修课。但值得注意的是,作为必修课的汉语课在这些学校并不纳入学生综合评定的标准体系,汉语作为外语必修课的课程性质大打折扣。不论是必修还是选修,中小学汉语课平均周课时都在 1.3~2 小时。

5. 教材

巴基斯坦中小学使用的汉语教材主要是中国国内针对海外编写的汉语教材。各教育阶段都已经有了较为适合的汉语教材,小学主要使用《汉语乐园》,初中主要使用《快乐汉语》,高中主要使用《跟我学汉语》。巴基斯坦暂时没有专门针对本国中小学编写的本土化汉语教材。

6. 师资

巴基斯坦中小学汉语师资队伍较为薄弱,目前仅有 23 名汉语教师,其中学校自聘中国教师 11 名(47.8%),本土教师 5 名(21.7%),中国国家汉办公派教师 5 名(21.7%),当地中国留学生兼职教师 2 名(8.7%)。现有的教师队伍很难满足数量庞大的汉语学习者的需求,其中小学阶段师生比为 0.5∶100,初中阶段师生比为 1.2∶100,高中阶段师生比为 3.4∶100,总体师生比为 0.8∶100。

三、孔子学院及孔子课堂的汉语教育概况

1. 孔子学院

目前巴基斯坦只有一所孔子学院——伊斯兰堡孔子学院(简称"伊堡孔院")。伊堡孔院成立于 2005 年 4 月,由北京语言大学(中方)和国立现代语言大学(巴方)合作共建,总部设在巴基斯坦国立现代语言大学(NUML,伊斯兰堡校区)。伊堡孔院的汉语教育主要包括 NUML 总部和直属教学点两大部分。

1.1 伊堡孔院 NUML 总部

1.1.1 课程性质

伊堡孔院总部目前开设的课程包括非学历教育和学历教育。

非学历教育主要是汉语培训课程和教师培训课程。2011 下半年开设的汉语课程主

要有长城汉语、精英汉语等,长城汉语分初级、初中级,两个级别都是每周两次课,每次1～2小时;精英汉语目前只有初级,每周5次课,每次2小时。另外在汉语考试前开设HSK、YCT考试辅导班。2011下半年开设的教师培训课程主要有教学讨论课,每周1次,每次2小时。此外还不定期举办汉语教材研修班、汉语教学方法研修班等。

学历教育主要是博士课程,这是伊堡孔院为提升巴基斯坦汉语教育层次,培养高级科研人才的实验性举措。主要开设汉语言文字、语言学及应用语言学等方面的课程。目前有在读博士1名。

1.1.2 人数统计

2011下半年,长城汉语初级课注册报名人数有21人,长城汉语初中级课注册报名人数有10人,精英汉语注册报名人数有15人,共计46人。

1.1.3 教材

伊堡孔院总部使用的教材主要是《长城汉语·生存交际》(第一册、第二册)和《新实用汉语课本》(第一册)。

1.1.4 师资

目前伊堡孔院NUML总部的汉语课程由3名教师担任,其中中国国家汉办公派教师1名[⑤],当地中国留学生兼职教师2名。2011下半年,伊堡孔院总部的师生比为6.5∶100。

1.1.5 其他

除了汉语教学以外,伊堡孔院还承担着汉语考试、孔子学院奖学金评选、"汉语桥"比赛、文化活动、科学研究和汉语教育资源建设等相关工作,业已成为巴基斯坦汉语教育的核心和中坚力量。2011年上半年,伊堡孔院还应邀出席伊斯兰堡战略研究所举办的"中巴友谊六十周年研讨会"并做主题报告,这说明伊堡孔院在推动两国友好关系发展方面的积极作用已获肯定。

1.2 伊堡孔院直属教学点

作为巴基斯坦唯一的一所孔子学院,伊堡孔院除在总部开设课程以外,还先后与中小学、高等院校等教育机构建立合作关系,积极推动当地汉语教学的发展。目前伊堡孔院在巴基斯坦已与包括中小学、高等院校在内的27家教育机构建立了合作关系,已成为当地汉语教育的中坚力量。

2011年下半年伊堡孔院共有直属教学点9个[⑥],占巴基斯坦全国汉语教育机构数量的31%,包括伊堡孔院NUML总部、高等院校中的2个和中小学中的6个;共有汉语学习者1621名,占全国汉语学习者人数的49.8%,其中伊堡孔院NUML总部46名,中小学1449名,高等院校126名;共有汉语教师16名,占全国汉语教师数量的36.4%,其中中国国家汉办公派教师6名、本土教师3名、学校自聘中国教师2名、兼职教师5名;总体师生比为0.98∶100,其中中小学师生比为0.6∶100,高等院校师生比为1.6∶100。

2. 孔子课堂

巴基斯坦目前有广播孔子课堂1个,由中国国际广播电台2009年与穆扎法尔格尔市听众俱乐部合建,数据不详,暂不纳入本文统计数据。

四、巴基斯坦汉语教育的特点、问题及挑战

1. 巴基斯坦汉语教育的特点

（1）中巴友好关系为汉语教育事业的发展奠定了良好的基础，营造了良好的氛围。汉语教育的一个重要目标是培养学习者对中国、中国人及中国文化的好感，而巴基斯坦的汉语学习者在开始学习汉语之前就已经怀有这种友好的感情。中巴两国之间的深厚友谊是巴基斯坦汉语教育事业发展的强大推动力，社会各阶层对汉语教育都持有积极友善的态度。例如，信德省在2011年初步制定了一项教育政策，即自2013年起将汉语作为该省六年级以上学生的外语必修课程，旨在适应两国在经贸、文化等各领域的密切联系。尽管这项政策遭受了种种异议，但异议都不是针对汉语教育政策本身，而是认为政府政策制定过于草率，没有充分考虑汉语师资短缺、教材缺乏等关系到政策实施的重要因素。总体来说，中巴友好关系为当地汉语教育提供了良好的发展环境。

（2）汉语教育呈现多元化发展趋势。主要表现在：教学机构多元化，中小学和高等院校日益成为汉语教育的有机组成部分，而伊堡孔院则扮演着中枢角色，成为当地汉语教育事业的中坚力量和重要平台；教学对象多元化，汉语教育的对象已从高校学生扩展至中小学生、商务人士、政府公务人员等各阶层人员，其中中小学生已经成为当地汉语学习者的主力军；汉语教育性质多元化，从当初仅有的培训班到现在的学历教育（本科、硕士、博士）、选修课、必修课。汉语教育的多元化发展使不同人群的学习需求日益得到更好的满足。

（3）"公私分明"。巴基斯坦的汉语教育机构性质有着典型的"公私分明"特色。全国所有汉语教育机构中，除3所政府公立学校和1所军方学校外，其他都是私立教育机构。这种"公私分明"的现象是巴基斯坦教育体制中公立和私立教育制度差异的体现。私立教育机构的管理和教学制度相对灵活，资金相对充裕，更容易将汉语课纳入自身的课程体系，以提升自身的竞争力；而公立教育机构开设汉语课则需要经过烦琐的程序，而且资金相对有限，因此开设汉语课程的难度较大。

2. 巴基斯坦汉语教育面临的问题和挑战

2.1 国家宏观角度

（1）安全形势的不稳定。"9·11"事件以后，巴基斯坦陷入反恐战争的漩涡之中，这在很大程度上影响了中国向巴基斯坦派遣汉语教师，同时也影响了巴基斯坦从中国招聘汉语教师。即便是在巴基斯坦的汉语教师和志愿者，也因为安全因素而无法前往部分比较危险的地区任教，比如西北边境省、信德省的卡拉奇地区等，这极大地限制了巴基斯坦汉语教育的发展。

（2）语言环境的多元化。巴基斯坦是一个多元语言国家，乌尔都语是国语，英语是官方语言，另有旁遮普语、信德语、普什图语等60多种本土语言。语言的多样化增加了学生的学习负担。巴基斯坦的在校生一般要学习三种语言：英语、乌尔都语和母语。完全有别

于英语和本土语言的汉语对大部分学生来说是一个不小的挑战,汉语学习也被认为是增加学生的学习负担。此外,语言的多样化也影响到教师的授课语言。本土汉语老师在课堂上都使用乌尔都语作为指导语言,但绝大部分中国老师都不会乌尔都语,只使用英语。尽管学生的英语水平一般还可以,但因为巴基斯坦人说英语和中国人说英语在发音等方面一般会存在差异,老师和学生之间的沟通仍存在一定障碍。巴基斯坦多元化的语言环境对中国老师是一个极大的挑战。

(3)汉语教育政策的空缺。巴基斯坦汉语教育发展 40 多年来,始终没有出台相应的汉语教育政策;2011 年信德省将汉语作为六年级以上学生必修课的政策还处于初始阶段,尚未正式出台。教育政策的缺失极大地制约了汉语教育的健康、良性发展。这一方面导致同一教育阶段汉语课程的设置、学习者汉语水平的考核等缺乏一致性;另一方面对汉语师资队伍的建设也有一定的影响。

(4)汉语教育发展不平衡。从巴基斯坦汉语教育发展现状来看,当地的汉语教育呈现出很大的不平衡性。汉语教育主要集中在首都伊斯兰堡及其邻城拉瓦尔品第地区,其次是经济大省旁遮普省省会拉合尔地区,信德省省会卡拉奇发展较为缓慢,西北边境省只有一所军校开设汉语课程,其他省市的汉语教育则基本上处于空白状态。这种不平衡的发展主要受制于当地的经济水平、教育水平、安全因素、与中国经贸往来的密切程度等多重因素。

2.2 汉语教育层面

(1)师资队伍力量薄弱。目前巴基斯坦所有的汉语师资中,中国汉语教师和本土汉语教师是两大主要构成部分:中国教师是中小学汉语教学的主力军,本土教师则是高等院校汉语教学的主力军。尽管巴基斯坦已有汉语教师近 50 名,但与庞大的汉语学习人群相比仍显得十分薄弱。此外,汉语师资队伍素质参差不齐,职业素养有待提高。部分中国教师普通话不标准、无相关专业背景、教学经验不足;而本土师资则面临着汉语水平不高、缺乏专业的教学技能训练等挑战。

(2)本土化教材匮乏。目前巴基斯坦主要使用中国国内编写的汉语教材,尽管这些教材有着一定的优势,但毕竟不是针对巴基斯坦特别编写的汉语教材,在语言教学、文化介绍等方面都有待商榷。巴基斯坦本土教师编写的汉语教材很少,使用范围也很有限。本土教材的匮乏要求教师在上课时要对教学内容进行适当地改编,增删部分内容才能满足学生的学习需求,这在一定程度上增加了教师的教学负担,同时对部分专业素质不是很高的教师提出了巨大的挑战。

(3)教学方法发展滞后。巴基斯坦汉语教学虽然已有 40 多年的历史,但当地汉语教学界并没有形成较为系统、有代表性的汉语教学法,尤其是近些年刚刚兴起的中小学汉语教学。这主要是因为巴基斯坦汉语教学缺乏科研传统,大多数本土教师因为自身汉语水平和科研水平有限,无法对自己的教学经验进行有效的总结;另外,囿于参考资料和科研文献的缺乏,他们也无法及时获取最新的科研成果。目前巴基斯坦的汉语教学仍然偏重翻译法,侧重语法教学,轻视交际能力的培养,任务型教学法、交际型教学法等先进的教学理念尚未融入课堂教学中。

五、结语

　　作为中国的友好邻邦,巴基斯坦在中国的外交战略中有着十分重要的地位。汉语教育对巩固、传承和深化中巴传统友谊起着积极的作用,推动着两国在文化、教育等领域的交流与合作。巴基斯坦的汉语教育虽起步较晚,但近年来发展迅速。尽管面临着诸多问题和挑战,中巴友谊却为当地的汉语教育事业提供了良好的发展环境。我们相信巴基斯坦的汉语教育事业大有可为,在两国相关人士的共同努力下会有更好的发展前景。

附 注

① 本文中的统计数据只包含 2011 年 8 月~12 月的最新数据,不包含 2011 年上半年的相关数据。
② 高职高专在巴基斯坦统称为 college,属于 higher secondary education,是介于高中(secondary education)和大学(university)之间的教育阶段。学生只有完成高职高专教育之后,才能申请大学。
③ 具体信息不详,故本文有关汉语学习人数、汉语教师的统计数据中不包括该大学。
④ 括号内为使用该教材的学校数量。
⑤ 伊堡孔院目前有 6 名汉办公派教师和志愿者,其中公派教师 4 名,中国教师志愿者 1 名,海外教师志愿者 1 名。为了满足中小学汉语教学的巨大需求,大部分公派教师任教于伊斯兰堡的中小学。
⑥ 伊堡孔院直属点的数据已包含在高等院校和中小学汉语教育概况部分,此处仅对与伊堡孔院有直属合作关系的院校做简要概括。

参考文献

[1] Lu,Sh.巴基斯坦的汉语教学.语言教学与研究,1982(1).
[2] 蔡冰,张海威.伊斯兰堡孔子学院学生汉语学习情况的调查分析.http://prc.xznu.edu.cn/s/414/t/1758/83/10/info99088.htm,2012-3-25.
[3] 崔晓飞.巴基斯坦国立现代语言大学中文系的汉语教学.云南师范大学学报(对外汉语教学与研究版),2007(5).

　　(作者简介:张海威,毕业于北京语言大学对外汉语研究中心课程与教学论专业对外汉语教学方向,目前任教于巴基斯坦伊斯兰堡孔子学院;张铁军,毕业于北京语言大学汉语学院课程与教学论专业对外汉语教学方向,目前任教于巴基斯坦伊斯兰堡孔子学院。)

跨文化的语言施教能力:内涵与评估

(美)姬建国

提　要　以跨文化教学意识为核心的"跨文化的语言施教能力"是国际汉语教师在课堂教学过程中的"二百米内硬功夫"。这种施教能力直接影响着国际汉语教育及汉语国际传播的成败优劣。这一有关"教学能力"的新理念强调国际汉语及外语教学的跨文化特性,它由两个至关重要的部分组成:"在跨文化的环境中进行外语教学的意识"和"对课堂教学互动过程的支配能力"。对于国际汉语教育及师资培训而言,其内涵不但与分析应对外国学生在汉语习得中的跨文化认知需求有着密不可分的自然联系,而且与外语教学法在第二语言课堂习得过程中的运作有着千丝万缕的内在关联,更与汉语国际教育的跨文化实质有着天然而根本的内在呼应。因此,对"跨文化施教能力"的结构成分予以明晰的诠释,对如何准确合理地鉴别评估这一能力予以原则上的界定,便成为国际汉语教师培训模式理论建设上的必要一环。

关键词　跨文化的语言施教能力　跨文化的语言教学意识　对课堂互动过程的支配能力准确合理地鉴别评估教学能力

一、引言

近年来在国际汉语教学界开始引起越来越多关注的"跨文化的语言施教能力"(亦称"跨文化施教能力""跨文化的基本施教能力")的理念,是在很大程度上被传统的对外汉语师资培训模式忽略的一种重要的教师素质。与"概念型专业知识"相比,这种"运用型的"施教能力对于教学的优劣成败更具根本性(姬建国,2011)。这一论点的提出,宣告了国际汉语师资培训模式从"象牙塔式"向"课堂互动过程为中心"转型的必要性。它对于从根本上突破制约国际汉语教学界的"三大瓶颈"(教师、教材、教法),对于从根本上改善国际汉语师资培训的质量,有着不容忽视的现实意义和格外积极的长远意义。

实践证明,汉语国际教育及汉语国际传播的成败优劣最终将具体地取决于教师在各个课堂教学过程中的"二百米内硬功夫",取决于教师是否具备了以跨文化教学意识为核心的"跨文化施教能力"。因此,对"跨文化施教能力"的培养应当尽快成为国际汉语师资培训的重中之重。

那么，从课堂教学过程的角度来看，国际汉语教师的"跨文化施教能力"主要包含哪些内涵？

简而言之，这一"跨文化施教能力"的理念强调国际汉语及外语教学的跨文化特性，主张教师的"教学能力"应具备这样两个至关重要的结构成分：(1)在跨文化的环境中进行外语教学的意识；(2)对课堂教学互动过程的支配能力。对于国际汉语教育及师资培训而言，其内涵不但与分析应对外国学生在汉语习得中的跨文化认知需求有着密不可分的自然联系，而且与外语教学法在第二语言课堂习得过程中的运作有着千丝万缕的内在关联，更与汉语国际教育的跨文化实质有着天然而根本的内在呼应。

本文拟从"正确定义'跨文化施教能力'的必要性""'跨文化施教能力'的内部结构分析""课堂过程和教学实效对施教能力结构的要求""'跨文化施教能力'的微观结构释义""鉴别评估的系统性和先决条件"等角度，来阐释这一"跨文化施教能力"理念的内涵和重要意义。

二、"跨文化施教能力"的内涵

1. 对"跨文化施教能力"做出正确定义的必要性

对教师基本施教能力的正确定义，必须要反映出外语习得的实质，反映出课堂互动过程中教师对学生需求所应做出的恰当反应。实践告诉我们，汉语作为外语的习得，其实质是"跨文化的"外语习得；汉语作为外语的教学，其特点是"跨文化的"语言文化信息加工。因此，跨文化的国际汉语教学，无论从"教"还是从"学"的角度来分析，都极大地异于"汉语作为母语"的教和学（崔永华，2005）。正是由于国际汉语教学及外语教学的这种跨文化的实质和特点，所以任何一种对教师专业知识结构和能力结构的阐述和定义，都应包括"在跨文化环境中教授外语所需的特殊意识"和"对课堂外语习得互动过程的支配能力"这样两大方面（Ji，2008a、2008b）。

对教师基本施教能力的结构内涵做出符合外语课堂习得实际的定义，能为师资培训工作带来有益的启示。对于国际汉语师资培训而言，这种启示会涵盖培训机制的许多重要方面，尤其是在培训目标的确立、培训大纲的制定、学员施教能力的培养等方面。如果缺少了对"跨文化的语言教学意识"的要求，缺少了对"教学互动过程支配能力"的要求，那么师资培训工作就很难对国际汉语教育产生整体上和实效上的指导意义。

"跨文化的语言施教能力"正是从以上这两大方面来强调并定义其内涵的。

2. 课堂过程和教学实效对施教能力结构的要求

教师跨文化施教能力的构成与国际汉语教学的课堂互动过程和实际教学效果之间又有着怎样的关联呢？

实践表明，这两种施教能力，或曰"施教能力的两个方面"，与课堂上教与学的交流互动的性质和特点能够比较贴切地融为一体。如此来定义国际汉语及外语教师的基本施教能力，更加贴近学生的跨文化认知实际，有助于教师更有针对性地去辅导外国学生的汉语习得过程(Ji,2008a)。同时,这样的基本教学能力应能反映出汉语作为外语的课堂习得所具有的跨文化实质,应能反映出教学法运作对课堂互动过程的近距离关注。

值得强调指出的是,国际汉语教学的成效高低,关键就取决于由这两个紧密相连的方面所构成的教师基本施教能力。而充分发展起来的"对课堂互动过程的支配能力"和"跨文化的语言教学意识",则代表着教师对于课堂习得过程需求所做出的认真的、实质性的教学投入。因此,这两方面基本施教能力的强弱决定了国际汉语教学实效的优劣。

3. "跨文化施教能力"中两大组成部分的区别与关联

3.1 "跨文化施教能力"两个具体方面各自的性质

"对课堂教学互动过程的支配能力"与"跨文化的语言教学意识"之间存在着性质上的微妙区别。在国际汉语教师应当具备的跨文化的基本施教能力中,"对课堂教学互动过程的支配能力"(简称"课堂过程支配能力"或"互动过程支配能力")可谓是一种表层的、显性的施教能力。这种能力能够直接从施教行为中反映出来,因而比较容易从课堂活动中观察得到,是看得见、摸得着的(Ji,2008a)。这一特点为研究课堂过程提供了便利(如:了解施教行为,观察教学互动,审视教学程序的具体实施等)。

而基本施教能力中的"跨文化的语言教学意识",则是一种深层的、隐性的施教能力。在国际汉语教育及外语教育的语境内,可简称其为"跨文化教学意识"。这是一种特殊的外语施教能力。这种能力是不易仅凭简单的观察或直接的描述就能从施教行为中鉴别出来的(Ji,2008a)。若要对"跨文化的语言教学意识"做出准确的鉴别和公正的评估,首先需要对教师的各种教学投入(如:整体的教学设计,具体的教案计划,对学生需求的预测、捕捉、分析、应对,课堂上的教学互动类型,教学活动的实际效果)进行全面的审视和高水准的专业化分析。

3.2 "跨文化施教能力"两个具体方面之间的关联

跨文化施教能力的两个具体方面之间存在着重要的共性和关联。谈论教师的基本施教能力,不应忽略这两种具体能力中的任何一个。而谈论这两种具体能力中的任何一个,也必然并且必须谈及这两者中的另一个。

"学后茫然综合症"(Ji,2003、2006a、2008a)所折射出的汉语课堂习得过程中来自"语言形式之外"的挑战,突显出跨文化的汉语教学过程对教师基本施教能力的双重需求。这种双重需求是:在"对课堂互动过程的支配能力"之外,教师必须要具备另一种类型的施教能力,一种从跨文化的角度来介入教学互动过程的能力(姬建国,2007b)。只有这样,才能使这两种能力都有机会真正有效地发挥作用。

因此,"对课堂互动过程的支配能力"与"跨文化的语言教学意识"之间便形成了一种相互依存、荣辱与共的关系。如果缺乏"跨文化的语言教学意识"这个主心骨,"对教学互动过程的支配能力"的种种功能只能沦为纸上谈兵。假如没有足够的"对教学互动过程的支配能力",那么"跨文化的语言教学意识"便会无的放矢,无法体现。因为缺乏有理论、有实际、有计划、有系统、有主体、有主导的对教学互动过程的支配,"跨文化的语言教学意识"便会失去施展身手的舞台。

但是，在这两种具体的施教能力之间，"跨文化的语言教学意识"无疑是起着主导作用的。在施教活动中，倘若教师对学生汉语习得过程的跨文化实质缺乏足够的自觉意识，对学生学习难点中所反映的跨文化实质缺乏足够的敏感性，那么教师就无法辅导学生顺利地走过汉语习得的全过程（Ji，2006c）。其结果是，"对课堂教学互动过程的支配"就只能在很大程度上停留在空谈阶段。

三、"跨文化施教能力"的微观结构释义

1."对课堂教学互动过程的支配能力"：主要特征及意义

1.1　基本施教能力最直观的反映

国际汉语教师的基本施教能力，最直观地反映在对课堂教学互动过程的支配能力上。这很大程度上是由于它的显性特征：学生在跨文化汉语学习中的认知需求，最频繁、最大量地反映在课堂上，反映在面对面的教学活动中。具体地说，它反映在教师与学生的教学互动之中，反映在学生与学生进行教学任务的互动之中，反映在学生对教学内容进行信息加工的互动之中，反映在教学方案的设计实施与学生对所学内容的内化程度的互动之中。一句话，反映在汉语作为外语的课堂习得的整个过程、条件、成效之中。

面对所有这一系列"互动过程"，教师只有积极参与并适时介入，才能保证教学设计的圆满实施。于是，学生的汉语课堂习得过程与教师的"对课堂教学互动过程的支配能力"之间便产生了无法分割的、直接的、内在的关联。

1.2　"课堂互动过程支配能力"的主要表现形式

根据课堂教学互动的实际来看，教师所应具有的"对课堂互动过程的支配能力"主要体现在（但不局限于）某些对于教学质量具有根本性意义的、可观察到的施教行为上。这些施教行为便构成了"对课堂互动过程的支配能力"的主要特征（姬建国，2011a），具体如下：

（1）准确识别学生的学习需求和学习难点，提供及时妥当的反馈，满足学生需求，化解学习难点。

（2）根据学生的学习需求、认知程度、教学环境的特点，来选择教学原则，运用语言学原理，选用特定的教学方法；

（3）根据学生的认知需求和教学的环境条件，来选择或编创有针对性的教学材料；按照学生的接受能力和思维水平，来对教学内容做出顺序编排；

（4）在准确把握学习的"内部"需求和"外部"条件的基础上，设计出整体的教学规划和具体的施教方案。教案设计的重点应放在授课程序和教学活动的内在逻辑性与内在连贯性上。这样的教学设计应能使某些特定的语言学理论和语言习得理论，与课堂教学程序和具体的施教授法结合为一体，达到结构上的整体性和内部的一致性；

（5）针对学生的认知需求特点，有的放矢地、灵活机动地、采用"直接""间接"相结合

的施教手法,来组织教学活动,实施教学计划;

(6)根据学生在学习过程中不断出现的新的学习需求,对教学设计和教学活动进行灵活、妥当、及时(往往是当场做出)的调整;

(7)引导外国学生形成"自己的"、行之有效的汉语学习方法。

2. "跨文化的语言教学意识":主要内涵及意义

2.1 基本施教能力中的决定性因素

"跨文化的语言教学意识"的重要性,首先反映在教和学的过程之中。实践告诉我们,较为理想的、多快好省的外语习得结果,很大程度上取决于教师对学习者的心理语言过程进行辅导的贴切程度。实践还进一步提示我们,学生的心理语言过程是否顺利,往往是以学生"跨文化的语言学习能力"的发展程度为关键标志的。不言而喻,学生跨文化的语言学习能力的发展,首先取决于教师是否具备了充分的"跨文化的语言教学意识"(Ji,2006b、2008a)。而这一"意识"正是外语及国际汉语教师"跨文化基本施教能力"的核心。

"跨文化的语言教学意识"是一种特殊形态的外语施教能力。它同时兼有"思"和"行"的品质;但它又并不局限于"思",它必须要付诸行动才能终得其所。所以说,它是一种综合了"思"与"行"品质的、特殊形态的外语施教能力。

2.2 "跨文化的语言教学意识"的构成

"跨文化的语言教学意识"是一个由复合机制组成的复合概念。根据此概念提出者的释义(Ji,2003、2006b、2008a、2008b;姬建国,2007b),"跨文化的语言教学意识"是由"跨文化意识""跨文化教育意识""外语教学法意识"三种意识组合而成的。

具体地说,"跨文化意识"特指认知思辨的跨文化转换,它涉及一系列跨文化的"投射"和"超越"过程(Ji,1998)。我们可将其视为一个心理视角的投射过程和对自我中心意识的超越过程。当我们将其应用在跨文化的教育环境中(尤其是应用在外语及国际汉语的教育过程之中时),这一心理思辨过程便会升华为"跨文化的教育意识"。而当我们再将这种"跨文化的教育意识"与"外语教学法意识"结合到一起时,便催生出了"跨文化的语言教学意识"。

2.3 "跨文化的语言教学意识"的主要表现形式

由于它的隐性实质,"跨文化的语言教学意识"通常是借助教学法运作的过程,并透过"对课堂互动过程的支配能力"的施展而体现出来的(Ji,2008b)。在各种主要的教学投入和教学法运作之中,下列几个方面最能典型地体现出"跨文化的语言教学意识":

(1)反映在学生需求分析应对的层面上——在从课堂教学互动的反馈中获取直接线索时,在发现学生的学习难点时,在判断学生学习方法中的问题时,在解析学习难点在教学法上的意义时,教师能够对其中所包含的跨文化实质给予认真足够的重视。

(2)反映在教学原理挑选的层面上——在选择采纳教育学理论和语言学原则时,对文化思维模式与语言表达形式之间的内在联系这类问题,教师能够表现出应有的跨文化敏感程度。

（3）反映在教学方案设计的层面上——在进行教学方案设计时，对学生熟悉掌握汉语中的文化内涵的过程与步骤，教师能够做出贴切恰当的引导和协助。

（4）反映在施教程序手法的层面上——教师对施教程序的实施，对施教手法和技巧的运用，对教学活动的开展及其时机的选择，能够同跨文化语言教学的理念原则、教学设计达成一致。换言之，教师能够在跨文化语言学原理的指导下，将教学法中的理论根据和教学方案的设计付诸具体的课堂活动中。

（5）反映在教材选编排序的层面上——在对教材内容进行选编排序的过程中，教师能够将"文化"与"语言"揉为一体，把这种文化与语言的结合融入到教科书里对语言现象的展示和练习项目中去。

（6）反映在教学效果评估的层面上——教师能够超越传统评估模式的局限，将测试项目的类别、内容、比例、方式的重点，转移到那些富含文化内涵、具有典型文化语言学特征的语言形式和表达方式上来。

四、对"跨文化施教能力"的鉴别评估

"跨文化施教能力"这一理念的提出，为培养国际汉语教师的教学能力提供了一个新颖的、更加贴近第二语言课堂习得过程的参照坐标。同时，它也自然而然地会引出一个与其密切相关的议题：如何在这个新理念的基础上，对教师的教学能力进行评估？

1. 鉴别评估的系统性和先决条件

要想从总体上对"跨文化施教能力"做出较为完整准确的鉴别评估，需要有一定的先决条件。从质量管理的系统性角度来看，这个先决条件的关键就在于：需要对各种教学投入做系统全面的检验。这意味着我们不仅需要对各种教学投入的系统性进行审视，而且还应对教学投入之间的相关性进行审视（姬建国，1991、1992、2007b）。只有这样，才能对教师的"跨文化施教能力"做出较为完整、准确的鉴别和评估。

这里所说的"各种教学投入"，主要是指那些对教学效果起着决定性意义的施教措施。从课堂实际和教学实践来看，下列这些方面（Ji，2006c、2008a）便是"教学投入"的主要参照坐标。这些都是从总体上和根本上评估外语施教能力不可或缺的重要方面：

（1）师生之间交流反馈的模式及其有效性；

（2）对学生需求分析的准确性；

（3）对学生需求反馈的及时性；

（4）所采纳的教学原理与教学方案、施教程序手法之间的一致性；

（5）整体教学规划和具体施教方案设计的内在逻辑性；

（6）教学程序在课堂"火线"上的实施程度和有效性；

（7）各项学习活动之间的有机关联程度；

（8）需求分析与对教学内容的选编排序的一致性；

（9）为习得过程提供的必要辅助条件的合理性；

（10）信息输入、加工、输出过程的完整性。

2. 鉴别评估"跨文化的语言教学意识"

2.1 "同步"评估的必要性

"跨文化的语言教学意识"是国际汉语教师和外语教师所应具备的施教能力（乃至其整个专业素养结构）中最具决定性意义的部分（姬建国，2007a）。鉴于这一事实，我们可以说，国际汉语教师和外语教师的"能力"或"水平"，主要应该是指在"跨文化的语言教学意识"指导下的对课堂教学过程的掌控。正因为如此，对一名国际汉语教师或外语教师的基本施教能力的鉴定评估，最具有根本性的一点就是对其"跨文化的语言教学意识"进行鉴定评估。

不过，对"跨文化的语言教学意识"进行评估有其自身的特殊性——它需要与"对课堂互动过程的支配能力"进行评估放在一起进行，这样才能构成完整的评估程序、内容、结果。对这两方面的施教能力展开这种"同步评估"的必要性是不容忽视的。"跨文化的语言教学意识"在行为上的表现大多是隐性的——这种能力的结构特点是深层的，仅凭简单的观察或直接的描述，是较难把它鉴别出来的。同时，"跨文化的语言教学意识"与"对课堂互动过程的支配能力"又有着紧密相连、相辅相成、缺一不可的共存关系。因此，若要对"跨文化的语言教学意识"做出准确的鉴别，还必须通过对"课堂互动过程的支配能力"的具体方面进行多层次的分析，还必须通过对教师在教学法运作中的各种教学投入进行全面、辩证的分析（Ji，2008a、2008b；姬建国，2011）来实现。只有这样，才能够对教师"跨文化的语言教学意识"这一特殊形态的施教能力做出较为准确公正的评估。

2.2 "跨文化的语言教学意识"的主要评估方面

对"跨文化的语言教学能力"的评估，可借助对教学法运作的主要方面来分类，并参照对"课堂互动过程的支配能力"的总结、归纳、提炼来进行（姬建国，2007b；Ji，2008b）。这是出于对"跨文化的语言教学意识"的隐性实质的考虑。其主要评估方面如下：

（1）如何分析应对学生需求——在从课堂教学互动的反馈中获取直接线索时，在发现学生的学习难点时，在判断学生学习方法中的问题时，在解析学习难点在教学法上的意义时，教师能否对其中所包含的跨文化实质给予认真足够的重视？

（2）如何挑选教学原理——教师在选择采纳教育学理论和语言学原则时，对文化思维模式与语言表达形式之间的内在联系这类问题，能否表现出应有的跨文化敏感程度？

（3）如何设计教学方案——在进行教学方案设计时，对学生熟悉掌握汉语中文化内涵的过程与步骤，教师是否能够做出贴切恰当的引导和协助？

（4）如何实施教学程序手法——教师对施教程序的实施，对施教手法和技巧的运用，对教学活动的开展及其时机的选择，能否同跨文化语言教学的理念原则、教学设计达成一致？换言之，教师能否在跨文化语言学原理的指导下，将教学法中的理论根据和教学方案的设计付诸具体的课堂活动中？

（5）如何对教材内容做选编排序——在对教材内容进行选编排序的过程中，教师能否将"文化"与"语言"揉为一体，把这种文化与语言的结合融入到教科书里对语言现象的展示和练习项目中去？

（6）如何评估教学效果——在对教学效果进行检测评估的形式和过程中，教师能否将学生的跨文化语用能力（又称"外语交际能力"）作为最为关键的项目来安排，并使其体现在测试项目的类别、内容、比例、方式中？测试项目中的主要部分，是否以富含文化内涵、具有典型文化语言学特征的语言形式和表达方式为基本特征？

3. 鉴别评估"对课堂互动过程的支配能力"

3.1 准确完整的评估需要系统地审视各种教学投入

对"课堂互动过程的支配能力"优劣程度进行鉴别评估，同样也需要对各种教学投入做出系统的审视，才能得出较为准确完整的结论。从外语教学法的角度来看，若要准确完整地鉴别评估"课堂互动过程的支配能力"的优劣强弱，一个极为重要的考量应是：分析各个施教行为之间的关联性和相关程度，分析它们在多大程度上符合外语教学法的动态性和有机整体性。

3.2 评估过程中应当予以重点关注的施教行为

从施教行为的角度来看，下列问题应当是评估"课堂互动过程的支配能力"的过程中予以重点关注的（姬建国，2007b、2011）：

（1）教师是否准确地识别了学生的学习需求和学习难点？是否据此提供了及时妥当的反馈，以满足学生需求，化解学习难点？

（2）在选择教学原则、运用语言学原理、选用特定的教学方法的过程中，教师是否把思考的基点放在了学生的跨文化认知需求、现有智力程度、教学环境的特点上？

（3）教师是否在学生需求和教学条件的基础上，来选择编创有针对性的教学材料？是否根据学生现有的接受能力和思维水平，来对教学内容做出顺序编排？

（4）教师是否在准确把握了学习的"内部"需求和"外部"条件的基础上，设计出了整体的教学规划和具体的施教方案？教案设计的重点是否放在了授课程序和教学活动的内在逻辑性和内在连贯性上？这种教学设计能否使某些特定的语言学理论和语言习得理论与课堂教学程序和具体的施教手法结合为一体，从而达到结构上的整体性和内部的一致性？

（5）在组织教学活动、实施教学计划的过程中，教师是否有的放矢地、灵活机动地采用了"直接"与"间接"相结合的施教手法？

（6）教师是否根据学生在学习过程中不断出现的新的学习需求，对教学设计和教学活动进行了灵活、妥当、及时的调整？

（7）教师是否努力地并成功地引导学生形成了"自己的"、行之有效的学习方法？

五、结语

开展国际汉语教学，若想获得"多快好省"的成效，教师必须具备特定的能力结构和知识结构。在"概念型专业知识"与"运用型施教能力"的关系中,对于教学的成败优劣而言,后者的作用是关键性的。其重要意义在于,它强调国际汉语教师的基本施教能力(或曰"教学能力"),主要体现在对课堂教学互动过程的掌控之中,体现在敏感而准确地判断分析、及时而妥帖地应对外国学生汉语习得中所表现出的跨文化、跨语言的认知需求之中,体现在以学生需求为启动机制来设计、导演、调整教学程序、娴熟且灵活地开展教学法运作之中。

若要具备这样的基本施教能力,那就需要清醒地认识国际汉语教育的跨文化实质,需要从跨文化的高度去认真审视并正确理解汉语作为外语的课堂习得的过程和条件,需要把握学生跨文化跨语言的认知需求、汉语课堂习得过程中的外语教学法运作、以跨文化教学意识为核心的教师跨文化施教能力这三者之间的动态关系。因此,行之有效地注重和培养这种以跨文化教学意识为核心、以对外语课堂习得过程的支配能力为特征的"跨文化的语言施教能力",便应成为国际汉语师资培训模式的新标杆、新目标、新方向。

实践告诉我们,在处理国际汉语教学界"三大瓶颈"(教师、教材、教法)之间的关系时,"教师"是矛盾的主要方面。只有解决了"教师"问题,从根本上提高了教师跨文化的语言施教能力,其他两方面的问题才可以迎刃而解。然而,如何审视和定义教师的基本施教能力才更加贴近汉语作为外语的课堂习得的客观实际,是一个摆在国际汉语教学界面前的新课题,需要我们超越某些传统概念框架的局限来探索创新。本文阐述的"跨文化的语言施教能力"的概念,提供了一套既有理论考量,又有实际操作性的参照坐标。希望对于提高国际汉语教师的素质,改善国际汉语教学的成效,提高国际汉语师资培训的效率和质量,以及教师培训模式的转型,起到抛砖引玉的促进作用。

参考文献

[1] 崔永华. 对外汉语教学的教学研究. 北京:外语教学与研究出版社,2005.

[2] 姬建国.外语教学法的内部结构. 西安:陕西师范大学出版社,1991.

[3] 姬建国.外语教学法新论.兰州:兰州大学出版社,1992.

[4] 姬建国.对外语教学法实质的探索.见姬建国,蒋楠主编.应用语言学.北京:中国人民大学出版社,2007(a).

[5] 姬建国.美国中文教师培训与强化跨文化意识.见程爱民等主编.对美汉语教学论集.北京:外语教学与研究出版社,2007(b).

[6] 姬建国.跨文化教学意识与国际汉语师资培训.北京:北京师范大学出版社,2011.

[7] Ji, Jianguo. *Structured Heterogeneity and Transcultural Shifting: Bilingual Processing of Spatial Deixis*. Ann Arbor: Bell & Howell, 1998.

[8] Ji, Jianguo. Structural Problem and Transcultural Consciousness: Some Fundamental Issues in Teaching Chinese as a Foreign Language to American learners. Paper presentation at CLTA-GNY 2003 International Conference on *Chinese Pedagogy in American Classrooms*, April 3, 2003, at New York University, New York, 2003.

[9] Ji, Jianguo. Relating Linguistic Challenges to Subtle Dimensions of Culture. *NYSAFLT Anthology on Foreign Language Education*, Vol. 23:80 - 98. 2006(a).

[10] Ji, Jianguo. Transcultural Consciousness for Teaching Chinese to American learners. *Language Association Journal*, Vol. 57(1):3－14. 2006(b).

[11] Ji, Jianguo. *Foreign Language Teaching Methodology for Teaching Chinese in American Settings*. Handbook for CCNY-ACC Chinese Language Teacher Certificate Program, the City University of New York,2006(c).

[12] Ji, Jianguo. Between Classroom Process and Pedagogical Competence — Training Chinese Language Teachers for American Classroom. *Language Association Journal*, 59 (3):3－11. 2008a.

[13] Ji, Jianguo. Classroom Reality and Chinese Teacher Preparation: About Pedagogical Competence for Teaching Chinese as a Foreign Language . Paper presented at 2008 CAERDA International Conference —*East Meets West: The Role of Chinese Culture and Language in Global Education*, New York, NY, March 23－24, 2008(b).

（作者简介:姬建国,美国哥伦比亚大学应用语言学博士,美国华人社科人文教授协会副会长,纽约城市大学终身正教授、"美国中文教师证书培训项目"教研主任及特聘应用语言学教授,大纽约地区中文教师协会理事会"美国本土在职汉语教师进修培训项目"负责人,目前学术研究重点为国际汉语教师培训模式转型、汉语作为外语的课堂习得。）

国际幼儿汉语课程、教材、评估建设

——以美国俄勒冈州彩虹桥学校 全日制幼儿园课程为例

刘亚非

提　要　国际汉语教学应从幼儿抓起,本文从课程、教材、评估这三个方面进行阐述。课程建设:采用全日制混合班教学模式,设置基础级、中级和高级,其亮点是,课程以学生能力、潜力划分,而不与年龄/年级挂钩。教材建设:学拼音,学独体字、象形字、形声字,在生活场景中建立词汇库;用唐诗进行识字教学。"听"的建设:营造环境、训练指令、实施教材、检验效果。"说"的建设:寻找材料,在玩与分享中锻炼能力。"读"的建设:由听故事到读懂故事,一步步开发幼儿的汉语早期阅读能力。"写"的建设:学写汉字,初学写作。综合理解能力是对听说读写的全面检查。评估建设是对前两个部分的真实考查。

关键词　国际幼儿汉语课程　教材　评估

一、引言

随着中华民族的伟大复兴,21 世纪国际中文教育的蓬勃发展已成为一个璀璨的亮点,在世界各地完成了"起步""落地"的时代,开始向可持续性的良性方向发展。

怎样才能让国际汉语教学向可持续性、良性的方向发展呢? 我们认为,课程、教材、评估建设尤为重要。

本文所指的国际幼儿汉语教学课程是指让幼儿在全日制的教学环境中学习汉语。即孩子们在一学年中,每天能从上午 8 点到下午 4 点半的学习、生活和玩耍中完成我们制定的课程、教材和评估的汉语教学系列。

二、课程

设置课程目标,首先得了解学生资源与背景。以我校 2010～2012 两个学年的教学为例:全日制国际汉语幼儿园的学生年龄为 3～6 岁。幼儿园的全部课程都用汉语进行教学。实行小班制的混合班。混合班年龄为 3～6 岁。年龄比例为:3 岁占 14%,4～5 岁占

43%,5～6岁占43%。第二,课程的实施按学生的实际能力,而不按年龄、班级高低来划分。第三,课程设置为语文、数学、科学、社会、体育、美术、音乐、健康教育等。

各科课程设置均设有课程大纲。在此,仅以语文学科为例,见表1～14。

表1 2011～2012 学年课程大纲 Curriculum 2011－2012

拼音 Pinyin		
基础 Basic	初中级 Intermediate	高级 Advance
无 Non	有趣的感受和学习 Learn for fun	声母 Initials 韵母 Finals 整体认读音节 Special syllables

分析:这是一个全日制的幼儿园混合班。首先,要创造一个润物细无声的拼音环境;接着,根据大纲,让学生从感性上接触和感受拼音;然后开始学习拼音。把拼音列在首位是期望学生学好拼音,为终生学习汉语打下基础。

表2

听力 Listening		
基础 Basic	初中级 Intermediate	高级 Advance
参与 Involve and participate	回答正确 Respond correctly	快速回答且正确 Respond immediately and correctly
听并跟随 Follow and listen	对教师的指令有反应 Reflect on teacher's instructions	快速且正确地对教师指令做出反应 Reflect on teacher's instructions quickly and correctly
明白教师的指令 Understand teacher's instructions		
明白同学之间的简单需要 Understand peer's simple requests		

分析:笔者认为,"听"是学习汉语的第一要素。只有学会了听,幼儿才能对指令做出反应,教学任务才能完成。

表3

说 Speaking		
基础 Basic	初中级 Intermediate	高级 Advance
短句子 Short sentences	简短的口语 Short dialogues	较长的口语 Longer dialogues
说出简单的事情 Talk about simple happenings	简短的口语交流 Short conversations	进行较长的口语交流 Make longer conversations
	解释简单的事情 Explain simple happenings	解释较复杂的、综合性的事情 Explain more complex happenings
	讲简单的故事 Tell simple stories	讲综合性的故事 Tell complex stories

续表

说 Speaking		
基础 Basic	初中级 Intermediate	高级 Advance
		进行幽默的谈论 Make funny remarks
		使用一些经典成语 Use some classic idioms
		使用文学经典 Use literary classics
		在公共场合参加演讲比赛 Take speech contest in public

分析:学习语言是为了交流。"说话"是交流的重要手段之一。大纲三个级别的终极目标是让幼儿在"低龄"时就具备相当水平的口语交际能力。

表4

阅读和理解 Reading and understanding		
基础 Basic	初中级 Intermediate	高级 Advance
开始阅读图画书 Start to read picture books	最简单的汉字图画书 Simplest characters picture books	拼音和汉字结合的图画书 Picture books with a combination of characters and Pinyin
开始阅读最简单的汉字图画书 Start to read simplest characters picture books	汉字多一点儿的图画书 More characters picture books	没有拼音的图画书 Picture books without Pinyin
	大概明白以上图画书的内容 Understand briefly above books	大声、流利、正确地朗读以上的图画书 Read aloud of above books with fluency and correction
		明白以上图画书的主要意思 Understand main content of above books
		有兴趣阅读经典图画书 Interest in reading classic picture books
		各种国内国外经典诗歌 Classic poems of various countries
	自己阅读50本左右 Read about 50 pieces by themselves	自己阅读100本左右 Read about 100 pieces by themselves

分析:笔者认为,"读"是从"听说"到"写"的关键衔接点。听说的习得多半来自口语,而读写需要从学习中习得而来。读写是听说的升华,"读"的档次的高低又决定了"写"的优劣。所以培养阅读兴趣和习惯是"低龄"汉语教学的重要任务。

表 5

识字 Recognize characters		
基础 Basic	初中级 Intermediate	高级 Advance
1~400	1~800	1~1200

分析:识字是学习汉语的必经之路。在大纲中,每一级都是以 1 个汉字为起点,目的是给学生心理减压。400、800、1200 个汉字都不是每一级的最高点,因为当汉字教学到上一个台阶或上几个台阶后,识字的数量就不是用一个汉字一个汉字相加的计数方式了,而是成倍成倍地增加,即愉悦地识字。

表 6

认识笔画 Recognize strokes		
基础 Basic	初中级 Intermediate	高级 Advance
Non	1~10	1~25

表 7

认识偏旁部首 Recognize radicals		
基础 Basic	初中级 Intermediate	高级 Advance
Non	1~10	1~30

表 8

认识组合词语 Recognize phrases/idioms		
基础 Basic	初中级 Intermediate	高级 Advance
Non	1~100	1~200

表 9

写笔画 Write strokes		
基础 Basic	初中级 Intermediate	高级 Advance
Non	1~10	1~25

表 10

写偏旁部首 Write radicals		
基础 Basic	初中级 Intermediate	高级 Advance
Non	1~10	1~30

表 11

写汉字 Write characters		
基础 Basic	初中级 Intermediate	高级 Advance
基础 Non	初中级 1~50	高级 1~100

表 12

写短句子 Write short sentences		
基础 Basic	初中级 Intermediate	高级 Advance
Non	Non	1～10

分析:"写"是听说读写中最需要耐心教学的一部分,也是大纲中最细致的一部分。为什么呢? 第一,教学对象是"低龄"的孩子。第二,孩子小手的肌肉需要日复一日地进行锻炼与开发。第三,写汉字的知识点需要化整为零地进行教学。第四,为学习写词语、写短/长句等做准备。

表 13

国学 Sinology		
基础 Basic	初中级 Intermediate	高级 Advance
无要求	1 篇	1～3 篇
Non	1 piece	1～3 pieces

分析:将以上听说读写能力的积累与中国优秀的传统文化进行连接和交叉,让学生感受汉语语言和文字的魅力。

表 14

综合理解 Comprehensive understanding		
基础 Basic	初中级 Intermediate	高级 Advance
理解 50%的课程内容 Understand 50% of the curriculum	理解 70%的课程内容 Understand 70% of the curriculum	理解 100%的课程内容 Understand 100% of the curriculum
		参加 YCT 1 级的考试或者 HSK 1 级考试 Take YCT level 1 or HSK level 1 test

分析:综合理解是对幼儿园学年课程大纲设置与实施的最后评定。

小结:课程的建设直接影响到这一学年中每一天孩子们能吸取到什么样以及多少的知识营养。课程大纲实际上是教学战略布局。这个布局必须独具匠心,因为它能让每一个孩子都在课程中根据他们自身的潜力和能力去学习、理解和应用。

为什么以上的课程要采用综合班的模式呢?

笔者这些年的教学实践发现,孩子们的学习、认知、理解、应用能力绝对不是能用年龄来整齐划一地区别和衡量的。如果完全按幼儿园小、中、大班的年龄进行教学,会让很多孩子"吃不饱"或"撑死了"。同时笔者还发现,综合班的教学不仅能解决以上提及的问题,同时,孩子们能在学习中取长补短,增强自信心,学会团队协作;在交往中相互关爱,大帮小,小促大。整个教学环境激活机制强,孩子们的学习、社交、语言等综合能力也能事半功倍地提升,做到孩子开心,家长高兴,老师欣慰。

三、教材

1. 拼音

拼音在国际幼儿汉语教学中具有独特的地位。首先,孩子们是在拉丁字母的语言环境出生和成长起来的,对拼读并不陌生。第二,拼音教学能让孩子们在第一时间里认识和辨别拼音的声母、韵母、整体认读音节。第三,从小将拼音学习的难点化整为零,例如:读准并区别四声和轻声;分清边音/鼻音、前鼻音/后鼻音、平舌音/翘舌音,等等。第四,解决"u、ü"的区别与发音。第五,学好拼音可以为幼儿汉字识字增添翅膀,激发他们学汉字的兴趣和积极性。第六,能为孩子学习中文电脑输入打下基础。

2. 识字

学汉语,学中国文化,识字是首要任务。

2.1 独体字启蒙

通过这些年的教学实践,笔者被独体字的魅力所震撼,被独体字的魔力迷住了。被震撼是因为独体字里蕴含了中国祖先无尽的智慧,几百个独体字就能创造出几千个乃至上万个汉字。被迷住了是因为孩子们掌握了这些独体字以后,汉字教学就能举一反三,插上翅膀了。

2.2 象形字学习

有了独体字的启蒙,再将象形字与自然、美术相结合,这不仅适合孩子们好奇、愉悦的心理,而且为学习偏旁部首打下了基础。

2.3 形声字延伸

有了独体字和象形字的基础,学习形声字就容易多了。以"扌"为例,从"手"字延伸到偏旁"扌",再把独体字加上去拼成一个个新字,并在玩耍中体会每一字的意思,如"推""扛""拉""搀""扫""扮""扣""找""扎""搭""捶""接""掉""拥抱""捉""抓"等等。这些汉字教学符合许多孩子们的生理、心理特点,把他们的有效注意力充分地调动起来,孩子们能在欢乐轻松的氛围中学会这些汉字。

2.4 建立汉语词汇库

有了上面三部分的汉字基础,识字就可以进一步向纵深发展了。此时,可引导孩子们从身边的生活场景中建立汉语词汇库进行词语积累。例如:"野餐""在农场""我的小镇""在动物园""在公园""机动车辆""女孩的卧室""男孩的卧室""教室"……当孩子们进入这个层次,口语的应用能力就明显地提高了,并能较自由地、独立地在自己的生活中进行表达和交流。

2.5 利用唐诗学汉字

学、读、背唐诗为识字教学的第一感性认识;学汉字、想象画面理解诗歌为第二认识。孩子们能在第一感性认识的基础上很快学会和理解诗歌中的生字,在朗诵中体验学习的快乐。

小结:这样的识字教材建设使得孩子们的识字能力大大提高并远远地超出了课程大纲中的要求。

3. 听

3.1 营造"听"的环境

要想让零起点的国际幼儿走进你的课程,喜欢你的教材,首先就得为他们营造出一个"听"的环境。例如,具有汉语教学特色的教室布置;吸引孩子的玩具;一本能让孩子们喜欢听的图画书;一个让孩子们感兴趣的科学小实验;帮孩子们解决一个小小的问题;一支舞蹈、一首歌曲、一个手工活动;过一个中国的传统节日;参加一场表演;带孩子们到户外游戏等等。听的环境无处不在,只有让孩子融入到这个有趣、特别的"听"汉语的环境里,一个国际幼儿汉语教师的课程、教材建设的第一步才算成功。

3.2 训练"听"的指令

"专心听"蕴藏着中国传统的教育思想,而"专心听"是需要一定的训练才可以达到的。国际幼儿汉语教学的对象是多元的。要想孩子们"专心听",那么训练的方法既不能死板,又要适合和接近国际幼儿的心理。

抓住幼儿注意力的最佳时间只有10~15分钟,把握最佳时间的课程内容;在最佳时间里准备几套不同的教材,对课程或教材进行巧妙的转换、衔接;教材的过渡要快速而流畅,让孩子们"专心听",不走神。

3.3 实施"听"的教材

从玩耍中、游戏中、活动中、学习中、孩子们的社交中、解决问题的过程中……发掘"听"的教材。

3.4 检验"听"的效果

接受"听"(被动)——愿意"听"(主动)——喜欢"听"(感兴趣了)——主动"听"(潜力开发出来了)的过程可以检验"听"的效果。这样的"听"是一种师生互动的"听",是一种相互欣赏和享受的"听"。

4. 说

会"听"了,接下来的教材建设就是怎样让孩子们张口说话。

4.1 寻找学说话的材料

老师亲切的微笑,关爱的眼神和行为,大方、幽默、有趣的语言和肢体语言会很快地让孩子们接受,取得孩子们的信任。在老师的引导下,孩子们会慢慢地、一步一步地蹒跚地朝着"说"的方向走来。

4.2 玩

玩是"说"最好的教材。玩什么?怎么玩?在玩中能说些什么?其实这些玩的教材就在每一个国际汉语教师的周围。只要教师发现捕捉住了这些教材,让孩子们玩得好了,孩子们的自然天性和语言潜力就会慢慢地开启和展示出来。玩得快乐、智慧,孩子们就想用汉语来表达、描述、展示他们的想法。"老师同孩子们一起玩——让孩子们自己玩——分兴趣爱好玩——鼓励有领导才能的孩子带着大家玩"的四部曲能让孩子们自然而然地张嘴说话,为课堂学习奠定基础。玩是儿童口语发展的天堂。

4.3 做与分享

抓住孩子们跃跃欲试的心理,鼓励孩子们从课堂、家里带来他们自做的一幅画、一件手工作品、一个自制玩具、一个心爱的生日礼物、一个最新的电动玩具、一块稀奇的石头、一个动物标本,等等。让孩子们在展示中说话、描述、问答互动等。

5. 读

培养国际幼儿早期阅读的几个步骤为:听故事(引入)——回味故事的内容,能对故事提出一些问题(开始感兴趣)——想自己翻翻看看(产生兴趣)——用学过的汉字阅读最简单的图画书(开始进入)——用拼音帮助慢慢识字,读简单的图画书(有浓郁的兴趣、可以较流畅地读图画书)——开始喜欢(有成就感),自告奋勇地为其他小朋友们读书——喜欢了(自豪感),可以流畅地读较难的图画书——真正喜欢了(乐在其中),能读老师推荐的课外读物了——迷上了(爱不释手),能自述、复述、讲解、画出故事的主要意思了——读懂了。

6. 写

"写"分为两个层次,一是学写汉字,二是初学写作。

第一层次的"写"为:笔画的识、读、写,掌握笔画顺序,能写独体字、象形字、简单合体字和常用偏旁部首。第二层次的"写"是写自己喜欢的、感兴趣的独体字、象形字;写自己记得住的汉字;组词与画画;在说说、画画、捏捏、剪剪、做做、读读中学写短句或较长的句子;学习用句子描述自己的想法;学写简单小故事和儿歌等。做到了这两个层次,就为高一级的汉语学习打好了基础。

7. 综合理解

综合理解应该是国际幼儿汉语学习的最高层次。此部分是将所学知识应用在实际生活中,如用汉语和小朋友们、老师、父母及叔叔阿姨、爷爷奶奶等进行交流,能用汉语应对在学校生活中出现的状况和事件,完成具有一定难度的书面作业等等。

四、评估

有了前面的课程建设和教材建设,接下来就是评估建设了。

下面的评估表是笔者根据美国俄勒冈州公私立学校一学年三个学期的标准模式制定的。这里所说的评估类似于中国学生的成绩单。也就是说,这个评估表是在每年的 11 月、3 月、6 月左右在家长会上与家长见面、座谈用的,所以每一项内容必须真实地反映出学生的实际水平。

在完整的评估表上不仅有中文学科,还有其他学科,最后是每学期的教师评语,即展现在家长面前的是一个完整的学生的学业与品行评估。

下面评估表的绝大部分项目是评估课程目标,其次为参加当地孔子学院举办的演讲或 YCT/HSK 考试。加上后者的目的是说明我们的评估不是教师本人的单项评估,而且还包括更高层次的专业评估。表 15~19 是语言部分的评估(用于幼儿园大、中、小班)。

表 15

语言艺术 CHINESE LANGUAGE ARTS	学期 TERM		
听的能力 Listening Skills	I	II	III
能完成学校的教学课程和常规要求 Follows school routine and curriculum			
喜欢并能听明白汉语 Interested in understanding Chinese by listening			
听了老师和同学们的问题后能有反应或回答 Able to respond after listening to the teacher and peers			
能在同一时间里完成听、快速反应和正确回答 Able to listen, reflect quickly and respond correctly at the same time			
说的能力 Speaking Skills			
第一部分:流畅的口语 Part 1:Verbal fluency			
明白并能重复老师的指令 Understands/repeats the teacher's directions			
能明白并回答老师或同学的短句、长句 Understands and responds to the teacher and peers in short/complete sentences			
有兴趣用汉语和老师、同学、家人交流 Interested in speaking/communicating in Chinese with the teacher/peers/family members			

续表

语言艺术 CHINESE LANGUAGE ARTS	学期 TERM		
	I	II	III
能在校内校外自如地说汉语 Speaks Chinese in/out of school with ease			
能用汉语创造性地说出完整的、有感情的句子 Builds complete and sensible sentences in Chinese with creativity			
第二部分：说话得体 Part 2：Proper speech			
喜欢用规范的汉语说话 Loves to try to speak formal Chinese			
能用一个根字（汉字）说出许多词语 Able to use a root character to create more words or phrases			
喜欢尝试用一句或更多完整的汉语说话 Loves to attempt to use a complete sentence or more			
在"展示与分享"中能用汉语表达或描述 Able to use Chinese to express and describe in the "display and share"			
在汉语演讲中能自信地、创造性地、流利地使用 汉语 Able to speak Chinese with confidence，creation and fluency in the speech			
阅读能力 Reading Skills			
喜欢在阅读中识字 Interested in learning Chinese characters in reading			
能在阅读中认汉字、读汉字（按课标和年级要求） Recognizes and reads Chinese characters in reading （according to the standard and the grade）			
发音标准 Standard pronunciation			
在阅读中明白汉字的意思 Understands meaning of characters in reading			
能明白阅读的内容并能提问 Able to understand the reading content and ask ques- tions			
能有自信心地读汉字 Reads characters with confidence			

语言艺术 CHINESE LANGUAGE ARTS	学期 TERM		
	I	**II**	**III**
喜欢自己边认汉字边读书 Loves to recognize the characters when reading books			
能自信地从书本中学汉字 Able to learn characters from the book with confidence			
能用流畅的汉语阅读各种不同的图画书 Able to read a variety of picture books with fluent Chinese			
阅读与理解能力 **Reading and Comprehension Ability**			
能用自己的语言描述故事的主要意思 Able to use his/her own words to describe the story's main ideas			
喜欢大声地读书给同学们听 Loves to read aloud to the friends in the class			
有良好的读书习惯 Has a nice reading habit			
写的能力 **Writing Skills**			
能认、读基本笔画的名称 Recognizes and reads names of the basic strokes			
能正确书写笔画 Writes strokes correctly			
写笔画有一定速度且较流畅 Writes strokes with certain speed and smoothness			
能写简单的字或独体汉字 Able to write simple and single Chinese characters			
能用正确的笔顺写简单汉字或独体字 Writes simple/single characters in correct stroke order			
能较快、较流畅地写简单汉字或独体字 Writes simple/single characters quickly and smoothly			

续表

语言艺术 CHINESE LANGUAGE ARTS	学期 TERM		
	I	**II**	**III**
能默写简单汉字或独体汉字 Able to write simple/single characters from memory			
能造(写)词组 Able to write and create phrases			
能造(写)短句 Able to compose short sentences			
能造(写)长句 Able to compose long sentences			
能在造(写)句子中描述自己的想法 Able to write sentences to describe his/her own thoughts			
能自己写简单的故事和儿歌 Able to write his/her own simple stories/rhymes			
在公共场合演讲 Public Speech Contest			
参与 Participation			
成绩 Score			
汉语水平考试 YCT/HSK Proficiency Test			
参与 Participation			
成绩 Score			

表 16　识字达标 Characters Achievement（此部分以幼儿园高级班为例）

等级目标 Grade Level Goals	**T I**	**T II**	**T III**	学生达标 Student Achievement		
				T I	**T II**	**T III**
识字(独体字和合体字) Recognize characters (including single and compound characters)	1~400	1~800	1~1200			
写笔画 Write strokes	1~10	1~20	1~25			
写汉字 Write characters	1~50	50~100	101~150			
识偏旁 Recognize the radicals	1~20	1~40	1~60			
写偏旁 Write the radicals	1~40	41~80	81~100			
认词语(附加) Recognize phrases (extra)	1~50	1~100	1~150			

表 17　拼音达标 Pinyin Achievement(此部分以幼儿园高级班为例)

等级目标 Grade Level Goals	T I	T II	T III	学生达标 Student Achievement		
				T I	T II	T III
认识声母 Recognize initials	1~10	23	23			
写声母 Write initials		23	23			
认识韵母 Recognize finals	1~10	24	24			
写韵母 Write finals	1~5	24	24			
认识整体认读音节 Recognize special syllables	无	16	16			
写整体认读音节 Write special syllables	无	16	16			
自由地拼读 Combine freely	无	多样化 Variety	多样化 Variety			
看拼音写汉字 Write characters with Pinyin	无	多样化 Variety	多样化 Variety			

表 18　国学达标 Sinology Achievement(此部分以幼儿园高级班为例)

等级目标 Grade Level Goals	T I	T II	T III	学生达标 Student Achievement		
				T I	T II	T III
读唐诗 Read Tang Dynasty Poems	1~15	1~30	1~45			
背唐诗 Recite Tang Dynasty Poems	1~15	1~30	1~45			

表 19　自己阅读达标 Self-reading Achievement(此部分以幼儿园高级班为例)

等级目标 Grade Level Goals	T I	T II	T III	学生达标 Student Achievement		
				T I	T II	T III
儿歌 Rhythms	1~10	1~20	1~30			
故事 Stories	1~10	1~20	1~30			

分析:以上评估表是根据本校学生的实际水平和能力制定的。第一学期到第三学期的评估内容是根据每一学期幼儿学习的课程范围、内容及实际水平来进行增添的。即评估表的范围覆盖较宽但又有一定的深度,既灵活、有质量又不降低水平。在一些需要数字显示的栏目一律按学生实际达标(即超标或未达标)的数字填写。

评估说明:

优＝超过标准(即学生超过了彩虹桥的级别标准/期望)

良＝符合标准(即学生始终符合彩虹桥的级别标准/期望)

差＝低于标准(即学生部分掌握了彩虹桥的级别标准/期望)

＊ 表示知识或技能此时尚未教授或评估

小结：评估是教师对课程目标、教材实施和学生实际能力的最后评定。评估的项目是根据每一学期的学习内容而制定的,同时也是灵活多样的。其目的是,既能通过评估尽量将孩子们所学习的知识领域展现出来,又能让教师对学年教学战略进行自我评估。

五、结束语

国际幼儿汉语课程、教材、评估建设是一个长期、系统、细致的工程。要让国际幼儿汉语健康地、可持续地发展,需要全体国际幼儿汉语教师的参与与研究。希望本文能起到抛砖引玉的作用。

(作者简介：刘亚非,美国俄勒冈州彩虹桥中文学校首席教师、校长,主要研究方向为幼儿园至高中的中文课程、教材、教法、评估,学生课堂心理和学习行为心理等。)

对外汉语教师课堂举例行为的
观察与分析①

郭文娟　郑　翠

提　要　举例是汉语学习者重要的"可理解性"输入途径,也是教师文化底蕴、教学理念和课堂操作能力的集中体现。本文采用问卷和访谈的形式了解留学生对教师课堂举例行为的看法,调查结果使我们意识到,教师的课堂举例行为存在着诸多"想当然",没有考虑学习者的真实需求和举例行为的后续效应。教师只有从学习者角度出发设计例句内容和例句课堂呈现形式,才能提高课堂学习效率,优化课堂教学效果。据此,我们在微观方面提出了一些课堂教学建议。

关键词　举例　例句　课堂行为　后续效应

一、引言

20 世纪 80 年代,美国语言学家克拉申提出了著名的"语言输入"假说(Krashen,1982)。克拉申把学习者当前的语言学习状态定义为"i",把语言发展的下一个阶段定义为"i+1"。"i"与"i+1"之间的"缺口"靠语言环境提供的相关信息、学习者以往的经验和发挥语言习得机制(LAD, Language Acquisition Device)来弥补。教师的课堂举例正是弥补这一"缺口"的重要途径。课堂例句,概括起来有两种来源:一是教师备课中预设的例句在课堂上以一定的方式呈现;二是老师在课堂上的随机举例。教师提供什么样的例句、如何呈现例句,直接影响例句成为"可理解性输入"的后续效应。

作为汉语教师最重要的课堂行为之一,举例已引起了一些研究者的关注(熊贤友,2001;张璟,2005),提出"例句设计应当充分考虑语法、语义和语用等层面的限制因素"(徐茗,2009),"教师选择例句应考虑例句的典型性、实用性、趣味性、形象性等方面"(刘若云、徐韵如,2005)。这些观点是对外汉语教师课堂教学经验的总结,对教师课前例句内容设计具有一定的参考价值。但这些研究多从教师的视角俯瞰课堂,也缺少客观的量化标准,因而未能对课堂举例进行更深入的探讨。

笔者认为,教师的独特个性、文化底蕴、知识背景、生活体验等一定会影响到教师对例句的选择,影响到例句的内容和色彩,并通过一定的呈现方式影响到学生,学生对例句的吸收过程和知识、情感反馈等后续效应直接体现在他们的中介语构建中。所以从学习者的角度考察教师的课堂举例行为，了解学习者对教师课堂举例的反应和看法，对教师课前如何设计例句和课堂现场创作例句具有重要的启示作用和实践价值。

为了进一步探讨教师的课堂举例行为，本文做了问卷调查和深入访谈，了解我院初、中、高级不同汉语水平的留学生对教师课堂举例行为的看法。同时，我们旁听了本院留学生各班的综合课，本文对教师举例的"预设"即由听课记录和课堂录像整理而成。

二、教师课堂举例行为调查数据与分析

我们在初、中、高级 7 个班发放了调查问卷，问卷设计为中、英、韩三种文字，共 21 个问题。（调查问卷参见表 1，每个例句后面设 5 个选项：1. 非常同意；2. 同意；3. 一般；4. 不同意；5. 非常不同意。）此次调查共收回有效问卷 64 份。留学生分别来自韩国、日本、匈牙利、加拿大、肯尼亚等 16 个国家。男生 24 人，女生 40 人。其中，韩国学生 40 人。留学生的年龄集中在 20 至 25 岁。一班学生 2 人，二班 8 人，三班 14 人，四班 15 人，五班 15 人，六班 8 人，七班 3 人（一班为零起点班，七班为高级班）。调查对象的数量分布呈现出"梭"型结构，即初级、高级人数少，准中级、中级、准高级人数多。因为课堂例句以词汇举例为多，而词汇学习是中级汉语学习的重点所在，所以这样的分布状态所得出的调查结果信度较高。

根据受试者的选择情况和班级、性别、国别的对比等调查数据，我们从例句内容和例句呈现方式两个方面对教师举例行为进行了分析。

1. 受试者的选择与教师预设的对比分析

表 1　受试留学生对 21 个问题的回答情况

问题	内容	均值
（1）	老师应该说出例句，学生听，例句不写在黑板上。	3.1563
（2）	老师应该一边说出例句，一边在黑板上写出例句。	2.5313
（3）	老师只需要写出例句的结构和关键词语，不需要写出整个例句。	2.5714
（4）	老师应该在讲完例句后，让学生一起读例句或者老师领读例句。	2.3594
（5）	例句应该是和留学生的生活有关系的。	3.1111
（6）	例句应该是幽默的，是有意思的，是能让学生笑起来的。	3.2031
（7）	例句用的词语应该是比较简单的。	3.0313
（8）	例句除了能说明词的意思，还应该能告诉学生文化或社会知识。	2.4531
（9）	例句应该能帮助学生复习以前学过的生词。	<u>1.9688</u>
（10）	例句应该就是课文里的句子。	3.3594
（11）	在学课文以前，老师应该先教课文里的句子。	2.8571
（12）	老师应该用不同颜色的粉笔标示例句的结构或重点词语。	3.0156

续表

问题	内容	均值
(13)	老师应该用 PowerPoint 展示例句。	2.9375
(14)	老师应该用图片来配合例句。	2.8730
(15)	教完例句后,老师应该马上给出几个不同形式的练习,让学生做。	2.3594
(16)	学习生词时,例句只用一个就可以了。	3.4603
(17)	对于每个生词或语法点,老师可以用两三个例句来解释。	2.2188
(18)	对于每个生词或语法点,老师用的例句越多越好。	2.2344
(19)	例句的内容是积极的,不是消极的(让人想到不好的事)。	3.3968
(20)	例句应该多用口语中常用的词语,不用书面语。	3.3438
(21)	我更喜欢老师即兴说出的例句(老师根据上课时的情况或者临时想起的例句,不是提前准备好的。)	2.7344

表1是参与问卷的留学生对21个问题的回答情况。从中可以看出,留学生对问题9的回答均值最小,为1.9688,说明留学生对此问题持最肯定的态度,认可"例句应该能帮助学生复习以前学过的生词"。问题16的均值最大,为3.4603,表明大部分学生不同意学习生词时只用一个例句。

这两点与我们的预设相符。教师课堂举例不止关注新的词语和语法点,例句所用的其他材料也应该重现学习者学过的词语和句式结构,举例所提供的应该是学习者熟悉的语义场,在这个语义场中,学习者可以更容易地理解新的词语或语法点。学习一个生词时,教师如能根据学习者的个体差异,从不同角度设计若干例句指向生词的同一个语义项,或者设计系列例句以展示生词的不同语义项,可以帮助每一位学习者分别从自己的已知出发去掌握生词。

表2 受试留学生对21个问题的选择频率分布与分析

选项	频率																				
	问题1	问题2	问题3	问题4	问题5	问题6	问题7	问题8	问题9	问题10	问题11	问题12	问题13	问题14	问题15	问题16	问题17	问题18	问题19	问题20	问题21
1	3	9	11	12	7	8	6	11	23	3	4	1	6	3	10	2	16	18	2	3	5
2	13	24	22	26	11	8	11	23	28	7	16	21	18	29	9	26	9	21	8	10	15
3	22	22	17	19	21	20	27	24	7	26	31	27	21	29	18	16	17	19	23	22	37
4	23	6	9	5	16	19	15	2	4	20	9	6	12	10	6	30	2	4	23	20	6
5	3	3	4	5	8	9	5	4	2	8	3	9	7	3	1	6	3	2	7	9	1
合计	64	64	63	64	63	64	64	64	64	64	63	64	64	63	64	63	64	64	63	64	64

表 2 中的数据显示,学生在第 1、2、3、4、7、8、9、10、11、12、13、14、15、16、17 题共 15 个问题上的选择与我们的预期相符。与我们的预期不符的问题有第 5、6、18、19、20 题共 5 个问题,如表 3 所示:

表 3 与预设不符问题的情况

选项	问题 5 例句应该是和留学生的生活有关系的。		问题 6 例句应该是幽默的,是有意思的,是能让学生笑起来的。		问题 18 对于每个生词或语法点,老师用的例句越多越好。		问题 19 例句的内容是积极的,不是消极的。		问题 20 例句应该多用口语中常用的词语,不用书面语。	
	频率	百分比[②]	频率	百分比	频率	百分比	频率	百分比	频率	百分比
1	7	10.9	8	12.5	18	28.1	2	3.1	3	4.7
2	11	17.2	8	12.5	21	32.8	8	12.5	10	15.6
3	21	32.8	20	31.3	19	29.7	23	35.9	22	34.4
4	16	25.0	19	29.7	4	6.3	23	35.9	20	31.3
5	8	12.5	9	14.1	2	3.1	7	10.9	9	14.1

(说明:选项 1,非常同意;2,同意;3,一般;4,不同意;5,非常不同意)

对问题 5"例句应该是和留学生的生活有关系的",有近 38% 的留学生选择了"不同意"和"非常不同意",多于选择"同意"(28%)的学生。对问题 6"例句应该是幽默的,是有意思的,是能让学生笑起来的",也有 44% 的留学生选择了"不同意"和"非常不同意"。在访谈中,我们对上述两点调查结果提出疑问,大部分留学生(7 种以上国籍)认为例句不必与留学生的生活有关系,他们更希望通过例句了解自己生活圈以外的世界;例句的主要功能是帮助理解,不必附带幽默。对问题 18"对于每个生词或语法点,老师用的例句越多越好",61% 的学生选择了"同意"或"非常同意",这和我们的预期是不同的。把例句的多少作为问题提出,是因为一些高级班留学生认为解释一个语言点用七八个例句会浪费时间。对问题 19"例句的内容是积极的,不是消极的",近 50% 的学生选择了"不同意"或者"非常不同意"。这说明,例句传达积极还是消极的信息,对学生影响不大。对问题 20"例句应该多用口语中常用的词语,不用书面语",也有近一半的学生选择了"不同意"或者"非常不同意"。教师和研究者普遍认为,课堂例句口语化便于学生活学活用,现学现用。但是在调查中,留学生确定地认为,他们生活在中国,口语可以在社会生活中获得,而书面语则要更多地依靠课堂上的"学得",所以例句用书面语是一种重要的语言输入。他们的选择提醒我们,应该重视书面语教学,学生需要提高书面语水平。对问题 21"我更喜欢老师即兴说出的例句",37 位学生选择了中立的态度,即不反对老师即兴说出的例句。但访谈中大部分学生认为,讲解语法所用的例句应该是教师课前慎重选择的,如果是讲词义和词语的运用,那么现场即兴发挥的句子可能更利于学生对词义语用层面的理解。

2. 不同班级、性别、国别受试者的选择对比及数据分析

2.1 初、中、高级班对比

为了探讨学生的汉语水平是否影响教师课堂例句的选用,我们做了两个对比。一是1~4班对比5~7班;二是着重对比3班与5班的问卷。表5显示1~4班与5~7班在对第8题和第16题回答上的显著性差异。

表5 1~4班与5~7班的对比

问题	平均值		均值方程的t检验Sig.(双侧)
	1~4班	5~7班	
8. 例句除了能说明词的意思,还应该能告诉学生文化或社会知识。	2.63	2.19	.092
16. 学习生词时,例句只用一个就可以了。	3.65	3.19	.064

对问题8,中高级班倾向于"同意",初级班倾向于"不同意"。对问题16,高级班学生"同意",初、中级学生"不同意"。这种选择的差异明显与学生的汉语水平有关,也与我们的预设相符。语言水平高的学生对新的语法点或词汇本身的理解和掌握比较快,可以只用一两个例句;而初级班的学生因为语言水平的限制,需要多个例句以提供多个语义场,在多个语义场中选择各自不同的"可理解性输入",最后达成理解。相比之下,高级班的学生学习新词语的负担较轻,所以更倾向于教师在举例中隐含或负载社会文化知识;而初级班的学生就更倾向于词汇或语法本身的学习。

3班13人与5班15人的对比可以看作是中级偏下(准中级)与中级偏上(准高级)水平的对比。表6显示了两个班在对问题1、2、13、16的回答上的显著性差异。(两个班的任课教师不同,但我们此次调查没有把教师不同等因素作为参考项。)

表6 3班与5班的对比

问题	平 均 值		均值方程的t检验Sig.(双侧)
	3班	5班	
1. 老师应该说出例句,学生听,例句不写在黑板上。	3.70	2.93	.054
2. 老师应该一边说出例句,一边在黑板上写出例句。	2.08	2.73	.082
13. 老师应该用PowerPoint展示例句。	2.46	3.20	.079
16. 学习生词时,例句只用一个就可以了。	4.00	2.93	.008

对问题1,3班学生选择的平均值为3.70,倾向于"不同意";5班学生选择的平均值为2.93,倾向于"一般"。这说明3班学生因为语言水平稍低的原因,希望老师能边教边写例句;而5班学生因为语言水平稍高,教师不写板书也不会影响他们的理解。对问题2,3班倾向于"同意",5班还是倾向于"一般"。问题1和问题2是相关联的,3班的课程安排有大量的语法学习与操练,学生希望老师把例句清楚地写在黑板上;5班已进入以词汇积累

为主的中级偏上的学习阶段,能听懂并记录教师提供的例句。对问题 13,3 班选择的平均值为 2.46,倾向于"同意";5 班为 3.20,倾向于"一般"。我们预设学生喜欢老师使用 PPT,但其实不然。其原因与教室的设备设置和 PPT 的制作水平都有关系。对问题 16,3 班"不同意",5 班"同意",倾向差别最为明显,很明显这是由语言水平不同造成的。

2.2 男女偏向对比

如表 7 所示,独立样本 T 检验显示男女生在问题 4、11 和 12 的回答上,有显著性差异。

表 7 男生与女生的对比

问题	平均值		均值方程的 t 检验 Sig.(双侧)
	男	女	
4. 老师应该在讲完例句后,让学生一起读例句或者老师领读例句。	2.63	2.20	.094
11. 在学课文以前,老师应该先教课文里的句子(作为例句)。	3.17	2.68	.036
12. 老师应该用彩笔标示例句的结构或重点词语。	3.46	2.75	.007

对问题 4,女生倾向于"同意",男生倾向于"不同意"。对这种差异,我们的分析在调查后的访谈中得到证实:女性更喜欢出声表达,男性则偏向默读。对问题 11,女生"同意",男生倾向于"一般",差异明显。造成这种差异的原因有:第一,可能是因男女在阅读策略上的选择不同,女性偏向于采用自下而上的阅读策略,阅读一篇文章时先从生词开始学习,之后弄清句子,最后阅读全篇;而男性偏向于自上而下的策略,先关注文章大意,再聚焦生词。第二,可能女生更关注课文本身,希望例句采用课文原句,有利于理解课文;而男生可能不介意脱离课文语境,从其他语境来理解词语。对问题 12,女生倾向于"同意",男生"不同意"。这一点仍然与性别有关,女性一般对色彩更敏感。

2.3 国别对比

在国别方面,我们做了两个对比:一是对比韩国学生与其他国家学生在问卷回答上的不同,因为在受试的 64 名学生中有 40 名是韩国学生;二是将韩日学生放在一起与其他国家学生做对比,因为韩、日都属于东亚国家,相似之处较多。表 8T 检验显示了韩国与其他国家学生在诸多问题回答上的显著性差异。

表 8 韩国学生 VS. 其他国家学生

问题	平均值		均值方程的 t 检验 Sig.(双侧)
	韩国	其他国家	
5. 例句应该是和留学生的生活有关系的。	3.38	2.65	.018
6. 例句应该是幽默的,是有意思的,是能让学生笑起来的。	3.55	2.63	.002

续表

问题	平均值		均值方程的 t 检
	韩国	其他国家	验 Sig.（双侧）
10. 例句应该就是课文里的句子。	3.53	3.08	.087
13. 老师应该用 PowerPoint 展示例句。	3.25	2.42	.004
15. 教完例句后，老师应该马上给出几个不同形式的练习，让学生做。	2.58	2.00	.014
19. 例句的内容是积极的，不是消极的（让人想到不好的事）。	3.55	3.13	.095
21. 我更喜欢老师即兴说出的例句。	2.60	2.96	.083

对问题 5，韩国学生倾向于"不同意"，其他国家的学生倾向于"同意"。通过调查后的访谈我们发现，韩国学生认为他们需要通过例句了解与自己的生活不同的方面；欧美国家的学生则认为例句的内容如果与自己的生活有关会更容易理解。欧美学生的看法与我们的预期相同，韩国学生的选择与我们的预期不同。这一点也表现在问题 6 上，韩国学生选择"不同意"，其他国家学生选择"同意"。韩国学生认为学习本身是艰苦的，老师上课幽默不幽默，举例有没有意思没有太大关系。对问题 10，韩国学生倾向于"不同意"，其他国家学生倾向于"同意"。这与问题 5 的选择是一致的，反映了韩国学生有通过努力更多地学习知识的意愿。对问题 13，韩国学生倾向于"不同意"，其他国家学生选择"同意"。访谈时我们提出教师在课后可将 PPT 发给学生，如果是这样，韩国学生就表示愿意接受用 PPT 展示例句的方式。这反映了韩国学生对传统学习方式的坚持。对问题 15，韩国学生和其他国家学生都选择"一般"，但相比之下，其他国家学生的选择稍倾向于"同意"。韩国学生的选择又与教师的预期不符。参照前面问题 5、6、10 的调查结果和分析，韩国学生应该选择同意做练习，但是他们在问题 15 的选择上表现出了内心的矛盾性，原因也许是访谈时他们所说的"学生都不喜欢做练习，懒惰"，也许是觉得课堂上做练习耽误时间。对问题 19，选择都是"一般"，但韩国学生更倾向于"不同意"，也就是说消极的例句内容也可以接受。对这一点，留学生无论国籍、语言水平都表现出相当的一致性，与教师因惯性思维而做的预设不同。对问题 21，韩国学生倾向于"同意"，其他国家学生选择"一般"，与老师的预期不一致。其中的原因还有待进一步调查研究。

表 9　韩日与其他国家学生的对比

问题	平均值		均值方程的 t 检
	韩日	其他国家	验 Sig.（双侧）
6. 例句应该是幽默的，是有意思的，是能让学生笑起来的。	3.47	2.58	.006
13. 老师应该用 PowerPoint 展示例句。	3.11	2.53	.060
15. 教完例句后，老师应该马上给出几个不同形式的练习，让学生做。	2.58	1.84	.003

从有显著性差异的三个问题的选择上，我们能看出韩日学生选择的平均值都明显高

于其他国家的学生。其原因与我们对韩国学生的分析一样，是东方学生对学习行为本身的认识造成的，即韩日学生在学习方式上比较严肃，欧美国家的学生则相对更喜欢轻松的学习方式。

三、对汉语教师课堂举例行为的讨论与启示

通过对留学生的调查和访谈，我们发现了教师对课堂举例的预设与学生反馈之间的差别，对汉语教师课堂举例行为做了初步的探讨。我们认为，教师预设与留学生反馈一致的举例行为可以继续保持；对教师预设与留学生反馈不一致的，需要反思原因，改进教学。具体讨论如下：

1. 在例句的内容方面

我们预设：(1)例句应该是和留学生的生活有关系的；(2)例句应该是幽默的；(3)例句的内容应该是积极的，不是消极的；(4)例句可以用课文里的句子，如教材对某些语言点的解释常以课文中的句子为例；(5)例句应该多用口语中常用的词语，不用或少用书面语；(6)学生更喜欢老师即兴说出的例句；(7)例句除了能说明词的意思，还应该能告诉学生社会文化知识。

但是调查结果显示，学生的反应与我们的预设不一致或者不完全一致。面对调查数据，我们意识到，教师的课堂举例行为存在着诸多"想当然"，没有考虑学习者的真实需求。如例句是否与留学生生活有关不能一概而论。初级阶段与留学生生活有关的例句可能对学生的理解有所帮助，但是中高级阶段例句内容涉及、涵盖的范围应该更深入、更广泛。简单的例句内容会降低课堂学习的效率。从调查结果看，学生并不看重例句幽默与否。例句的主要功能是解释说明词义、结构、语用，并非一定要传递积极的信息和情绪，真实的内容更有效。语言教学要分层次进行，在初级阶段，例句不必刻意负载社会文化信息，而到中高级阶段，学生可以也愿意从一个例句中得到更多语言之外的其他知识。根据学习者的学习动机、学习阶段等具体情况，例句可以考虑适当使用书面语，不应也不必过于强调口语化。

2. 在例句的呈现方式上

我们预设：(1)例句所用词语应该是比较简单的；(2)板书时，老师应该用不同颜色的粉笔标示例句的结构或重点词语；(3)老师应该用 PowerPoint 展示例句；(4)老师应该用图片来配合例句的展示；(5)在学课文以前，老师应该先教课文里的句子；(6)对于每个生词或语法点，老师可以用两三个例句来解释，只用一个例句太少，但也并不是越多越好；(7)老师只需要写出例句的结构和关键词语，不需要写出整个例句；(8)老师应该在讲完例句后，让学生一起读例句或者老师领读例句。

调查结果证明，班级不同，学生的汉语水平不同，相应的举例也要考虑例句的数量、排列顺序、是否需要板书等；男女不同，也要注意与举例相关的行为，如女生更喜欢朗读，喜

欢不同色彩的粉笔标识;学生国别不同,对例句的内容和呈现方式也有不同的倾向性,如韩日学生并不倾向多媒体技术的使用,欧美学生则相反。

我们建议:(1)PPT应与板书结合,不要过多依赖多媒体;(2)清晰、简单的形式有利于视觉输入;(3)配合"说"例句,教师应采用适当的图片、实物、表情、动作等;(4)通过视频、电影和问答等形成师生互动,由学生自动生成例句的后续效应较好;(5)应该注意例句呈现的策略和步骤。

3. 对教师课堂举例行为的调查分析带来的启示

立足课堂,对课堂教师之"教"和学生之"学"的各种现象进行细致的观察和深入的分析,对今天的对外汉语课堂教学和国际汉语教学都有着多方面的意义。在调查中我们发现,尽管各种学习理论已经被广泛地引入汉语国际教育的研究,但是留学生仍然提出希望有更多课堂发言的机会,希望在学习例句之后自己尝试造句。这些看似不是问题的问题,恰恰说明理论上的接受不能代替实践中的行动。学生说出来的句子经过教师语言形式的调整会成为很好的例句,因为这样的例句是学生真正想说的话,具有实用价值。教师应该具有从学习者的角度考虑课堂输入的意识,应关注学习者个体的学习过程。通过调查,我们从学习者的角度提出这一点,希望强化课堂应以学生为主体、重视学生实践的认识。

附注

① 在本研究数据收集过程中,我们得到了任课老师、留学生及其他有关人员的大力协助,在此表示感谢。

② 本表百分数进行了四舍五入处理,特此说明。

参考文献

[1] 刘若云,徐韵如.对外汉语教学中例句的选择.中山大学学报,2005(6).

[2] 熊贤友.课堂教学中举例的艺术.语文教学与研究,2001(11).

[3] 徐茗.对外汉语词汇教学中的例句设计.安徽师范大学学报,2009(7).

[4] 张璟.对外汉语教材例句研究.北京语言大学硕士学位论文,2005.

[5] Krashen, S. D. *Principles and Practice in Second Language Acquisition*. London: Pergamon Press, 1982.

(作者简介:郭文娟,山东师范大学国际交流学院副教授;郑翠,博士,山东师范大学国际交流学院讲师。)

英语母语留学生学习"V掉"
动结式的偏误研究①

冯　潇　姚力虹

提　要　动结式结构作为一种汉语语法结构,是对外汉语教学的难点。本文选择"V掉"为代表的动结式,考察英语母语的学生学习这一结构时的偏误,并给出教学建议,借此管窥动补结构的教学。我们先将"V掉"按意义分为四类,分别与英语中的相应表达进行对比,根据汉英差异,初步预测英语母语的学生在学习"V掉"时可能会产生的偏误,例如遗漏补语"掉"、遗漏"V掉"中的前动词、宾语位置错序等。同时,设计问卷调查,收集母语为英语的学生使用"V掉"的实际偏误。通过对比分析和偏误分析找出英语对学生学习"V掉"动结式的干扰和学生出现偏误的根源,并在此基础上提出教学建议。我们认为,英汉"补语"实质差异非常大,不宜直接介绍这一语法概念,可以试着将动结式作为一个词汇整体引入,这样有助于提高学习效果。

关键词　V掉　动结式　学习偏误　英汉对比

　　动结式是汉语的一种特殊语法结构,出现频率高,包括 V-A(动词＋形容词结果补语)和 V_1-V_2(动词＋动词结果补语)两类,可以带宾语。动词与结果补语结合紧密,一般比较短小。由于形式灵活多样,语义关系复杂,一直是教学中的重点和难点,教师不易解释,学生也往往难以掌握。本文以"V_1-V_2"动结式中的一种"V掉"为例,观察分析母语为英语的留学生对动结式的学习情况,借此管窥动结式教学的关键。"V掉"是一种特殊的动结式,"掉"在某些情况下保持本来的"掉落"意义,某些时候又表示虚化的语法意义,近似于形态标志,涵盖了两种不同情况,比较具有代表性。从"V掉"动结式入手,找出动补结构的教学困境,有针对性地提出教学建议,有较强的实践意义。

　　本文采用语料调查和统计分析、对比分析、问卷调查相结合的方法。首先,在语料库②中查找"V掉"语料,根据语义将"V掉"分成四种类型,并分别与英语中的相应表达进行对比分析,以预测英语母语背景的学生可能出现的"V掉"偏误,寻找产生偏误的母语负迁移因素。然后,对 23 个甲级动词加"掉"构成的"V掉"结构进行语料库的调查和整理,统计出现频率,在此基础上设计"V掉"使用情况调查问卷,发现学生习得中存在的实际问题。

一、"V掉"动结式与英语中相应表达的对比分析

"V掉"动结式比较特殊,"掉"比其他几个词汇意义虚化的动词结果补语相对复杂。在作动结式第二成分时,有的情况下表示"掉落",例如:

社员同志们,大风想吹掉我们的棉铃,我们决不答应。

在有的情况下意义虚化,表示的是"动作完结"的语法意义,例如:

每天上班,看到走廊里的灯亮着,他会马上关掉。

只有喝酒才能使人忘掉苦恼。

我们先对"V掉"进行大致分类,弄清意义类型,再将"V掉"和英语中的相应表达加以对比,找出英语母语留学生可能出现的偏误。

在对"V掉"分类之前,要先说明两个前提:(1)"V掉"的"掉"在虚化的过程中,会受到方言的影响。在一些方言中,"掉"的虚化程度很高,使用更为广泛,几乎成为构形的标志,有"他已经睡掉了""光上半年刘老板就赚掉9万块""把婚结掉",甚至有"喝完掉了"等说法。这在语料库中出现得非常少,暂时排除。(2)通常的教学语法将趋向补语和结果补语加上"得/不"归为可能补语,如"看得/不见""吃得/不饱""忘得/不掉""拿得/不出""爬得/不上去"中的"得/不+见""得/不+饱""得/不+掉""得/不+出""得/不+上去"等。我们将动结式之间加入"得/不"的结构看作动结的可能式,不再单列出可能补语,以简化教学,提高学习效率。

前面说过,"掉"并不是在任何情况下都虚化的,"V掉"的语义类型要根据使用时的语境来确定。我们可以根据语义把"V掉"分为如下几类:

V掉$_1$:表示动作引起客体的掉落、脱落。结果补语"掉"表"掉落"义。这类"V掉"中的"V"一般是表示能够引起受事掉落动作的动词,如"摇、吹、踢、打、挤、碰"等。"掉"含有"落下"的趋向意义,但不是趋向动词,仍应看作结果补语。例如:

整天在高低不平的路上骑车,车上的螺丝有的颠松了,有的颠掉了。

我一翻身把熨斗碰掉了,稀里哗啦地掉进了脏水盆里。

我的大衣扣子在拥挤中被挤掉了。

"V掉$_1$"包括一个主事件——"掉落",以及一个副事件——"V"所代表的动作方式,意义相当于:"V"作用于受事+受事"掉落"。例如,"踢掉刀子"即"踢刀子"+"刀子掉"。

V掉$_2$:表示动作的结果是去除客体。这一类"V掉"的"掉"的语义指向是动词的宾语,表示受事从基体或附着物上剥离和移除。例如:

在一般情况下,还是应该注意不要损坏和剥掉树皮。

照相时你把帽子摘掉。

酒渍洗得掉么?

"V掉$_2$"表示动作的结果使受事从原来的基体上去除和剥离,与"V掉$_1$"中"掉"有向下的趋向意义不同,"V掉$_2$"没有明确的方向。

V掉$_3$：表示动作的完成或结束。这一类是在各种教材的初级阶段常出现的，"掉"的虚化程度比较高。例如：

尽管我竭力想把他忘掉，可他的身影还是总在我眼前出现。

两个孩子都眼巴巴地盯住他手中那块窝头，不想他却送到自己嘴里吃掉了。

市场上皮鞋那么多，你做的皮鞋卖得掉吗？

与"V掉$_2$"表示将受事从原来的基体去除不同，"V掉$_3$"的受事没有实际的基体。这类"V掉"中"掉"的语义指向是动词本身，而不是受事。

V掉$_4$：表施事的消失、离开。例如：

当警车开到作案地点时，坏人已经逃掉了。

那个敌人师长，身上长翅膀也飞不掉！

公安人员就在外面，你跑不掉的。

"V掉$_4$"的动词一般表示消失、变化，通常不带宾语，如"跑、飞、走"等，包含"离开"的意思，总的来说，"V掉$_3$"和"V掉$_4$"中的"掉"比前两种的虚化程度高。

在不同的语境中，"V掉"也有不同的意义。因为"掉"既保留了原来的词汇意义，又逐渐虚化，表现为语法意义；同时"掉"与动词结合广泛，动词本身意义也并不单一。如"挂掉"：

a. 他鸟展翅似的从埂堰上往下一跳，树枝挂掉了他的毡帽。

b. 小陈要求他挂掉话机，但他再三表示愿意拿着话机等待。

a句中"挂"是"钩"的意思，能引起事物掉落，"挂掉毡帽"是说树枝钩着毡帽，使毡帽掉落，属于第一类。b句的"挂"是切断电话线路，"挂掉"指一通电话结束，属于第三类。具体"V掉"是哪种意义，需结合语境辨别。

按照"V掉"不同的语义类型，我们分别来看"V掉"在英语中的对应表达。

V掉$_1$：因为"掉"包含了趋向意义，这类"V掉"在英语里多使用动词加表趋向的副词off(有时也用down)表达。例如：

扣子在拥挤中被挤掉了。	The clasps were jostled off in the hustle.
螺丝有的颠掉了。	Some of the screws were shaken off.

有的英语动词本身包括了"掉落"的意义，可以依具体情况用一个词或动词短语来表示"V掉"。例如：

手不断地颤抖，差点弄掉杯子。	The hand is shaking and almost drops the cup.
树枝挂掉了他的毡帽。	His cap got caught by the branch.

前面说过，这类"V掉"包括了两个事件：动作＋受事的掉落。"掉"的语义近于它作述语时的意义。英语中也可以用动词不定式 to drop、to fall 或分词 dropping、falling 作宾语补语，表示前面动词造成的宾语"掉落"结果，不过这种情况很少。

V掉$_2$：这一类"V掉"在英语中常常用动词加上表示去除、脱离的副词 off、away 来表达。例如：

不要损坏和剥掉树皮。	Don't damage or peel off the bark.
照相时把帽子摘掉。	Take off the hat when taking pictures.

污迹可以用试管刷刷洗掉。　　　　　The dots could be brushed away by the tube brush.

含"去除"意义的英语动词也可以表示这种意义类型的"V 掉"。例如：

请除掉你脚上的泥。　　　　　Please remove the mud from your shoes.

照相时你把帽子摘掉。　　　　　Uncover the hat when taking pictures.

V 掉$_3$：多数情况下，这类"V 掉"在英语中用单个动词表示，后边没有附加成分。例如：

我竭力想把他忘掉。　　　　　I tried hard to forget him.

杀掉刚生下的婴儿　　　　　to murder the new-born baby

有时英语里会在动词后使用表示"尽""完"等的副词，如 out 等。例如：

把手头的股票卖掉　　　　　to sell out the shares at hand

他送进自己嘴里吃掉了。　　　He put it into his mouth and ate it up.

V 掉$_4$：在英语中通常用动词加表示"消失"的副词 away、off。例如：

他悄悄地溜掉了。　　　　　He slipped away.

坏人已经逃掉了。　　　　　The criminal has already run off.

或直接用英语单个动词表示。例如：

暗自走掉　　　　　to leave secretly

"V 得/不掉"：可能式表示的是一种可能性，是"非不愿也，实不能也"（刘月华，1980）的意思。在英语里一般用情态动词 can/cannot（could/could not）（"能/不能"）来表示。例如：

锈斑洗不掉。　　　　　The rust spot could not be washed away.

你做的皮鞋卖得掉吗？　　　Can your shoes be sold out?

敌人长翅膀也飞不掉！　　　The enemies cannot flee even with wings!

你跑不掉。　　　　　You cannot run away.

从上面的对译中我们可以看出，汉语"V 掉"在英语里不一定能找到完全对应的动词短语，通常的表达方式有两种：直接使用动词，或用动词与表趋向或结果的副词构成的短语动词（phrasal verb）表达。

针对"V 掉"和英语中相应表达的差异，我们可以初步预测英语母语的学生在学习"V 掉"时可能产生的偏误。

（1）遗漏"掉"或前动词

这是一种可能普遍存在的错误。英语里没有像汉语 V$_1$ - V$_2$ 这种两个动词连用、一个补充说明另一个的形式，学生对这种后一个动词说明前一个动词结果的结构很陌生，不易理解，就会用一个汉语动词来对译一个英语动词。如"彻底除掉他们"可能会说成"＊彻底除他们"。鲁健骥（1994）指出，从思维过程说，学生容易只想到主要成分，忽略意义比较"虚"的次要成分。在不熟悉或者还没有掌握这种新的结构形式的时候，还不能自觉地把两个成分联系起来。如果"掉"的结果意义比较强，就可能遗漏前动词。像"弄掉杯子"能对应"to drop the cup"，学生可能会用"掉杯子"来代替"弄掉杯子"。

（2）宾语位置错误

在"V 掉"后面出现宾语时，学生可能套用英语短语动词带宾语的语序，将宾语置于

"V"和"掉"之间。比如"踢掉鞋子"（to kick off the boots，to kick the boots off），可能错误表述为"＊踢鞋子掉"。

另外，英语中短语动词的小品词是有限的，能够表现的意义非常丰富；而汉语"V_1－V_2"动结式中结果补语和前动词的结合往往是随机的、灵活的，自由度很大，语法语义的限制都比较宽，学生正确选用"V掉"也存在困难。当然，学生还很有可能回避使用"V掉"。比如"V掉$_1$"，学生可用两个分句来分别表达动作和动作产生的受事掉落，而不用动结结构。

二、英语母语留学生学习"V掉"动结式的实际偏误

为了解学生实际会出现的偏误，我们给来自英国利兹大学的留学生（在华学习汉语一年左右）发放了调查问卷。

调查问卷题目中的词汇尽量控制在甲级、乙级词范围内，全部用拼音标注，少数可能影响被试理解的词语都配以英文解释。题目语例主要根据 CCL 语料库和国家语委语料库中的真实语料改编，少量来自《动词—结果补语搭配词典》（王研农等，1987）中的例句。问卷一部分为排序题，要求被试运用题目给出的全部词语进行排序，组成完整的句子。另一部分为选择题，干扰项中包括通过对比分析预测的可能出现的偏误。

问卷在甲级动词与"掉"构成的"V掉"结构中，兼顾四个意义类型，选择在语料库里出现频率较高的类型。题目中考查"V掉$_1$"的约占 1/6，"V掉$_2$"有 1/3，"V掉$_3$"约有 1/3，"V掉$_4$"约 1/6。有些多义的"V掉"可以以不同意义类型重复出现。题目包括一般句式和"把"字句、"被"字句、可能式。CCL 语料库中"V掉"出现在"把"字句中的比例约为 14.9%，出现在"被"字句中的比例约为 7.4%。国家语委语料库中，有 22.7% 的"V掉"出现在"把"字句中，7.8% 的"V掉"出现在"被"字句中。根据语料库的调查情况，问卷中涉及"把"字句的题目约占 20% 左右，涉及"被"字句的题目约占 8%。为了尽量排除"把"字句、"被"字句的困难对被试造成的影响，实际考查时我们控制了这两个特殊句式出现在排序题中的数量。CCL 语料库中，"V掉"的可能式与一般式的比例约为 3∶25；国家语委语料库中，"V掉"的可能式与一般式的比例约为 9∶50。参照这两个比例，问卷中的可能式大约占全部题目的 10%～15%。

调查结果显示，学生偏误语例如下：

（1）遗漏"掉"：

＊我们捉到了一只大鸟，还有一只飞。

＊他早就改这种坏习惯了。（这一错误出现很普遍）

＊老师把黑板上的字擦。

（2）漏动词：

＊我的大衣扣子在人群中被掉了。

＊他刚买了新鞋，就把旧鞋掉了。

（3）宾语错序：

＊请不要挂电话掉。（这一错误普遍出现）

＊你走的时候别忘了关灯掉。

＊这条裙子太长了,去一厘米掉就合适了。

＊直到现在,我都忘她的话不掉。

(4) 可能式的错误

＊衣服上的泥巴不得洗掉了。

＊警察来了! 坏人不跑掉了。

＊我一个人不吃掉这么多月饼。

三、偏误原因分析

实际调查中出现的偏误与通过英汉对比预测的偏误基本吻合。前三种是由于学习者的母语负迁移作用,主要受英语的短语动词结构影响;第四种偏误是学习者将可能式的否定形式与动结式的否定式混淆,应该与语内干扰相关,有可能和课堂学习的解释不明确有关。

汉语中类似"V 掉"这种后动词虚化程度较高的动结式结构,与英语中的短语动词有一些相似之处。从形式上看,它们都是由前动词和附加成分两部分组成,并且都是作为一个整体语言单位运用的,比如"摘掉"—"take off"。

短语动词在英语里出现频率也很高,其中的副词有时使用本来的词汇意义,如 take off(脱掉)、drive away(驾车离开)、come out(出来);有时使用引申的意义,如 switch off(关掉)、boil away(烧干)、blow out(吹灭)。这与"V 掉"中的"掉"类似。短语动词还具有一个和"V 掉"动结式相近的特点,即强调动作产生了某种结果或表示动作的实现和完结。强调结果意义的如:peel(剥)—peel off(剥掉)、shave(刮)—shave off(刮掉);强调动作实现或完成的如:eat(吃)—eat up(吃掉)、sell(卖)—sell off(卖掉)、kill(杀)—kill up(杀掉)。

英语短语动词和"V 掉"的区别主要有:(1)英语短语动词的两个组成成分之间可以插入动词的宾语(若动词为及物动词),如 take your hat off、cast it away、sell them out;"V 掉"的两个成分结合非常紧密,宾语不能出现在动词和"掉"之间。这方面的差异易使学生出现宾语错序的偏误。(2)英语短语动词中的副词和"V 掉"中的"掉"尽管都是"补语",实质上却有很大差异。英语中的是宾语补语,语义指向宾语;"掉"是前动词的补语,语义有时指向宾语,有时(虚化程度较高时)则指向前面的动词。(3)"V 掉"有时是多义的,但一般来说,"掉"和动词的结合具有临时性,非常灵活,"V 掉"受动词语义的制约比较强,因此某一个具体的"V 掉"结构(如"吃掉""跑掉")意义相对单一。而英语短语动词基本上都是多义的,如 take off 有"脱掉、拿掉、带走、起飞、取消、离开"等义。短语动词可以对应汉语的动结式,也可对应动趋式。

如果我们扩大观察范围,可以发现英语表结果的短语动词中的副词数量比较少,只有 off、up、down、out、away 等,汉语中则有很多可表示这些结果意义的动词,来充任"$V_1 - V_2$"动结式的补语,如"完、光、尽、走、掉、开、破、断"等等,所以 off 等词比"掉"等意义更为抽象。

总的来看,英语中表示"V 掉"的方式很多,尽管我们愿意将"V 掉"和英语表结果和表趋向的短语动词对应起来,但实际情况并非这么简单。"V 掉"本身意义非常复杂,一个"V 掉"结构在英语中的表达也不是固定的;反过来,英语中的副词 off、out 等意义也很丰富,off 做副词可以表示"离开、脱落、脱离、中断、完成"等意义,这些短语动词不只用"V掉"可以表达,如 cut off 可以译为"切断",也可译为"切掉"。二者之间不是一一对应的关系。

从类型学角度看,汉语和英语都属于附加语构架语言(satellite-framed language),即主事件都是由附加语(在这里体现为"补语")表现的。Talmy 认为汉语是一种强势"附加语构架语言","汉语经常用补语来表达事件的构架,英语用单个动词来表达的,汉语多用动补结构"(沈家煊 2006:157),如:kill—杀死、break—打破、eradicate—除掉。英语可以将"运动"和"路径"两个概念要素合并在一起,汉语则是分开的,就是说动作的完成结果与动词分离,由附加语(补语)表达。蔡基刚(2005)通过对比分析英语和汉语中的五种构词手段,发现英语的词化程度要高于汉语,比如在表达使役、动补等关系时,英语倾向使用综合型表达,汉语则多用分析型表达。表"动作"和"动作结果"的意义在英语中常被化为一个整体,由词的转类或词根加词缀来完成,是一种综合型表达,如:淹 + 死—drown、弄 + 平—flatten。汉语却是分析型的。当"V 掉"能够和英语中具有致使意义的单个动词对应,这个动词又包括了致使的结果——"掉落"的意义时,学生就容易经由语义上的一致错误地推导出语法上的一致,试图使用综合型手段来表达"动作 + 结果"的意义,造成动词丢失。

尽管名称相同,但"补语"(complement)在英语和汉语中的含义截然不同。英语的补语是对主语或宾语补充说明的成分,例如:

We shall always keep friends.(主补)

Teachers should encourage their students to ask questions.(宾补)

汉语的补语是说明动词的,出现在动词之后,是汉语的特殊成分,补充说明动作的趋向、结果、方式等。英语的主语补语一般很难与汉语的补语相对应,部分宾语补语可以和汉语的补语互译,但对应关系也不是唯一的。

四、对"V 掉"动结式的教学设计

目前的汉语教学通常将结果补语单列为一种语法成分。根据我们的调查分析,由于母语的负迁移作用和课堂解释可能存在的问题,学生往往潜在地将结果补语与英语中的一些小品词对应起来,造成偏误。我们可以尝试改变以往割裂句子成分的教学方式,把动词和结果补语结合起来,将动结式作为一个整体来教学,以"V 掉"为例,可以把这个结构看作词汇短语;表示可能的"V 得掉""V 不掉"不单列"可能补语"一项,而是作为"V 掉"的可能式,也当作词汇处理。

首先,引导学生注意作为整体的"V + 掉"结构,发给学生一段包括"V 掉"的阅读材料(无下画线)。例如:

古时候有一首诗(poem),是关于一个长得非常美丽的女孩子的。这个女孩子叫罗敷

(Luófū, a girl's name)。诗里说：走远路的人见到罗敷，就**丢掉**自己的东西，站在那儿看她。年轻人看见罗敷，就**脱掉**自己的帽子，整理头巾（hood），其实是想多看罗敷一会儿。有两兄弟在田地里干活，看到罗敷，都**忘掉**了自己的工作。

然后回收这段材料，发放有空缺的材料，把其中的"V掉"换成"＿＿＿"（有下画线，无下画线上的汉字），请学生决定应该在空白处填上什么。

第三步，把原来的完整材料再次发给学生，请学生将原材料中的"V"和结果补语"掉"的组合找出来，与学生自己填充的内容进行对比。

最后给学生发作业（包括"掉"不作结果补语的句子），如下，要求学生从中找出"V+掉"结构，画上横线。

我不小心把他的书碰掉，书全部掉进了水盆里。

掉在地上的东西，你会捡起来吃掉吗？

树上有十只鸟儿，打掉一只，还有几只？一只也没有了，其他九只全都飞掉了。

将动结式作为一个整体来认识和理解，有利于避免遗漏动词或补语的问题；同时，这种方法能使学生正确辨别词汇单位，补语和宾语错序的偏误也会大大减少。

我们选择了三位年龄接近、学习汉语时间为1年半～2年半、汉语程度均为中级阶段初期的英语母语留学生。通过问卷调查对3位学生进行前测，然后分别按照上述教学方法进行个别教学实验。之后进行后测，问卷设计难度略高于前测，考查内容以前测和实际教学中没有或很少出现的"V掉"为主。结果显示，通过教学，三位学生的后测成绩较前测均有所提升。

被试成绩换算结果如下：

表1

学生	前测成绩换算（百分制）	后测成绩换算（百分制）
甲	43.3	83.3
乙	53.3	70
丙	56.7	96.7

被试对题目难度的选择统计如下：

表2

	选择"难"		选择"中"		选择"易"	
	前测	后测	前测	后测	前测	后测
甲	16.7%	13.3%	40%	26.7%	43.3%	60%
乙	26.7%	30%	40%	56.7%	33.3%	13.3%
丙	16.7%	0	66.7%	30%	16.7%	70%

从整体上看，学生的掌握情况有较大提高。实际情况说明，将动结式作为词汇整体进行教学的方案是有效的，能够帮助学生更好地理解和掌握语法结构，并形成一定的语感，能够避免或纠正英语母语留学生的偏误。

附注

① 本文是陕西省科学技术研究发展计划项目,项目批准号是 2009K01－96。

② 文中语料来源于 CCL 中文语料库(http://ccl. pku. edu. cn:8080/ccl_corpus)及国家语委语料库
(http://www.clr.org.cn/retrieval)。

参考文献

[1] 蔡基刚. 英汉词化对比与综合表达法. 山东外语教学,2005(5).

[2] 刘月华.可能补语用法的研究.中国语文,1980(4).

[3] 刘月华,潘文娱,故铧.实用现代汉语语法.北京:外语教学与研究出版社,1983.

[4] 鲁健骥.外国人学汉语的语法偏误分析.语言教学与研究,1994(1).

[5] 吕叔湘.现代汉语八百词.北京:商务印书馆,1980.

[6] 吕文华.关于述补结构系统的思考——兼谈对外汉语教学补语系统.世界汉语教学,2001(3).

[7] 朴奎容."V掉"中"掉"的意义.汉语学习,2000(5).

[8] 沈家煊.汉语动补结构的类型学特征.载对外汉语语法教学研究.北京:商务印书馆,2006.

[9] 王研农等.汉语动词－结果补语搭配词典.北京:北京语言学院出版社,1987.

[10] 徐士珍.英汉语比较语法.郑州:河南教育出版社,1985.

[11] 张红萍.汉语述补结构及其翻译.语言学,2006(9).

[12] Lewis, M. *The Lexical Approach*: *The State of ELT and a Way Forward*. Hove, England:Language
Teaching Press, 1993.

(作者简介:冯潇,博士,西安交通大学讲师;姚力虹,硕士,西安交通大学副教授。)

About Character Learning: Critically Presenting Twenty Years' Research Evidence

Hu Bo

Abstract: This article aims to provide a critical review of the existing empirical studies regarding character learning in Chinese. 18 articles selected through a set of criteria were classified into five categories: character density, complexity and frequency; character presentation; implicit learning; naming, knowing and writing characters; and character learning strategies. The author discusses the methodology and the findings of these studies and also discusses their implications for teaching and learning Chinese characters as well as for future research projects.

Key words: Chinese language acquisition; Learning characters

Characters are central to learning the Chinese language, not only as a vehicle of history and culture, but more because of its difference from alphabetic letters or strings in terms of orthography and linguistic function. Learning characters has been established as one of the obstacles that learners of Chinese need to overcome. For instance, Hu (2010) has found that character learning, involving memorising and associating how the character is pronounced, what it means and how it is written, is a major difficulty for learners of Chinese as a foreign language (CFL). Lin (2000) confirmed a link between learners' knowledge of characters with their overall language proficiency: for students at the beginning level, their ability to identify characters was a predictor of their performance in the achievement tests for speaking, listening, reading and writing, whereas for those at the higher level, character writing skill was the predictor of their test results.

As character learning is such a challenging and crucial task in acquiring the Chinese language, it is undoubtedly important and benefiting for teachers and researchers of the subject to understand various aspects of this task. This paper therefore intends to look at what research evidence in the past twenty years has informed us about character learning by CFL learners and what more await for us to explore in order to advance our knowledge about character learning.

There are a large number of published studies heretofore concerning Chinese characters. For the purpose of this paper, I used the following criteria when selecting which studies to be included: 1) the study must be published after 1990; 2) the study must be published on established journals; 3) the study must be empirical; 4) the study must focus on learning or teaching of characters and bear pedagogical practicality; 5) the participants of the study must be learners studying Chinese as a foreign language in a higher educational institution; 6) the majority of the participants must be from non-orthographic language background if the participants are not grouped according to backgrounds (or if they are, only results of the non – orthographic language background are quoted in this paper); 7) the participants were not the ones who suffer from disability, dyslexia or difficulty in verbalising.

18 articles were selected, and based on their topics these studies were grouped into five categories: character density, complexity and frequency; character presentation; implicit learning; naming, knowing and writing characters; and character learning strategies.

1. Studies on Character Density, Complexity and Frequency

Sergent and Everson (1992) investigated how character frequency and character density might influence students' performance on a pronunciation task. 17 beginner level and 5 advanced level students at the U. S. Air Force Academy were asked to pronounce 48 characters that they had learned. These characters were considered as being either high frequency if they had appeared in the textbook more than 31. 5 times or low frequency if less than that. The level of density in these characters was decided by the average number of strokes in all the characters that the participants had learned. Characters with over 7 strokes were considered to be of high density and those with less than 7 strokes would be low density characters. Students' performance on the task was recorded and their vocal latency and accuracy were measured. The researchers found that character frequency did have an influence on the accuracy of naming the characters but not in the speed of naming them. This implies that frequency consolidated learners' ability to pronounce the characters but not necessarily speeding up their processing time of the characters. In terms of density, the results showed that denser characters were more difficult and took longer for the participants to name and recognise.

Xiao's study (2002) did not take the frequency into consideration but mainly studied the topic of character density with a different criterion and a different test instrument from the study of Sergent and Everson (1992). Xiao defined three levels of character density based on data from the Chinese Writing Reform Committee: low density referring to characters with less than 6 strokes, mid density for 7 to 11 strokes and high density for more than 12 strokes. Data was collected from 11 post-lesson vocabulary quizzes, for which 34 beginner students at an American college, including 1/3 with heritage background, were required to 1) write the English and Pinyin counterparts after seeing the written character; 2) write characters according to the written English and Pinyin given; 3) write the character, English and Pinyin after listening to the teacher. It was found that students performed better with low-density characters than with mid/high-density on all three tasks of the vocabulary quizzes; however, difference between mid-density and high-density characters was only evident in task 2) and 3) with mid-density being the better performer, but not in the task of recognising the written characters. These results suggest that characters with less than 6 strokes are significantly easier to recognise and to write than those more complex, whereas characters with more than 12 strokes are the most challenging for learners to produce in writing.

Ke (1996) also centred around this topic of character density. Unlike the previous two studies, Ke tested his participants at two different times. In Ke's study, 47 students of Chinese at American universities were tested on their skills of recognising and producing characters three months (time 1) and eight months (time 2) after they started to learn the language. The recognition task asked the participants to write the English and Pinyin of the stimulus characters and the production task was to write the characters after being given English and Pinyin. Low density was represented by characters with an average of 5.8 strokes for the recognition task and 4.73 for the production task, whereas high density bore a mean number of 13.8 strokes for the recognition and 12.2 for the production task. Significant differences between low-density and high-density characters were only seen in the production tasks at both testing times, not in the recognition task of either time, which means in this study density only impacted learners' ability to write characters.

In another study, Wang, Perfetti and Liu (2003) investigated how structural complexity and frequency of characters might influence the performance of beginners in Chinese language learning in the lexical decision task (judging whether a character is real or artificial) and in the character naming task. Slightly different from the previous studies, Wang et al referred complexity to the structure of a character as being integral (with a single component) or compound (with multiple components). 15 students at their first year of learning Chinese at two American universities were shown 80 real and 80 artificial characters by a computer programme. Participants appeared to identify the simple characters more quickly and more accurately than the compound characters in the lexicon decision task. The 80 real characters were also used for the naming task (pronouncing the characters) and their frequency was based on the number of their appearances in the textbooks. Participants performed better on high frequency characters than low frequency ones in both the lexicon decision task and the naming task. Adding to this, the effect of structural complexity only existed when low frequency characters were concerned: reaction time and naming of the simple characters of low frequency was quicker and more accurate than the compound characters of low frequency; for high frequency characters, participants' performance did not differ noticeably between integral and compound characters. Wang et al hence concluded that the more frequently learners encountered the character in their curriculum, the better knowledge of the character they would acquire, in particular, knowledge of orthographic information and character pronouncing.

The results of the four studies above were not entirely unanimous, for instance, Xiao (2002) found that the level of density influenced her participants' ability to recognise the meaning of the characters, whereas in Ke's study (1996), participants did not perform differently with low density and high density characters in the recognition task. This might be a result of the variation in the samples of the two studies: Xiao's participants, 1/3 with heritage background, were from one college, but Ke's, all without heritage background, were from four colleges, who might receive different types of instruction. Nevertheless, these studies did show the tendency that character density, complexity and frequency are influential variables on character learning, generally speaking less complex characters are less challenging to the learners, and the more frequently characters appear, the more familiarity learners develop with them.

2. Studies on Character Presentation

Jin (2006), Zhu (2010) and Shen (2010) based their studies of character learning on the theory of dual coding by Paivio (1986, 2007). The dual coding theory claims that there are two independent but interconnected cognitive systems in our brain: one deals with non-linguistic information such as visual images, and the other deals with the linguistic input such as verbal statements. Supporters of the dual coding theory believe that learning objects should be presented in a way to activate both systems in the brain in order to facilitate and maximise learning.

Jin (2006) used multi-media for character presentation in his study. His participants — 120 students from different language backgrounds who have studied Chinese in America for about a year — were divided into groups to learn the target characters in the following ways: 1) looking at Pinyin, English and the character; 2) looking at Pinyin, English, the character and the animated demonstration of the stroke order; 3) looking at Pinyin, English, the character and the animations which illustrated the etymology or the story of the characters as well as individual components of the characters. The above methods of learning were assisted by computers and accompanied by sounds providing the pronunciation of the target characters. There was also a control group who learned the target characters by the traditional way of using written text on paper. A test on the meaning of the target characters was conducted immediately after the learning. No delayed test was given. Jin found that despite different language backgrounds, the multi-media methods were significantly more effective than the traditional paper method. The most effective method was the all-around presentation using animation, text, image and sound, and the second most effective was using the animated stroke order.

Zhu (2010) presented 100 students of Chinese in an American university to four sets of digital flashcards, all of which contained the character(s), the Pinyin, the English equivalent(s) and the facilitating mnemonics[①] in English, but they were different in their presenting conditions: some having both the sound (character pronunciation) and the animated stroke order; some with either the sound or the stroke order and others with no sound and no stroke order. Participants were asked to choose one condition under which they preferred their digital flashcards to be presented. After learning them for 30 minutes, the participants were given two immediate tests—one in English for writing the characters and one in Chinese for the Pinyin and the meaning in English. However, the researcher did not control for differentiating target characters used between the two tests.

The results of this study showed that students who learned the characters using the flashcards with the sound but without the animated stroke order performed the best in the character writing test and the worst performing group was the one presented with both the sound and the stroke order. Zhu speculated that the non-verbal information given by the facilitating mnemonics on the flashcard was sufficient in stimulating the non-linguistic system—one of the dual coding channels while the reception of the sound fulfilled the other channel—the linguistic system. The animated stroke order therefore became a burden in the cognitive process and therefore distracted the learners from memorising the characters. However, Zhu did not suggest whether one should use the mnemonics to replace the stroke order in character learning. Zhu also found that having the stroke order on the flashcards or not did not exert a significant influence on remembering the meaning of the characters, contradicting Jin's study (2006) which suggested that having the stroke order was more effective than the traditional paper method. However, it is worth noting that the most effective method in Jin's study also did not involve the stroke order but the animation of the character story, which could be interpreted as being homogenous to Zhu's mnemonics in text form, as both focused on the etymologic aspect of the characters, although the homogeneity between the animation of the character and the mnemonics in text form can only be confirmed by a further comparison study.

Shen (2010) compared learning of the concrete words (having direct access to sensory referents) and the abstract words (having no direct access to nonverbal imagery) by presenting them in verbal codes only and in verbal plus imagery codes. 45 American university students took part in the study at the second semester of their Chinese language learning. In the verbal-codes-only experiment, students were first shown each of the new words in character(s) on screen, and were asked to check it up in their textbooks. The teacher then presented the sound and the meaning of the word, explained the etymology of the character(s) and gave sentence examples using the target word. Several practice activities were also carried out by the participants including sounding out the word a number of times, making conversation with the word, reviewing the word with prepared flashcards. The verbal-plus-imagery-codes experiment was different in that the teacher also presented a visual image illustrating the word or acted it out. After the experiments, participants took two immediate tests and two delayed tests after 24 hours on recognising character shape and recalling the sound and meaning.

The results of this study showed that the verbal-plus-imagery-codes method did not excel the verbal-codes-only method in learning the concrete words, but it did significantly improve the retention of the shape and the meaning of the abstract words. Shen speculated that because participants could clearly visualise the concrete words in their mind, the need for imaginary codes was not as demanding as with abstract words, of which mental images were not easily accessible to students. Based on this finding, Shen called for the pedagogical attention to be given using verbal-plus-imaginary codes for presenting the words bearing abstract meanings.

Studies by Jin (2006), Zhu (2010) and Shen (2010) all demonstrated an immediate and positive effect on character acquisition when the target characters were presented to the learners in both visual and verbal forms, suggesting that images or animation should be added to character presentation. However, these studies did not test the long-term effect of such methods.

In a study on when to present characters in the Chinese curriculum, Packard (1990) tested whether there existed an effect of time lag in introducing characters to students of Chinese. One group of 11 participants learned characters from the very beginning of their one year intensive elementary Chinese course (8 hours a week) at an American university. The other group of 12 participants was introduced to characters at a delayed time of the fourth week of the same course. The researcher did not state whether there was a difference in the hours of instruction received by the two groups during the time when the time-lag group were not taught characters. However, in order to level the amount of characters learned between the two groups, the time-lag group received three extra lessons. The groups were taught by two teachers in turns to control for the effects of different personalities and methods. A series of written and oral tests was administered to the participants at the end of their first semester, through their second semester and at the end of their entire year of learning Chinese. Significant difference between time-lag group and the no-lag group was not found on skills of listening, grammar, character reading and writing, but did show on aspects of phonetic discrimination and oral fluency. Packard hypothesised that the immediate introduction of characters at the initial stage of learning Chinese results in reduced awareness of the phonological shape of the language and confined facility with the spoken skill, and hence appealed for a delayed presentation of characters in the curriculum. However, the better performance in the oral skill of the time-lag group could simply be the result that class time saved from learning characters in the first four weeks were allocated to oral practice for the time-lag group.

3. Studies on Implicit Learning

In the study by Wang, Perfetti, Liu (2003)[2], 80 artificial characters were mixed with 80 real characters for a lexicon decision task. The artificial characters were divided into four sub-groups of containing legal radicals on legal positions, legal radicals on illegal positions, illegal radicals and notations. The researchers found that the participants of their study rejected the notations the fastest, followed by those with illegal radicals. When it came to artificial characters with legal radicals, the participants reacted faster on the ill-placed-radical ones than those with radicals on their normal positions. The researcher hence concluded that although their participants had not received explicit instruction on decomposition of the characters, they became sensitive about the form of the radicals and their positional property. This implies that implicit learning does take place during the process of character acquisition; however, a further study by Wang et al in 2004 suggested that implicit learning, if any, was very limited, especially among beginning learners of Chinese.

In the 2004 study by Wang et al, 15 participants, after learning Chinese for a term at American universities, were asked to make an attempt to guess the sound and meaning of 18 characters before given explicit instruction on the semantic components in these characters. The participants had not learned the 18 characters but had seen their semantic components in the characters that they had previously learned. The fact that participants failed to infer the meaning of the unknown characters at the initial attempt but did succeed after receiving explicit instruction from the teacher led the researchers to believe that explicit instruction on the orthographic features of characters is necessary in speeding up the learning progress. However the researchers also pointed out that limited character exposure ($n \approx 250$) among beginners of Chinese could also be the reason that their orthographic knowledge was not well-developed implicitly.

4. Studies on Character Naming, Knowing, and Writing

Everson (1998) and Yang (2000) based their studies on the orthographic depth hypothesis as well as theories regarding the retrieval of phonological codes in response to a written script. The orthographic depth hypothesis (Koda, 1996) proposes to categorise the levels in which orthographic scripts of languages mirror their phonological information, for instance, languages such as Spanish possess transparent script-to-sound match would be on the 'shallow' end of the level range, whereas Chinese being one which lacks straightforward script-to-sound match would be on the 'deep' end. In this sense, Chinese script would pose challenges being pronounced or read aloud. Theories regarding the retrieval of phonological codes (Hannas, 1997) revolve around two areas: one is that a conversion from the orthographic script of a word to its phonological information occurs prior to the activation of the meaning and the function of the word; and the other is that the recognition of a word takes place in a 'holistic' manner by which knowledge of naming and understanding the word is accessed simultaneously.

The argument that Everson (1998) and Yang (2000) tried to respond to was that if Chinese characters with deep orthographic features imply more semantic than phonological information, access to phonological codes in reading Chinese might not be necessarily bound with knowing the meaning of the characters.

These two studies have a similar design in which participants of both studies were asked to demonstrate their character recognition ability by pronouncing and saying in English the meaning of some 45 disyllabic words that they had learned. The 20 participants in Everson's study were from the same course and the test words were displayed on computer screens during the recognition task; however, the 20 non-heritage background learners of Chinese in Yang's study were from two different levels (101 and 102) and Yang used paper flashcards to show the test words. Nevertheless, both studies confirmed that there is a strong relation between naming and knowing the meaning, in other words, students who were able to pronounce the words during the recognition task were significantly likely to know their meanings and vice versa. This tells us that although Chinese is an orthographically deep language, learners have the ability to store the phonological codes and the meanings of the characters and associate the two aspects when exposed to written prompts.

Yang also added proficiency level as a variable that might interact with participants' ability to recognise characters. However, no significant difference was found between the performance of the students who received 40 hours of language instruction and those who have taken language classes for 120 hours. The researcher attributed this result to lack of practice and elapse of memory as the test words in the tasks were from the early chapters of the book.

Ke (1996) on the other hand looked at the relation between recognising the characters and producing them in written forms. The methodology of this study was described in the section of studies on character density. The results suggested that poor character recognisers are also poor character producers and good character producers are also good character recognisers. However, good character recognisers can be poor character producers. Students performed better on the recognition tasks than on the production tasks in both time 1 and time 2. Ke then hypothesised that the visual contexts in characters make recognition a less demanding task than production for which graphic detail of a character, being random or organised, has to be accurate when being recalled.

It was also found that students' performance improved in both tasks from time 1 to time 2, indicating proficiency level based on learning time was an important factor which attributed to students' knowledge of characters. This contradicts Yang's study which found proficiency level did not influence performance of students, though Ke tested the same groups of students at different times while Yang used different groups at one time.

5. Studies on Learning Strategies

McGinnis (1999) and Yin (2003) both asked students of Chinese language to report on their strategies for learning Chinese characters. McGinnis documented five strategies used by 29 participants in a level－1 summer programme in response to an open question 'what method(s) do you use for learning Chinese characters'. The five strategies reported were 'writing the characters (repeatedly), making up/using a story, radical/phonetic components, repetition (reading/writing, etc) and flashcards', in the order of receiving the most votes to the least.

The survey in Yin's study listed a total of 19 strategies under methods for remembering the way characters are written, remembering the pronunciation of characters and remembering the meaning of learned characters. 193 responses over three consecutive years of summer school in an American university were received, among which writing characters repeatedly was ranked as the most popular and most effective method for remembering how to write characters, whereas using hand-made flashcards was chosen to be the most effective in memorisation of the sound and the meaning of the characters. Other strategies, such as learning character components, looking at the Pinyin repeatedly, reading the characters out loud repeatedly, using phonetic components if available, memorising them in the context of vocabulary items and sentences, using character components as clues, were among the top three most popular and most effective strategies that participants of Yin's study deployed in order to acquire knowledge of characters. Yin also found that although hand-made flashcards were favoured by her participants, most of them had never or rarely tried computerised flashcards, which Yin speculated was due to the uncommonness of such software at the time and students' preference to go through the writing experience of the characters on paper flashcards.

Ke (1998) aimed to collect students' perceptions on the effectiveness of certain Chinese character learning strategies. 150 first-year students, including 60 heritage learners, gave their opinions by agreeing or disagreeing 11 dichotomic statements in the form of 'Strategy A is more effective than Strategy B'. The researcher did not explain how strategies in the 11 statements were chosen and arranged. According to Ke, several trends were observed from the responses to the strategy statements despite participants' background differences: 1) learning and use of character components were valued by the participants; 2) the role of sound was not important to the participants; 3) participants perceived practising writing being more effective than practising reading; 4) practising characters in the context of vocabulary items (such as compounds) was also preferred.

The recognition and production tasks in Ke (1996) were also used in this study in order to establish whether students' perceptions on the effectiveness of character learning strategies predict their ability to recognise and produce characters. Ke identified two strategies—practising characters in the context of vocabulary items (such as compounds) and associating new characters with characters that learners were already familiar with in terms of graphic structure—being the largest significant impact on students' performance in the character recognition task. In terms of the production task, it seemed that participants who agreed with the statement that 'learning character components (radical and phonetic components) is more effective than learning stroke order' tended to score higher than those who disagreed with it.

It is worth pointing out that strategies in Ke's study were paired up randomly to compare against each other. In other words, participants were not rating the level of effectiveness of a range of strategies on a same scale. Their perceptions of the effectiveness of one strategy were only reliable when linked with another strategy.

Shen's 2005 study is, to date, the most comprehensive study on Chinese character learning strategy[3]. In her study, Shen administered three surveys to a total of 95 Chinese language learners at beginning, intermediate and advanced levels. The first survey with 12 open ended questions helped to elicit 176 strategies that Shen's participants used in their daily learning of Chinese characters. After elimination of repeated and scarce items, 59 strategies were kept to form the second survey of this study—Character Learning Strategy Inventory, for which, participants needed to give their opinions about each strategy by marking on a five-point Likert scale from 'never or almost never true of me' to 'always or almost always true of me'. On the third survey, Shen listed 30 commonly used strategies (no explanation was given on the criterion for choosing these strategies) and asked participants to rate the usefulness of the strategies on a ten-point scale with 1 being least useful and 10 most useful.

A factor analysis was conducted on the 89 responses received to the Character Learning Strategy Inventory, which extracted 8 factors. Shen summarised the 8 factors into five groups of cognitive strategies and one group of metacognitive strategies for learning characters, as quoted below:

> 1) require orthographic knowledge as cues in memorising new characters, 2) create mental linkages among sound, shape and meaning of the character by repeated exposure to all three elements, 3) use both aural-oral cues and writing in receiving and encoding information about new characters at the initial stage, 4) emphasize the use of sound as cues to make connections to meaning and shape within a character, 5) seek various avenues to understand the syntactic functions of new characters. Besides cognitive strategies, students also use limited metacognitive strategies such as structured preview/review outside of class. (Shen, 2005: 59)

Using data collected from the third survey of strategy usefulness, Shen was able to detect the linear trend between students' perceptions about the usefulness of the strategies and their proficiency levels. Two groups of strategies—orthographic-knowledge-based strategies and metacognitive strategies—were perceived being more useful by the participants as their learning level increased. That is, as learners' proficiency (based on learning time) improved, they appraised more importantly of the orthographic knowledge of characters as well as organised learning of characters.

Shen's study again placed emphasis on the strength of the orthographic information in helping characters acquisition in Chinese. However, the largest contribution of Shen's study was to draw attention on metacognitive strategies in learning characters such as previewing new characters before starting a new lesson and reviewing characters on a regular basis. Shen also pointed out that because of the features of metacognition which require awareness and moderation of one's own cognitive processes and learning behaviours, metacognitive strategies are not as commonly known and utilised by learners of Chinese but the potentially empowering role of these strategies shall not be neglected. Shen hence appealed teachers to make metacognitive strategies more easily available to the learners, such as instructing learners to analyse their own performance and to plan and discuss their learning processes.

Jiang and Zhao (2001) and Zhao and Jiang (2002) also tried to group the 48 learning strategies, which they combined based on the studies of McGinnis (1999) and Ke (1998), into strategy factors and to link the factors with students' performance in the character recognition and production tests (similar to Ke's instruments in his 1996 study). The researchers claimed that memorising the character shape as a whole was the most often used strategy but might not be effective while using radical components to learn Chinese characters was effective but seldom used by their participants. However, because of lack of detailed information regarding data analysis and the strategies named in these two studies, it is difficult to assess the reliability of the results of these two studies. What we do know is that the 130 or so participants, some probably having language background involving characters such as Japanese, had learned Chinese for only 4 – 9 months in Chinese universities at the time of the study. The homogeneity in terms of participants' learning experience prohibited these studies from reaching as sound conclusions about the relation between strategy use and strategy effectiveness as when students of various learning experience and length were involved.

Ma's case study (2007) of a Nigerian student learning Chinese attempted to examine the learning process of the subject at different phases. The subject outperformed his peers in all language skills including characters by the end of a 9-month course in China. By analysing the subject's notebooks and exercise journals, Ma observed that as the learning progressed, the strategies used by the subject changed from trying to write the character with an impressionist approach of copying it vaguely to carefully producing the layout of the strokes; from practising the character on its own to putting it into a context such as making a phrase or sentence with it; from spontaneous writing to strategic and regular practice of characters. Ma also noticed some consistency in the subject's strategy use. For example, the subject had often tried to associate new characters with already learned ones and group similar characters according to pronunciation or meaning. However, the subject did not seem to pay much attention to the orthographic information of a character, errors such as misusing radicals or phonetic components occurred even in the later phases of the learning. This differs from previous finding that learners make more use of orthographic features of characters as their proficiency advances (i. e. , Shen, 2005).

6. Discussion

This section attempts to summarise the findings of the studies discussed above and to pinpoint the implications that these studies spell out for teaching characters, designing course materials, and future research project. I also hope to provide a critical view of the limitations in existing research trends.

Despite variety in the test instruments and in the criteria for defining character density, complexity and frequency, studies of this group nevertheless unequivocally show that the intricacy level of a character, namely how many strokes it has or how complex its structure is, is one way to measure how difficult the character is for CFL learners, especially in terms of character production. However, this effect might be balanced out by how many times learners encounter the character, in that learners appear to memorise the character that they frequently see better than those they do not. In the light of these findings, researchers have made useful suggestions for textbooks and curriculum designs to take into account the issue of character density, complexity and character frequency, for instance they advise writers and teachers to introduce low density characters earlier than the high density ones, and if possible, to replace the high density ones with less complex synonyms, and most importantly assure sufficient recurrence of the target characters in different contexts.

Based on the dual coding theory, a number of researchers focused their studies on testing the effect of various methods adding nonverbal information such as animations and images to the presentation of characters. However, these studies all tend to look at only the short-term effect of the proposed presentation methods, as most of them administered immediate tests, except the study of Shen (2010), which had delayed tests after 24 hours. Nevertheless, these studies did find a short-term effect on acquisition when characters were presented with illustrations of related stories. Packard's study (1990) alone, on the other hand, investigated when to present characters. By comparing performance of students receiving characters at different times, Packard concluded that a compromised introduction of characters to the Pinyin system would not necessarily sacrifice learners' knowledge of characters but benefit their oral skills. However, this conclusion may need further support as the better-performed group in Packard study received longer class time than the comparison group for oral practice.

Studies by Wang, Liu and Perfetti (2003, 2004) proved that implicit learning of orthographic knowledge, though being superficial, does occur in character learning. However, explicit instruction seems to be indispensible in raising learners' full awareness of semantic information in characters among beginning learners of Chinese. These two studies acknowledged the existence of implicit learning and the importance of explicit instruction in character acquisition. However, more research is needed to further our understanding of to what extent implicit learning occurs, how implicit learning can be monitored and maximised and in which way implicit and explicit learning can best complement one another.

Learning characters involves a trinity — the pronunciation, the meaning and the shape — and also a line of cognitive activities such as memorising, associating, recalling and visualising. Studies on the relationship among the three aspects of learning characters help to improve our interpretation of the cognitive behaviours by learners of Chinese. For example, Everson (1998) and Yang (2002) both reported that despite the closer link to semantic than phonetic information in characters, recognition of characters does not isolate learning the meaning from learning the sound, that is, in Everson's own words, 'for students, learning characters is a package deal that necessarily links meaning with the spoken language' (1998: 200). Ke (1996) also found that reproducing the form of the characters is a more challenging task than recognising them, and one's ability to reproduce the characters exerts a positive impact on one's ability to recognise them, but not necessarily the other way round. However, the participants in these studies were mostly at the beginning phase of their Chinese learning, the interconnection among the three aspects of learning characters remains to be investigated with CFL learners of higher levels.

The topic of learning strategy has drawn great attention from applied linguists in recent years. Research on character learning has also followed this trend, focusing on areas of what strategies that CFL learners generally use in learning characters, how popular these strategies are among the learners and how effective they are in learners' perceptions and in correlation to learners' proficiency levels. Making use of orthographic information was the heaviest loaded strategy factor in Shen's study (2005), which was also valued by the learners in the studies by Ke (1998) and Yin (2003), but this strategy was not commonly used among participants of Jiang and Zhao (2001, 2002) and Ma (2007), for which the difference in the participants could be the reason, that the participants of Shen (2005), Ke (1998) and Yin (2003) were studying in America whereas the other studies took place in China. However, in general, using phonetic information was raised as a relatively popular and important strategy in learning characters. Putting characters into context for practice and creating mental association among the sound, the meaning and the shape of the character were also found to be useful and preferred strategies by learners of Chinese. In addition, Yin's study emphasised the use of paper flashcards which was ranked as the most effective in memorising the sound and the meaning of the characters by a large pool of 193 participants. Furthermore, Shen's quantitative and Ma's qualitative data both highlighted the connection between advanced proficiency and metacognitive strategies involving planned practice such as previewing the characters before the lesson and reviewing regularly. It seems that though the issues concerning character learning strategy have been examined in a number of studies, research on metacognitive strategies needs further development, not only in terms of how students might reflect their cognitive learning processes but also of how students can best regulate their learning of characters.

Undoubtedly, research to date has contributed enormously to our understanding of how characteristics of the Chinese writing system influence its learning and associated cognitive processes by CFL learners, and also to the development of character teaching in aspects of material and curriculum design and teaching methodologies. However, the existing research on this front is not without limitations. For instance, there were very few qualitative data (except in McGinnis, 1995, Shen, 2005, Ma, 2007) in the field, which could have provided in-depth outlooks at the matters relating to character learning such as learners' attitude about character learning at one or various stages. Even though many studies used quantitative data, the number of participants in these studies was often not sufficient to obtain highly reliable results by significance analyses (i. e. , Wang, Liu and Perfetti, 2004 $N_{(g1)} = 17$, $N_{(g2)} = 5$; Jin, 2006 $N_{(g12)} = 10$; Sergent and Everson, 1992 $N_{(g1)} = 17$, $N_{(g2)} = 5$ and Packard, 1990 $N_{(g1)} = 12$, $N_{(g2)} = 11$. For number needed for significance tests, see Cohen, 1992). Furthermore, most studies on character learning sampled only learners at the beginning level of their Chinese language learning, which could be attributed to various reasons: for instance, there is a larger population at the beginning level for learning Chinese, and character learning is a more intimidating task at the initial stage of learning for students who have not known a logographic language. However, these reasons shall not cancel out the necessity of studying character learning at higher levels, i. e. , for longitudinal studies on the learning progress or comparison studies between achievement made at different stages of learning.

Notes

① Zhu defined mnemonics as being descriptions that help foreign students to memorise the shape of the characters.

② See the earlier section of Studies on character density.

③ This study has a two-stage design: to collect character learning strategies and to use the strategies collected for the follow-up surveys, whereas the other studies either only asked participants to report strategies, or to comment on the strategies chosen by the researcher. This study also presented the largest pool of character learning strategies.

References

［1］ Yin，J.，J. 美国大学生记忆汉字时使用的方法. *Journal of the Chinese Language Teachers Association*，2003(3).

［2］ Zhu，Y. 再探电子抽认卡对美国汉语初学者汉字记忆的影响.世界汉语教学，2010(1).

［3］ 江新,赵果.初级阶段外国留学生汉字学习策略的调查研究.语言教学与研究,2001(4).

［4］ 马明艳.初级阶段非汉字圈留学生汉字学习策略的个案研究.世界汉语教学,2007(1).

［5］ 赵果,江新.什么样的汉字学习策略最有效? 语言文字应用,2002(5).

［6］ Cohen，J. A. Power Primer. *Psychological Bulletin*，1992(1).

［7］ Everson，E.，M. Word Recognition among Learners of Chinese as a Foreign Language：Investigating the Relationship Between Naming and Knowing. *The Modern Language Journal*,1998(2).

［8］ Hannas，W.，C. *Asia's Orthographic Dilemma*. Honolulu：University of Hawaii Press，1997.

［9］ Hu，B. The Challenges of Chinese：a Preliminary Study of UK Learners' Perceptions of Difficulty. *Language Learning Journal*，2010(1).

［10］ Jin，H.，G. Multimedia Effects and Chinese Character Processing：an Empirical Study of CFL Learners from Three Different Orthographic Backgrounds. *Journal of the Chinese Language Teachers Association*，2006(3).

［11］ Ke，C. An Empirical Study on the Relationship between Chinese Character Recognition and Production. *The Modern Language Journal*，1996(3).

［12］ Ke，C. Effects of Strategies on the Learning of Chinese Characters among Foreign Language Students. *Journal of the Chinese Language Teachers Association*，1998(2).

［13］ Koda，K. L2 Word Recognition Research：a Critical Review. *The Modern Language Journal*，1996(4).

［14］ Lin，Y. Vocabulary Acquisition and Learning Chinese as a Foreign Language (CFL). *Journal of the Chinese Language Teachers Association*，2000(1).

［15］ McGinnis，S. Student Goals and Approaches. In Chu，M. ed *Mapping the Course of the Chinese Language Field：Chinese Language Teachers Association Monograph Series*，*Vol III*. Kalamazzo，Michigan：Chinese Language Teachers Association Inc.，1999.151－175.

［16］ Packard，L.，J. Effects of Time Lag in the Introduction of Characters into the Chinese Language Curriculum. *The Modern Language Journal*，1990(2).

［17］ Paivio，A. *Mental Representation：a Dual Coding Approach*. New York：Oxford University Press，1986.

［18］ Paivio，A. *Mind and Its Evolution：a Dual Coding Theoretical Approach*. Mahwah，NJ：Erlbaum，2007.

［19］ Sergent，K.，W. & Everson，E.，M. The Effects of Frequency and Density on Character Recognition Speed and Accuracy by Elementary and Advanced L2 Readers of Chinese. *Journal of the Chinese Language Teachers Association*，1992(27).

［20］ Shen，H.，H. An Investigation of Chinese-character Learning Strategies among Non-native Speakers of Chinese. *System*，2005(33).

［21］ Shen，H.，H. Imagery and Verbal Coding Approaches in Chinese Vocabulary Instruction. *Language*

Teaching Research，2010(14).

[22] Wang，M. & Liu，Y. & Perfetti，C. The Implicit and Explicit Learning of Orthographic Structure and Function of a New Writing System. *Scientific Studies of Reading*，2004(4).

[23] Wang，M. & Perfetti，C. & Liu，Y. Alphabetic Readers Quickly Acquire Orthographic Structure in Learning to Read Chinese. *Scientific Studies of Reading*，2003(2).

[24] Xiao，Y. The Effect of Character Density on Learning Chinese as a Foreign Language. *Journal of the Chinese Language Teachers Association*，2002(3).

[25] Yang，J. Orthographic Effect on Word Recognition by Learners of Chinese as a Foreign Language. *Journal of the Chinese Language Teachers Association*，2000(2).

（作者简介：胡泊，任职于牛津大学中国学术研究所对外汉语教学中心。）

'Migratory' Literature: A 'Third Place' for Intercultural Teaching and Learning of Chinese as a Second Language?[①]

（Australia）Trevor Hay   Wang Yongyang

Abstract: This paper, drawing upon multidisciplinary studies such as critical and cultural studies, literary criticism, intercultural communication and second language acquisition, suggests a specific literary genre —'migratory literature'— to support intercultural competence for learners of Chinese. We begin by elucidating key terms — 'migratory', 'discourse', and 'third place' and then move to an examination of Kramsch's 1993 view of discourse and narrative, and its uses in teaching 'orate' and 'literate' modes of writing. We then propose our use of 'discourse' as a means of achieving intercultural competence and knowledge in support of the teaching and learning of Chinese. In this paper, we use 'migratory literature' to refer to literary works written by Chinese writers who have experience living outside China and by non-Chinese writers with experience living inside China. The term also suggests a habit of mind of writers—and readers—who have not 'settled' permanently anywhere but move between worlds. In this way, what we have termed 'migratory literature' provides a comparative perspective for viewing Chinese language and culture, and forms a 'third place' in which outsiders and insiders are negotiating culture. We introduce a resource list of works in English about China that might be used for this purpose.

Key words: 'Migratory' literature; Intercultural communication; Chinese as a second language; 'Third place'

All cultures are involved in one another; none is single and pure, all are hybrid.
Said (1993) *Culture and Imperialism*, p.xxix. （New York, Knopf/Random House.）

1. Four Key Terms

This paper characterises literature in English and a representative body of literature from over a hundred years of China-West[②] literary interchange, as a 'discourse' for the kind of

L1/L2, C1/C2 understanding essential to language learning, culture learning and intercultural competence. The authors envisage it primarily as a resource for non-Chinese background learners, but we see the distinct possibility of employing it in a classroom of mixed Chinese background and non-background learners, in order to facilitate *dialogue* between cultures in the search for a 'third place'. We begin by elaborating on key terms in this paper and then proceed to a list of representative works in order to illustrate the approach.

1. 1 Migratory

We are not going to reach for the dictionary to define this since we would rather create a habitat for the word and see who or what comes to live in it. As Barthes said of his own essay on myth, the important thing is to try to define things, not words (Barthes, 1993). We simply highlight the English morpheme 'ory', indicating a state of transition. Migration itself is a form of transition, and 'migratory' is a transitory form of that. In its metaphoric sense we are thinking of a lifestyle rather like that undertaken seasonally by certain species of birds. They spend an enormous amount of time *between* habitats, traversing a vast ocean that separates critical sojourns in each of two places, permitting feeding and breeding and survival, and colonisation.

A very striking example is the short-tailed shearwater ('muttonbird') which returns from the Aleutian Islands and Kamchatka Peninsula to the exact same nest-burrow in Southern Australia and the islands of Bass Strait at the same time every year, usually to the day. Are they Australians or Alaskans, or Russians? Or should they be classified according to their life of trackless sea and sky? How do they recognise each other, and distinguish themselves from other shearwaters? Would they enjoy being defined as food for another species ('muttonbirds') or is this a very striking illustration of cultural imperialism? [3]

We distinguish between the term 'migratory' literature, used in this sense, and genres of literature to do with 'migration', or 'diaspora' which are vital components of the China-West discourse but not the discourse itself. This will also include, in time, a growing literature of, and about, 'internal' Chinese migrants, whose work and lives now form a chapter of their own, or an epilogue perhaps, called 'globalisation and the dilemmas of identity' (Lo Bianco & Orton & Gao, 2009).

1. 2 Discourse

The authors knew each other as supervisor/student during the migratory ordeal of the PhD candidature, which created a 'third place' for both of us. In this time, hanging out over the bleak, lonely ocean between last doubts and first drafts, we hit upon this way of looking at 'discourse', perhaps best revealed through a dialogue which took place in a street-side café in Melbourne's famous Italian quarter—Lygon Street, a third place between Australia and Italy.

Yongyang: I really like this field of social semiotics, but I think the idea of 'reading China' needs some clearer view of 'narrative'. I am a bit puzzled about Barthes and what you say about 'discourse'. I understand this is to do with narratology and the distinction between 'story' and 'plot' and all that. But are you saying narrative is something much more general than the ordinary meaning of 'story'? Something like 'discourse'? So, in that case, what's the difference between narrative and discourse?

Trevor: (*He is momentarily at a loss, but his eye chances upon a gleaming red Alfa Romeo, conspicuously parked outside Giancarlo's very cool Universita Café, its keys left dangling insouciantly in the ignition*).

See that red car? It's a sign system. It's certainly got something to do with social semiotics. Its owner is a kind of gaudy bird of paradise, displaying, trying to lure a mate... not just park a car. Is it a discourse or a narrative?

(*Yongyang begins folding her ever — expanding mind — map, convinced her supervisor has clearly had enough for today*).

No, wait, hang on, I mean it has all the bits you need to make up a car... wheels, engine, transmission, seats... but it's not *going* anywhere... it is just a sort of *potential* car. It won't *really* be a car until it moves... anyway that's how I see the difference between narrative and discourse. Until the bits of the narrative combine to cause movement, to go somewhere, they do not amount to a discourse. I'd say Barthes thought of discourse in terms of what it does, what it conveys... like myth.

For those who prefer a less improvised explanation of the distinction between narrative and discourse there is also this, from the *Oxford Concise Dictionary of Literary Terms*, under 'Narrative':

A narrative will consist of a set of events (the story) recounted in a process of narration (or discourse), in which the events are selected and arranged in a particular order (the plot). (Baldick, 1996)

We are not suggesting any strict structuralist or narratological view of narrative here, but simply the need, if literature is to be used as a source of intercultural insights, to employ a means of identifying the elements of discourse which convey these insights.

A further explanatory note may be helpful in illuminating the notion of discourse intended here, and its relationship with cultural studies. Jonathan Culler makes this useful comment on discourse and its relationship with cultural studies.

The impact of theory has been to expand the range of questions to which literary works can answer and to focus attention on the different ways they resist or complicate the ideas of their age. In principle, cultural studies, with its insistence on studying literature as one signifying practice among others, and on examining the culture roles with which literature has been invested, can intensify the study of literature as a complex intertextual phenomenon. (Culler, 1997)

We argue that literature is not only an 'intertextual', but an *intercultural* phenomenon, a heavily populated site for directions to a 'third place'. We are also arguing for a discourse which goes beyond that of individual works and looks at the literature of China-West interchange as a 'signifying practice'. The works also fit a broader repertoire of signs which Culler, in another work, discusses in relation to semiotics and the theory of Umberto Eco, encompassing, among other things, plot structure, text theory, mass communication, rhetoric and cultural codes. (Culler, 2002)

This semiotic/narratological approach, even specifically in relation to the learning of Chinese, is not a new idea, and has been advocated by others, notably Hodge and Louie who argue for the application of:

> Social semiotics, and critical linguistic and discourse theory to the teaching and learning of the Chinese language and culture to build up a repertoire of ways of reading China through many kinds of cultural texts (Hodge & Louie, 1998).

This approach has also been discussed in the context of Chinese dramatic literature and the uses of literature in the TCSL curriculum (Wang, 2008) and what we are suggesting here is a means of linking cultural studies and the teaching of languages and cultures in a pedagogy for 'third place' — a place of restlessness, shifting identity and hybridity.

1.3 Third Place

In 1993 Kramsch famously discussed language study as initiation into 'a kind of social practice that is at the boundary of two or more cultures', and posited a 'third place' for language learners.

> ... what is at stake is the creation, in and through the classroom, of a social, linguistic reality that is born from the L1 speech environment of the learners and the social environment of the L2 native speakers, but a third culture in its own right. (Kramsch, 1993)

And;

> At the intersection of multiple native and target cultures, the major task of language learners is to define for themselves what this 'third place' that they have engaged in seeking will look like, whether they are conscious of it or not. ... For most, it will be the stories they will tell of these cross-cultural encounters, the meanings they will give them through these tellings and the dialogues that they will have with people who have had similar experiences. In and through these dialogues, they may find for themselves this third place that they can name their own. (Kramsch, 1993)

What we want to suggest here, is that the 'third place' is indeed a repository of, or medium for, such stories, but it will require a sharper focus on the *nature* of these stories, as a

form of discourse, and a clearer idea of the *process of narration* (Baldick, 1996) in order to i-
dentify first place and second place, before we can imagine a third place for the learner of Chi-
nese. At present the first two are, quite reasonably, conceptualised as part of L1/L2 and C1/
C2 identity (native culture, target culture respectively) (see Gao in Lo Bianco, 2009), but in
using literature as a vehicle to a 'third place', it is instructive to analyse the discourse as the
product of author/narrator voice, author/protagonist perspective, plot, story, theme, char-
acterisation, setting, etc. To the extent that there is a unifying theme it might well be hy-
bridity itself. As we have noted elsewhere:

> Hybridity, and other elements of narrative, like voice, perspective, characterisation
> and structure, are not just a matter of literary style, but a discourse for conveying a nar-
> rative of mythological proportions—the narrative of intercultural contact, a meeting of
> worlds. (Hay & Wang, 2009)

1.4 Themes

The selection of literature for highlighting intercultural themes in support of language
learning has been illustrated (Wang, Y., 2008), in relation to the following themes:

Masculinity

Feminity

Diasporic Living

Migrants

Stereotypes

A further thematic/narrative approach is built around the history of English—language
representations of China in our recent paper 'On speaking terms with elder brother. A narra-
tive approach to intercultural research and teaching' (Hay & Wang, 2009).

The list of possible themes is endless, and the major difference between the two approa-
ches mentioned above is the attempt in 'Elder brother' not just to highlight rich themes for
intercultural exploration but to link a large selection of books in a kind of meta-narrative, by
means of a 'frame' based on the history of English language representations of China. The in-
tent of the selection in both cases is to provide a basis for learning target language culture
through comparison with mother language culture, an approach consistent with that of Zhang
(2006, p. 53) who argues that the purpose of this kind of teaching is to 'help students to un-
derstand and to master the target language culture that is shared by the majority of the target
language community, in order to realize successful study and effective communication'.
Crozet and Liddicoat also suggest that:

> It is most important to produce materials which enable the learner to gain exposure
> to the target culture and to have opportunities to reflect on her/his own culture. Many
> foreign language textbooks have adopted a perspective which emphasises the culture of

the learner over that of the target community... and the textbooks are actually an impediment to the integration of language and culture. (Crozet & Liddicoat, 1999)

Our thematic approach does not privilege the learner's culture over the target community culture, but it does emphasise the perspective of the learner in the process of cultural interchange. (A similar practice has been introduced by Maurer, Carroli and Hillman (2000) in *Teaching literature across cultures and across artforms*.)

In terms of language learning the discourse is also highly visible as:

... a dichotomy between indigenous or native learning as the essence alongside a pragmatic, utilitarian or or instrumental benefit accruing from foreign languages. This has been operationalised in the binary division between essence and utility (体—用 *ti − yong*) discernable in longstanding Confucian representations of knowledge. For more than 150 years, English has represented the principal vehicle for the application of this understanding. (Lo Bianco, 2009)

What we are suggesting, however, is a way of going beyond a selection of themes for intercutural reading to a search for a discourse, both within individual works and *across the range of selected works*, that will support access to a third place for L2 learners who will need to go back and forth between worlds—in short a 'migratory' discourse that will shape pedagogy for the Chinese learner.

2. Discourse and Narrative in Teaching and Learning for 'Third Place'

Kramsch in *Context and Culture* (1993) discusses the role of the 'literary text' at length, and refers to using the 'discourse of the narrative' (e. g. p135), intending something quite similar to what we are arguing here, without the distinction between discourse and narrative indicated at the beginning of our paper. The practice of teaching she illustrates in this chapter is intended to move the learner from an 'orate' to a 'literary form of speech' (echoing Barthes's use of 'form of speech' in *Mythologies*). She also points out that while teachers of language give 'referential knowledge' (information about author, theme and social and cultural value) the 'discourse dimensions of context' are often missing—that is, the *context* of culture and the 'interactional context of reader and text' (p. 125). In 1993 she posed two pedagogical questions which we are still trying to answer in the context of the teaching and learning of Chinese culture through literature.

1) What textual knowledge is necessary for students to reconstruct the narrator's experience of events?

2) What personal experience can the students draw on to respond to the text? (Kramsch, 1993)

The present authors have been working in this area with 'intercultural reading' classes for beginning learners of Chinese language and culture (at senior secondary and tertiary level), drawing on 'themes', as indicated above, and upon uses of drama (Wang, 2009). We have also used a 'three question' approach, drawing on Hay's classes in storytelling for early childhood teachers. The idea basically is to prepare for an oral performance of children's picture-story books by concentrating on 'discourse'. The questions are: 'What happens?' 'How do you know?' 'What does it mean?' and students are asked to prepare a cue card for performance of the stories[①], based on these questions, which are intended to provide a focus on elements of discourse necessary for telling/performing the 'story', such as the distinction between a naturalistic ordering of events (story) and the author's disposition of these events (plot).

This is the framework used for the cue card, from lecture notes (Hay, 1995 – 2000). Three Questions about Discourse:

1) What happened?

Try to record the sequence of events, as they are supposed to have happened chronologically. Now reconstruct them as the author has arranged them.

2) How do we know?

Identify 'witnesses' to events, both *inside* the text (a character, a fictional narrator, or some kind of detached observer/recorder), and *outside* the text (e. g. omniscient author). What can each witness see? What can you see of the witness?

3) What does it mean?

What *kind* of discourse conveys this tale? What are the elements essential to storytelling?

The questions posed by Kramsch fit broadly under 'How do we know?', in which both the 'narrator's experience of events' and the students'/readers' 'personal experience' will shape different responses from different readers. Indeed classroom performance based on this approach, and structured around themes intended to draw out intercultural dialogue, is an ideal way to highlight the diversity of responses to what is often characterised, in culturally impoverished form, as a 'correct' or 'incorrect' response to some situation.

What we are searching for in our particular use of discourse is not only a means of moving between 'orate' and 'literate' modes of writing, but a pedagogical basis for the 'learning' of culture and intercultural modes of communication and understanding. Kramsch has indicated many creative approaches to this kind of teaching the literary text, including 'exploring the discourse', in which, for example, students write different endings for the chosen story, or in which various translations of the same work are compared, or the story is told from the point of view of another narrator (Kramsch, 1993). In highlighting a resource list of and for China-Western cultural interchange we are building upon this approach, but what remains for us is to determine the relationship between this use of discourse, as a means of exploring 'third place' and the kind of 'efferent' (Kramsch, 1993) reading and performance that might provide both a support to language learning and a substantive body of cultural/intercultural knowledge and competence outside the parameters of language competence.

In order to do this we must augment, refine and utilise the rich discourse embodied in our resource list and then test it with a variety of learners in a variety of contexts.

3. L1/C2: Literature in English and the Third Place for TCSL

We attach a reference list, (Appendix) and at this point will make some observations about the potential of these works as a source of a 'migratory discourse', spanning both individual works and the 'frame', based around the principles of analysis of narrative-locating key elements of the process of narration in, for example, voice, perspective and narrator/audience identity. Our aim here is not to exhaustively analyse all the varieties of voice, perspective etc. evident in these works but to indicate the possibilities of this kind of literary/semiotic analysis of the 'process of narration' for a 'migratory' discourse in support of 'third place'.

Some works (Bland, 1912; Bland & Backhouse, 1910; Kidd, 1988; Blofeld, 1989) are part of the historical discourse of reportage about nineteenth and early twentieth century contacts between Westerners and Chinese, based on a first-person, outsider-perspective process of narration, describing China for an outsider audience. An example is included here, of a kind that would not only contribute to a historical theme, but would be quite useful in contemporary cultural and critical and cultural studies as a striking form of 'orientalism' in the making:

> The store-room of the Chinese race's past is a dark lumber place, full of musty relics, ancient myths and ghostly whisperings; we search it in vain for the cradle, the childhood's toys, the school books and discarded garments of former days. And since it is only within the last century that this primordial elder brother of the human race has been brought to speaking terms with the outside world, our estimate of his earlier intellectual and political struggles is largely conjectural. Moreover, it has been subjected to many distorting influences, not the least of which has been the hypnotic effect of Chinese literature and philosophy on the minds of those European scholars and observers who have studied and reflected them. (Bland, 1912)

Red Azalea is a semi-autobiographical novel written by a Chinese woman, for a non-Chinese audience, perhaps more pointedly than any other work, fiction or non-fiction, since it works as a tale on two levels, on the surface as a form of sexualised historical fiction, and below the surface as a coded form of real Chinese history—a cipher, a roman á clef.

Tartar City Woman (Hay, 1990), on the other hand, a biography, or ethnography perhaps, is clearly an 'outsider' view of a Chinese person's life, but it is also a journey between the worlds of the author and his subject, rather than an attempt to simply re-create the world of the protagonist, or for the author to act as amanuensis. In this case perspective is complex and multi-layered, although the narrator's voice remains clearly that of the author.

A Concise English-Chinese Dictionary for Lovers (Guo, 2007), is a wonderfully rich and subtle work, in which a fictional narrator (a character inside the story), an English-challenged Chinese woman who meets an older, bisexual British lover, reproduces for us not only the situations that amount to 'cross-cultural encounters' but the form of language—and thought—behind her reactions to these situations, or 'themes'. Here is an example, drawn from her attempt to understand why a British hostel offers a three-hour breakfast, when the point is, of course, that the three hours refers to the duration of the service, not the meal itself. The present authors have adapted the original passage and used it as a basis for intercultural teaching of Chinese, with alphabetic transcription (Hanyu Pinyin), Chinese characters and the protagonist's English, in order to link language and culture in a 'third place'.

Wo bu xiangxin meitian zaoshang wo de lvguan tigong meigeren zheyang de zaocan,

我不相信每天早上我的旅馆提供每个人这样的早餐，

I not believe every morning my hostel offering everyone this kind of breakfast,

chixu san ge xiaoshi cong qi dian dao shi dian.

持续三个小时从七点到十点。

lasting three hours from 7 clock to 10 clock.

This intentional 'bad' English indicates the direct influence of the protagonist's mother language, and a Chinese way of thinking. The technique here is rather reminiscent of some Chinese textbooks which *do* reproduce the syntax of Chinese in order to assist the transition from L1 word order patterns to those of L2.

A parallel but reversed, situation occurs in Rachel De Woskin's *Foreign Babes in Beijing*, where the narrator/protagonist reveals her difficulties in adjusting not only to language and associated thought patterns, but to Chinese stereotypes of the foreigner. In order to perform her role in a Chinese TV soap-opera for Chinese audience, she has no choice but to play 'in character' by acting completely out of character. She is truly in a 'third place', but one of the most amusing, and telling, moments in the book occurs around a single Chinese grammatical particle that is the bane of all Chinese L2 learners — '*le*'. To contextualise her difficulty in terms of language learning we preface the episode with an explanatory note from the wonderful textbooks series of the late John DeFrancis:

> The suffix *le* is attached either to verbs or to entire sentences. It has no precise English equivalent, though in many of its uses it corresponds roughly to the 'have (has, had)' of perfect tense constructions, which denote past-flavored actions (had done, have been eating, have seen, have been writing, will have gone, will have been studying, having bought). Some specific uses of -*le* are described in Notes 2 – 9 below. (DeFrancis, *Beginning Chinese*, Yale University Press, 1976).

Go figure, as they say, and of course from the point of view of the Chinese learner facing up to English, these mutations of 'perfect tense' appear bewilderingly, perversely impenetrable and unnecessary—when a one-size '*le*' fits all. What De Woskin makes of her particular grammatical challenge in **Foreign Babes** is reproduced below. As a result of incorrect tones in her hybrid Chinese, she has managed to startle her audience, who do not have a good opinion of foreign sexual morality to begin with, and, ironically, expect her to confirm their worst fears. Her coach attempts to explain:

'*Yange* should be third tone, third tone. But your *yange* was first tone, first tone.' I blanched. '*Na*?' So?

'Well,' he said, 'this kind means … ' He stopped. He glanced around and then down. He took his fingers and moved them below his waist in a scissors motion, snipping away.

We looked at each other. Circumcised?

'Get it?' he asked.

I was eager to have the conversation over. 'Got it *le*,' I said, closing off the phrase with a *le*, indicating that the action of 'getting it' was complete.

But he sensed it wasn't true and flipped through his dictionary. 'Like the eunuchs,' he said, pointing to the word 'castration'. (DeWoskin, 2005)

(By now DeWoskin has proceeded very painfully from a third place in culture to a third place in language itself).

Other works in the list below range from translated works set in or about China, in various eras, to works written in English about both China and Western countries, by Chinese authors (Lin Yutang, Chiang Yee), and examples of genres from fiction to history and reportage, including works that would now be regarded as 'orientalist' or laden with stereotypes. Such works might include the now-forgotten 'Kai Lung' novels of Ernest Bramagh, or the 'Fu Manchu' novels of Sax Rohmer, still circulating as a contemporary movie. The authors take the view that even stereotypes perform their uses provided there is a contextual dialogue and in our research (see below) with senior secondary students in Collingwood College in Melbourne, Australia, and tertiary students of Chinese in Guizhou University, China, we will be refining our view of which stereotypes provide the richest intercultural dialogue for which students. Ultimately the resources might be incorporated into all levels of Chinese for senior secondary and university students.

The list of possible resources we have attached even includes one novel (*The Gadfly*) that is not by a Chinese (or an English) author, and is not about China at all, (set in Italy) but which contributes to our discourse because of the impact it had in translation in China during the 1950s and 1960s. It is important to note works like this, and other resources we have included, such as Shen Jiawei's collection of George Morrison's photographs of 'old China', precisely because of the matter of discourse. If we want to use themes as a basis for third place, it is possible to be either eclectic or focused on some element or category. The themes will themselves drive the selection, and the treatment of the selection. However, *discourse* in the sense we have used it in this paper, is a more complex organiser, and it is possible to see that a narrative-driven selection of literature might throw up a variety of ways of looking at 'third place', some of which are not immediately related to 'first place' or 'second place'. These are more like Kramsch's 'intersection of multiple native and target cultures'.

It is not difficult to imagine many 'stories of cross-cultural encounters' taking place in the Chinese language classroom, initiated by literary excursions into a third place. It is also highly likely that there will be implications for the learning of English by Chinese and ways of supporting a third place pedagogy through drama (Wang, 2009) and storytelling techniques drawn from contemporary approaches to the uses of narrative in the classroom (e.g. Egan, 1989).

4. Directions for Research in Language Teaching

This year we begin a three-year federally funded (Australian Research Council, Linkage Project) research program —*Intercultural Approaches to Teaching Chinese: A Basis for Pedagogical Innovation*. The impetus for this study comes from the shocking attrition rate of non-Chinese background learners (Orton, 2009). The authors will be working with Professor Joseph Lo Bianco, a world authority on language policy and the teaching of languages and cultures, and Professor David Holm, Chair of Chinese at the University of Melbourne, and expert on the languages and cultures of Chinese minority groups. Part of the intention of this research is to determine if, in the coinage of Lo Bianco, there is some 'surrender value' to be gained from L2 study in terms of C2 and intercultural competence, analogous to that of insurance policies which do not mature. What do students learn from, or take away from this kind of interculturally scaffolded language study in terms of cultural and intercultural knowledge and competence that they would not get from history, or literature or cultural studies classes?

We will be researching in classrooms in China, Australia, the United States, and internationally in order to determine what knowledge non-Chinese background learners bring to the study of Chinese, and what they take away from it. We will also be investigating the kind of intercultural knowledge/skill to be derived from sojourns in the target language/culture environment and what kinds of knowledge might help students to take advantage of such in-country programs, before, during and after the experience. We intend also to investigate how dialogue between Chinese background and non-Chinese background learners might assist in devising an innovative and more successful learner-centred pedagogy for teaching and learning Chinese. We start out with 'migratory', a word-in-motion, (like discourse itself), a trope, to remind us that we need to understand 'first place' and 'second place', and the oceans and islands between, a little better before we can negotiate a 'third place', and the sphere of interculturality that enables language students to take an insider's view as well as an outsider's view on both their first and second cultures.

Notes

① This paper was originally published as a conference proceding by the CERCLL Intercultural Competence Conference, Arizona, August 2010.

② We use this term not for its geo-political accuracy, but because it is in a sense part of the 'title' of a traditional tale, part of its 'discourse', and a way of 'reading' contemporary events which forms part of an epic stretching back to the 'Opium Wars' in which China is forced to accommodate an alien civilisation.

③ It's by no means unusual of course to illustrate the social pathologies of human civilisation in this way. Anatole France's *Penguin Island* (1908) leaps to mind.

④ We are using 'story' in its popular sense here, rather than the narratological sense, in order to make sense of the idea of '*storytelling*'.

References

[1] Barthes, R. *Mythologies*. Vintage, 1993.

[2] Culler, J. *Literary Theory. A Very Short Introduction*. Oxford: Oxford University Press, 1997.

[3] Culler, J. *The Pursuit of Signs*. Routledge, 2002.

[4] Hay, T. Yellow Lady Meets Black Stump: An Obscene Postmodern Heroine in Australia. *Real-Time*, 1995(10).

[5] Hay, T. *Tartar City Woman*. Melbourne: Melbourne University Press, 1990.

[6] Hay, T. Lecture Notes (unpublished). Bachelor of Early Childhood Studies, University of Melbourne, 2000.

[7] Hay, T and Wang Y. On Speaking Terms with Elder Brother. A Narrative Approach to Intercultural Research and Teaching. *Creative Approaches to Research*, 2009(2).

[8] Hodge, B. &. Louie, K. *The Politics of Chinese Language and Culture: The Art of Reading Dragons*. New York: Routledge, 1998.

[9] Kramsch, C. J. *Context and Culture in Language Teaching*. Oxford: Oxford University Press, 1993.

[10] Lo Bianco, J. &. Orton, J. &. Gao, Y ed. *China and English. Globalisation and the Dilemmas of Identity*. Bristol: Multilingual Matters, 2009.

[11] Maurer, L. &. Carrol, P. &. Hillman, R. *Teaching Literature across Cultures and across Artforms*. In: A.

[12] Liddicoat &. C. Crozet ed. *Teaching Languages, Teaching Cultures*. Melbourne: Applied Linguistics Association of Australia and Language Australia, 2000.

[13] Orton, J. *Chinese Language Education in Australian Schools*. Melbourne: The University of Mel-

bourne, 2008.

[14] Wang, Y. *Reading Chinese Literature or Reading China—An Intercultural Thematic Reading Approach to the Teaching of Chinese Literature in the TCSL (Teaching Chinese as a Second Language) Curriculum*. Guizhou: Guizhou University Press, 2008.

[15] Wang, Y. On the Application of Drama in Teaching Chinese as a Second Language. Classroom Practice in Australia. *Shijie Hanyu*, 2009(2).

[16] Wang, Y. & Hay, T. The Chinese Literature Curriculum for 'Insiders' and 'Outsiders'. Pedagogy, 'Soft Power' and the Missing Perspective. *Chinese Studies Review*, 2009(1).

Appendix

Resource List of Literature in English about China

[1] Bland, J. O. P. & Backhouse, E. *China under the Empress Dowager: Being the History of the Life and Times of Tzu Hsi; Compiled from State Papers and the Private Diary of Comptroller of her Household*. London: J. B. Lippincott, 1910.

[2] Bland, J. O. P. *Recent Events and Present Policies in China*. London: J. B. Lippincott, 1912.

[3] Blofeld, J. *City of Lingering Splendour*. Boston: Shambhala, 1989.

[4] Bramah, E. *Kai Lung Unrolls His Mat*. London: Penguin Books, 1954.

[5] Buck, P. *All Men Are Brothers* (Trans). London: Methuen, 1937.

[6] Cao, X. *A Dream of Red Mansions*. Y. Hsien-yi & G. Yang, Trans. Beijing: Foreign Languages Press, 1978.

[7] Chang, E. *Lust, Caution*. New York: Anchor Books, 2007.

[8] Chang, J. *Wild Swans: Three Daughters of China*. New York: Simon & Schuster, 1991.

[9] Chiang, Y. *The Silent Traveller in Oxford*. London: Methuen, 1950.

[10] Dai, S. *Balzac and the Little Chinese Seamstress*. London: Vintage, 2002.

[11] DeWoskin, R. *Foreign Babes in Beijing*. New York: Norton, 2005.

[12] Fang, X. & Hay, T. *East Wind, West Wind*. Penguin, 1992.

[13] Gao, X. *Soul Mountain*. M. Lee, Trans. New York: Harper Perennial. CA: Sage Publications, 2000.

[14] Gulik, R. v. *The Willow Pattern: A Judge Dee Mystery*. Chicago: University of Chicago Press, 1993.

[15] Guo, X. *A Concise English-Chinese Dictionary for Lovers*. London: Chatto & Windus, 2007.

[16] Han, S. *A Many Splendoured Thing*. London: Jonathan Cape, 1956.

[17] Hay, T. 'The Portrait of Decima'. *Australian Multicultural Book Review: Australia's Voice of Diversity*, 1988(3).

[18] Hay, T. *Tartar City Woman*. Melbourne: The University of Melbourne Press, 1990.

[19] Hay, T. & Fang, X. *Black Ice. A Novel of Modern China*. Indra, 1997.

[20] Hessler, P. *Oracle Bones: A Journey between China and the West*. New York: Harper Collins, 2006.

[21] Hosie, L. *The Pool of Ch'ien Lung: A Tale of Modern Peking*. London: Hodder and Stoughton, 1945.

[22] Jaivin, L. *A Most Immoral Woman*. New York: Harper Collins, 2009.

[23] Jiang, R. *Wolf Totem*. London: Penguin Books, 2004.

[24] Kidd, D. *Peking Story: The Last Days of Old China*. New York: Griffin, 1988.

[25] Lianke, Y. *Serve the People*. Melbourne: Text Publishing, 2005.

[26] Lin, Y. *My Country and My People*. London: W. Heinemann, 1936.

[27] Lin, Y. *The Importance of Living*. London: Heinemann, 1960.

[28] Liu, H. *Wives of the East Wind*. London: Headline, 2007.

[29] Min, A. *Red Azalea: Life and Love in China*. Phoenix, 1996.

[30] Pruitt, I. *A Daughter of Han: The Autobiography of a Chinese Working Woman*. Stanford, CA: Stanford University Press, 1967.

[31] Qiu, X. *Red Mandarin Dress*. London: Sceptre, 2007.

[32] Rampa, L. *The Third Eye*. London: Corgi Books, 1959.

[33] Rohmer, S. *Sax Rohmer's Collected Novels*. Castle Secaucus, NJ: Castle, 1983.

[34] Shen, J. ed. *Old China in G. E. Morrison's Eyes: Catastrophe at the Turn of the Century*. Fuzhou: Fujian Education Press, 2005.

[35] Su, X. & Wang, L. *Deathsong of the River. A Reader's Guide to the Chinese TV Series Heshang*. Cornell University, 1991.

[36] Varè, D. *The Maker of Heavenly Trousers*, 7th ed. London: Black Swan, 1987.

[37] Voynich, E. L. *The Gadfly*. London: Mandarin Paperbacks, 1991.

[38] Winchester, S. *Bomb, Book and Compass. Joseph Needham and the Great Secrets of China*. Viking, 2008.

[39] Xinran. *The Good Women of China: Hidden Voice*. Tyldesley, E trans. London: Vintage, 2003.

[40] Yang, G. *The Uninvited London*. London: Faber and Faber, 2006

[41] Zhang, H. 'On Cultural Transfer in English Literature Classes' (论英国文学课教学中的文化传递). *Journal of Shandong Education Institute*, 2006(4).

（作者简介：海雷，博士，澳大利亚墨尔本大学教育研究院高级研究员，作家，"中文的跨文化教学法"国际研究项目主任，曾任南京师范大学访问学者，主要研究方向为批判性文化研究、比较教育学、教学法和中国文学；王永阳，博士，澳大利亚墨尔本大学教育研究院研究员，"中文的跨文化教学法"国际研究项目执行主任，曾任墨尔本大学孔子学院院长助理，主要研究方向为对外汉语文化教学、戏剧化教学法、比较文学及比较文化研究、跨文化交际学和应用语言学。）

试论汉语教材的针对性调整

——以孔子学院教学为例

李　明

提　要　本文依据赴海外任教的汉语教师和志愿者的调查和反馈,提出对汉语教材进行取舍调整的迫切性和必要性,阐述海外孔子学院教学的特殊性与教材变通灵活使用之间的关系。并以具体教材调整和补充的实例,分析在海外孔院教学环境下对汉语教材进行优化处理的内容和方法:(1)课文内容和情景的本土化调整;(2)语言技能的针对性调整;(3)文化因素的体验性补充。文章认为,加强对教材优化处理的调查和研究,归纳总结其特点和规律,把已有的教材改编和补充资源与大家共享,有利于今后教材的创新和汉语国际教育师资的培养,有利于汉语国际推广和海外汉语教学的进一步发展。

关键词　海外汉语教学　教材取舍调整　本土化　个人化

一、问题的提出

教材是教师开展语言教学的主要依据。无论是在国内还是海外从事汉语教学,教师在教学过程中根据教学对象的需求以及实际教学情况的需要,对所使用的教材进行适当调整、改编和补充都是必不可少的。

相比较而言,由于海外汉语教学在教学目的、课程设置、课时安排、学员构成和需求、教学方法等方面具有其特殊性,加之目前国别教材研制的"滞后"与教学参考书的不足,因此,现有教材适用性不强以及教学资料严重匮乏的现象更为突出,这是海外许多汉语教学机构(尤其是孔子学院和孔子课堂)所面临的实际问题。对教材进行调整改编已成为海外一线汉语教师们一项重要而迫切的工作任务。

据我们对北京外国语大学赴世界各地孔子学院和孔子课堂任教的 60 多名教师和志愿者的初步调查,95% 以上的人反映很多教材不完全适用,需要自己在教学中随时进行改编和补充。另据刘骏(2010)对赴美国际汉语教师和志愿者 111 人所做的调研报告,"编写教材"和"制作教学资料"已成为他们最主要的教学工作之一。他们普遍反映目前大部分教材缺乏很好的辅助资料,因此更愿意使用对原有教材内容进行过调整和补充的自编教材。

不仅如此,海外本土教师们也有同样的反馈意见。笔者曾对2009年暑期来华研修的30名德国本地汉语教师做过教材使用情况的问卷调查。根据统计,选用中国编写出版的汉语教材的有24人,他们认为这些教材在内容、分量、讲解等很多方面都不太适合德国学员的需求,其中以练习分量不足和练习类型枯燥单一最为突出。因此在教学中均需自己改编和补充。

国家汉办近年制订的《国际汉语教师标准》中,已明确将"能根据实际情况灵活地使用教材;能根据学生实际水平和需要对教材的使用进行调整"作为基本能力。可见能否自如灵活地驾驭教材,并设计出较为科学实用、具有可操作性的补充教学资料,已成为衡量国际汉语教师是否胜任教学工作的重要标准之一,也是国际汉教师资培养中不可或缺的基本技能之一。

然而,究竟怎样针对海外汉语教学的特点,对汉语教材进行取舍调整?怎样合理而科学地设计补充资料,才能真正适应教学需要?这些都是值得探讨的问题。下面结合具体的教材改编补充实例,对如何在孔子学院的教学环境下创造性使用教材的内容及方法做一些分析。

二、孔子学院的教学特点与教材的调整

与国内汉语教学相比,海外汉语教学尤其是孔子学院的教学具有一些特殊性,很多方面存在着差异,这些差异都是影响教材选用和调整的重要因素。其中包括:课程设置和总课时量的差异;听说读写技能侧重的差异;学员构成和需求的差异;教材使用者及教学理念的差异;学习者学习风格与习惯的差异等等。

1. 课程设置和课时量与教材调整

孔子学院的汉语教学一般以非学历短期速成为主,课程设置以综合课为主。很多教学机构的教学时间安排具有一定的弹性和灵活性,总课时量也有一定的限制,因此教师在制订教学计划时,就必须对教材的内容做出相应的取舍调整。课时量太少,教材内容太多,就适当删减;课时量太多,教材内容不够,则又要适当增补。哪些内容详讲,哪些内容略讲,哪些内容可以删减,哪些内容必须增加,都要依据教学实际需要和对教材内容的分析而定。教师心中要有总体把握,不能随意处理;同时,还要注意调整后的教学内容在难易程度上仍能循序渐进,这样才能达到好的教学效果。

以笔者曾任教的德国杜塞尔多夫孔子学院为例。由于大部分学员只能利用业余时间学习汉语,所以孔子学院的学期设置与一般大学的学期设置不同步,分为春季、秋季、冬季和夏季四个学期。春、秋、冬季每学期的教学时间为两个半月,每学期各汉语班的教学共为10至12次,每周一次,每次两小时,均为晚间授课。尽管每学期前后有两个半月的时间,但因为每周只有一次课,所以实际每学期的总课时量为20~24课时。

考虑到孔院的学期和课程安排情况及德国学员的需求特点,我们在比较了部分国内已经出版的短期初级汉语教材以后,选择了《体验汉语·生活篇》(德语版)(朱晓星等编著,高等教育出版社,2006 年)作为初级班的主干教材。该教材根据体验式教学理念和任务型教学思想而设计,以基本生活需要为依据,以实用的交际任务为编写主线,比较适用于短期学习汉语的成年人。全书分为 12 个单元,每个单元约需 3～4 课时,学完《生活篇》全书一般需要 40～50 课时。因此,对孔院初级班参加两个学期学习的学员来说,教材的分量基本合适。但对只能参加一个学期 20 课时学习的学员来说,内容就太多了。而这些学员非常希望能通过一个学期的学习,对汉语日常交际口语有一个大致了解。鉴于这种情况,我们对《体验汉语·生活篇》进行了认真分析和筛选,选择了其中有关"问候、数字、日期钟点、价钱、天气、家庭、吃饭、爱好、打电话"等学生认为最迫切需要掌握的功能项目和话题,略去了"描述身体、去医院看病、描述家务劳动、描述个人能力"等方面的内容。另外,《体验汉语·生活篇》每一单元的相关话题下分为两段对话,对此我们进行了适当调整,有些单元只学习第 1 段对话,略去第 2 段对话。这样就让学生在有限的课时内尽可能多地接触汉语日常交际的不同话题,既保证了所教内容的相对完整性,也保证了教学进度。如果不对教材做舍调整,只是机械地按照教材的单元前后顺序组织教学,则只能学完这本书的一半,有些最常用的话题或最基本的语言点就可能被遗漏。

目前国内一些短期速成汉语教材采用了话题螺旋循环式的编写体例,应该说,这种编排方式有利于教师根据课时量的不同来对教材内容进行选择和调整。

2. 学员学习动机与教材调整

在实际教学过程中对教材进行灵活处理,坚持"个人化"(Personalize)与"个体化"(Individualize)原则尤为重要。学习者的学习动机、兴趣、需求等特征对教材的取舍调整起着决定性的作用。从孔子学院学员的生源构成、学习动机来看,其特殊性是十分明显的。

仍以笔者所任教过的杜塞尔多夫孔子学院为例。我们曾对参加孔子学院学习的学员做过问卷调查,共向学员们发放了 65 份问卷,收回有效问卷 43 份。调查问卷中的重点问题之一"你为什么来孔院学习汉语?"下有 8 个选项,被调查者可以选择多项。调查结果见表 1:

表 1　调查:你为什么来孔子学院学习汉语?

a. 对中国文化有兴趣,想了解中国	30 人
b. 想到中国旅游	14 人
c. 打算将来到中国工作或跟中国公司做生意	21 人
d. 打算将来从事翻译工作	2 人
e. 打算将来从事中文教学或者汉学研究工作	1 人(在读大学生)
f. 其他	2 人

从调查结果来看,绝大多数学员来孔子学院学习汉语是因为对中国文化有兴趣,想更多地了解中国,或者想到中国旅游,还有相当数量的学员打算将来跟中国公司做生意或者到中国工作。很显然,中国经济的快速发展和不可低估的市场潜力对他们充满了吸引力。而选择打算将来从事翻译或者汉学学术研究的学员却寥寥无几,这与大学汉学系中文专业大学生学习汉语的动机取向形成了截然不同的对照。

因此,我们在选用主干教材《体验汉语·生活篇》(初级班)和《体验汉语·文化篇》(中级班)的同时,又选用了《观光汉语》(李明编著,北京语言大学出版社,2007年)和《经理人汉语·生活篇》(李明主编,外语教学与研究出版社,2005年)里的部分话题内容作为补充,以满足学员的学习需求。

3. 语言技能学习需求与教材调整

孔子学院的短期非学历汉语教学与大学汉学系的学历教学相比,学习者除了在学习目的、学习动机及兴趣等方面有较大差异以外,对汉语语言各要素的学习和语言技能的提高,也有着不同的期待与要求。调查和了解学员们的具体需求,对我们灵活变通地处理教材,尤其是科学地把握教材中听、说、读、写各语言技能训练的侧重点,具有重要的参考价值。他们的反馈意见也是我们对教材进行合理删除、改编和添加的依据,是科学使用教材展开教学的必要前提之一。

表2是一份罗马大学孔子学院学生对汉语技能学习需求的调查统计①(收回有效问卷共82份。该问题为多选题,要求回答者在5个选项中选出自己觉得最重要的3项):

表2　罗马大学孔子学院学生学习需求调查统计表(2010.3－2010.7)

目前你最希望提高哪方面的语言能力?	人数	所占比例
1. 听力:能听懂中国人说话,听懂中国歌曲	78	95.1%
2. 口语:能与中国人对话	82	100%
3. 阅读:能阅读中文书刊,能阅读网上的中文信息	65	79.3%
4. 写作:能用中文写作	4	4.9%
5. 汉字:会写汉字	17	20.7%

从表2中我们可以看出,该孔院学员希望提高的汉语技能主要集中在口语、听力和阅读方面,其中又以提高汉语口语水平为最迫切的需求,比例高达100%。很多人对阅读也表现出了较大的兴趣,但是对用中文写作的需求最低。另外,在希望学习写汉字的人中,有不少人是想通过学写汉字进而学习中国书法。

笔者在德国杜塞尔多夫孔子学院也做过类似的调查,统计结果基本相近。有90%以上的学员想提高汉语听说能力,尤其是口语表达能力。很多学员表现出了对汉字识读的极大兴趣,75%的学员要求在学习口语的同时学习汉字,迫切希望能通过阅读来提高识读汉字的能力。还有一些华裔学员则反映,来孔院学习就是为了多认识汉字,以便将来能读懂中文报刊,或看懂网上的中文消息。但同时,学员们对书写汉字又普遍存在着畏惧心理。

这些调查给了我们极大的启示,即孔子学院的汉语教学当以汉语口语和听力为主,同时也一定要与阅读和汉字教学有机结合起来。由于我们所选用的教材《体验汉语·生活篇》以口语对话(拼音标注)为主,没有提供阅读材料,也缺少必要的汉字认读和练习,所以为了弥补教材的这些不足,我们为《体验汉语·生活篇》一书设计编写了两册配套辅助材料,一本是《汉字识读练习册》,另一本是《阅读和理解练习册》。这两本补充练习册紧密配合教材口语内容和所出现的字词而设计,汉字和词汇具有很高的重现率,因此有较强的可操作性和实用性,受到学生的一致好评和欢迎。

三、教材调整和补充的内容与方法

在海外教学环境下对汉语教材进行微观层面的取舍调整和补充,包括很多具体方面,方法也灵活多样,这里做一些简要分析。

1. 教材课文内容和情景的本土化调整

目前大部分孔子学院以使用中国国内出版的汉语教材为主。这些教材尽管有的已经被翻译成多种语言,但并非严格意义上的国别教材,只是"通用型"教材的翻译本。"编者考虑的是如何适应在境内各国留学生混合编班时使用。这种普遍适用的教材,在国内还基本可以满足教学需要,拿到国外使用,教师往往感觉不顺手,学生也多有不同的意见。"(赵金铭,2009)

"通用型"教材在国外之所以不适用,原因是多方面的,其中一个很重要的因素就在于有些教材的内容情景过于"中国校园化",缺少必要的海外"本土化"内容。一些教材的话题以国内校园生活为主,人物设计也多局限于老师与学生或学生与学生之间。例如,有些口语教材中所设置的情景为:"在教室""在去食堂的路上""在留学生楼""在学生宿舍""在图书馆"等等。在海外教学时,学员们对这样的情景非常陌生,缺乏语境认同感,学习对话时也提不起兴趣来。

因此我们有必要对教材内容和情景进行本土化改写。例如同样是问候,我们可以将情景改成在孔子学院课堂上师生之间的问候;同样是谈天气,我们可以从谈北京的天气到谈所在国和所在地的天气;同样是谈出行和交通,我们可以增加所在国和所在地的交通工具和出行方式;同样是谈名胜古迹,我们可以在"长城、故宫、颐和园"之外增加"大本钟、埃菲尔铁塔、金字塔、科隆大教堂、白金汉宫、卢浮宫"等等;同样是谈节日,我们可以在"春节、中秋节、端午节"之外增加"圣诞节、复活节、感恩节"等。

很多在海外教学的老师和志愿者都反映,在教材使用过程中适当添加本土化的内容,可以激发学生们的学习兴趣。对此笔者也深有同感。在杜塞尔多夫孔子学院使用的《体验汉语·生活篇》第5课为"他在哪儿工作",课文中有这样的对话:"张华:你哥哥在哪儿工作?马丁:他在学校工作,他是老师。"针对德国学员的背景特点,我们就将对话扩展为:

"张华:你在哪儿工作？马丁:我在大众汽车公司工作,我是设计师。"学生们觉得很实用。

再如学习"购物"时,可以将教材中"在学校小卖部"购物的场景做些调整,改为在所在国某中国商品超市购物的场景,来让学生练习对话。在学习中国食品饮料名称的同时,还可以增加"奶酪、面包、牛排、通心粉、三明治、热狗、甜点、咖啡"等西方常见食品饮料的名称。对这些添加的内容,学生们有一种亲切感,从而大大提高了他们学习汉语的积极性。

2. 教材体例和语言技能的针对性调整

2.1 "听"和"说"的调整

如前所述,孔子学院的汉语教学以短期速成为主。短期速成教学重视功能,强调言语交际能力的培养。语言教学法中的"听说法"无疑是适合这种速成强化教学的行之有效的方法之一。既然听说领先,那么口语训练就需要与听力训练有机结合起来。然而现在绝大多数速成汉语教材只有口语对话内容,而缺少与之相配套的听力内容和练习。因此,就有必要为教材增加一些听力材料。"听力材料要紧紧配合口语课文的内容而设计,词语和语法结构应尽量有所重复和再现,练习的设计也要围绕主干课文展开,以使学生在较短的时间内就某一话题得到听和说两方面的综合训练。"(李明,2011)

2.2 "语"和"文"的调整

目前国内出版的有些教材未采用"语"和"文"分开的编写体例,对汉字和拼音分合的处理比较随意,缺少必要的过渡。例如短期速成汉语教材《汉语会话301句》(康玉华、来思平编著,北京语言大学出版社),因其内容丰富、分量充实,同时有多种语言翻译注释版本,一直以来作为速成汉语的精版教材而在海内外广泛使用。但是该教材中的汉字处理跨度过大,除课文以外,练习中的汉字均未标注拼音,这就在一定程度上影响了教材在海外的使用效果。因此,在孔子学院使用这套教材时,可以采用为汉字加注拼音的调整方法。采用这种方法时也应循序渐进。随着教学的往前推进,学生的汉字认读能力会逐步提高,我们可以按照这样的步骤进行,给所有汉字标注拼音→给部分汉字标注拼音→完全脱离拼音,以帮助学习者分层次、分阶段地实现从"语"向"文"的过渡。事实上,为汉字标注拼音也是海外教师对国内版初级汉语教材进行调整时常用的方法之一。

2.3 "读"和"写"的调整

对非"汉字圈"的学习者而言,汉字学习无疑是最大的难点之一。尽管从学员的需求反馈来看,很多人对汉字有着浓厚兴趣,但是在短期班进行教学,如果汉字书写练习的比例过大,则会增加他们的学习负担,造成一定的心理压力,影响其学习的积极性。因此把握好汉字认读和汉字书写之间的关系至关重要,需要教师在教学中根据具体情况随时对教材做出适当调整。

这里以对《意大利人学汉语》的灵活调整为例。由意大利汉学家马西尼等主编的《意大利人学汉语》是一本优秀的国别教材,意大利罗马大学汉学系和孔子学院都在使用。这本教材原本是为汉学系本科生编写的,因此对汉字教学较为重视。教材中除了汉字知识的介绍以外,还包括大量的汉字书写练习。但是在孔子学院使用这本教材时,任课教师和志愿者依据对学员汉语技能学习需求的调查,缩小了汉字教学在课时分配中的比例,对教材中汉字练习的相关题型进行了有针对性的调整。对于一些考查学生汉字书写能力的题型,如"根据拼音写出汉字""写出汉字笔画和笔顺并标出笔画总数"等,不做硬性要求,而是灵活处理,或删减跳过不做,或让学生自己课下依据兴趣和时间选做。对于考查学生汉字认读能力的题型,如"部首辨认""认读汉字并写出拼音""词语搭配连线""为词语排列正确的顺序"等,老师则按照教材要求带领学生练习。有的老师还特意在部首辨认类题型中有意识地补充一些形声字,以强化学生根据部首辨认汉字的能力。至于教材中的"回答问题"和"完成句子"的练习,改为可用拼音来完成。这样就保证了课程的顺利进行。

除了以上所说的对教材听说读写语言技能方面的调整以外,对教材中词汇、语法等语言要素进行取舍调整的方法也很多。例如,为教材增补新词语和专业术语,根据学习者不同母语背景和负迁移特点,适当调整教材中的语法解释内容,增加汉外语法之间的对比讲解和练习等等。限于篇幅,这里不再赘述。

3. 教材中文化因素的体验性补充

广义的教材(materials)不局限于教科书,还包括一些音像制品和教学道具等,如视频、音频、照片、卡片、实物、图画等。配合教材课文内容和词语的教学,补充相关体现中国文化因素的各类教学辅助资料,也是在海外任教的老师们创造性使用教材的一个很重要的方面。从对海外汉语学习者学习动机的调查中可以看出,很多人之所以学习汉语,是因为对中国文化感兴趣。因此,将中国文化因素有机地贯穿于汉语语言的教学过程中,是汉语教师义不容辞的职责。

3.1 实物和图片的补充

对外汉语教学中,直接影响语言学习和使用的文化因素主要体现在词汇和表达方面(胡明扬,1993)。根据我们对部分对外汉语综合教材选词情况的考察发现,从初级阶段开始,很多教材中就已经收入了为数可观的国俗文化词语。其中物质文化词语占有较大的比重,包括饮食、器物、服饰及一些跟风俗习惯有关的日用品词语等。这些物质文化词语与中华民族的日常生活紧密相关,教材无论采用哪种翻译和注释方法,有时都难以准确传达出其形状和特点。因此,教学中可以采用"实物图片展示法",这就需要老师精心准备和补充相关资料。

例如,教材中涉及"筷子、砚台、毛笔、墨、折扇、旗袍、中山装、中国结、中国书法、篆刻"等词语时,老师最好将课前准备好的一些实物或图片在课堂上向学生展示,展示的同时还可以让学生亲自体验一下。比如怎样正确使用筷子、如何使用毛笔、如何研墨、如何打开折扇、如何编制中国结等。在海外对初次接触汉语的零起点学员进行教学,这些直观的展示可以起到一目了然的作用。一位在海外任教的志愿者告诉笔者,他为了让学生理解课文中"文房四宝"究竟为何物,特意去中国物品商店买来了"笔、墨、纸、砚",为了教形容书法笔势的词语"龙飞凤舞",就在课堂上展示了一些草书和狂草的书法作品,学生立即就明白了这些文化词语的真正含义。

3.2 多媒体声像资料的补充

多媒体教学能实现声、图、文、像并用,能够使学生从听觉和视觉多方面直接获得语言和文化信息。尽管现在各种对外汉语多媒体教学辅助资料较以前已经有所增加,但还是远远不能满足实际教学的需要。利用网络资源下载获取必要的补充资料,可以弥补教材的不足。

汉语教材中的文化往往涉及诸多方面,如中国地理风貌、自然景观、历史文物、名胜古迹、节日习俗、人情往来等,这些都可以借助声像、电影或动画等形式更生动地展示出来,让海外学习者更直观地感受中国文化的内涵和魅力。

例如,旅游的话题在汉语课本中所占比例较大,因此有关地理建筑、名胜古迹类的词语和表达在教材中出现频率较高。借助多媒体视频,就可以让学生通过视频图像领略中国各地的风景名胜,从而产生视觉美感。笔者在德国任教时使用过《新实用汉语课本》(刘珣主编,北京语言大学出版社,2009 年),其中一篇阅读课文《南方的园林》中写道:"上有天堂,下有苏杭"。由于学生都没有去过苏州和杭州,所以他们刚开始对这一习语的理解只停留在字面解释上。笔者就给学生放了一段介绍苏州园林和杭州西湖的风景视频录像,美丽如画的中国江南风景把学生们深深吸引住了。看了视频后学生们激动地告诉我:"现在我们完全明白为什么中国人把苏杭比喻作天堂了。这两个城市真是太美了,比天堂还美呢!"

结合教材内容补充相应的声像资料,可以让学生"如听其声,如见其人,如临其境",深切体验到特有的中国文化氛围。再如,有的教师在教京剧、梅兰芳等词语时,就给学生放一段梅兰芳京剧表演视频,学生不仅体会到了作为中国国粹之一的京剧的委婉动听,而且对课文中"梅兰芳是京剧表演大师"这句话也有了切实理解,甚至对"脸谱、花旦、青衣、梅花指"等文化词语的意思也有了更准确的理解。

四、结语

教材的使用过程是教材二度开发的过程。目前海外汉语教学已呈现出多元化的发展趋势,教学层次和类型更加多样,学习者的构成和需求也更加复杂,这对教材的编写、选择和创造性使用都提出了更高的要求。加强对海外教学环境下教材优化处理的调查和研究,归纳总结其特点和规律,把成功的教材改编和补充资源与大家共享,不仅有利于今后的教材建设以及国际汉语教师的培养,也有利于汉语国际推广和海外汉语教学的进一步发展。

附注

① 该表由罗马大学孔子学院志愿者孙云鹤设计、调查并统计。

参考文献

［1］国家汉办.国际汉语教师标准.北京:外语教学与研究出版社,2008.

［2］胡明扬.对外汉语教学中的文化因素.语言教学与研究,1993(4).

［3］李明.德国杜塞尔多夫孔子学院的汉语教学.云南师范大学学报(对外汉语教学与研究版),2009(5).

［4］李明.面向海外的速成汉语教材编写探讨.海外华文教育,2011(4).

［5］刘骏.赴美国际汉语教师志愿者调研报告.世界汉语教学学会通讯,2010(3).

［6］赵金铭.教学环境与汉语教材.世界汉语教学,2009(2).

（作者简介:李明,北京外国语大学中文学院副教授,主要研究方向为对外汉语教学与海外汉学。）

教学理念与教材编写

——《拾级汉语》第5~8级次口语课本编写札记①

陶　炼　王小曼

提　要　本文结合《拾级汉语》第5~8级次口语课本的编写，探讨意义优先、语篇意识、可懂输入、出入平衡、应用优先、技能整合、自主学习、多元评价等八种教学理念如何在教材编写中加以体现并且求得相互之间的平衡与促进，以及由此引发的若干思考。

关键词　教学理念　教材编写　口语教材　口语教学

　　教学理念是有关教学的各种原则和理论，当今外语教学的教学理念多种多样，甚至互相对立。但不论是何种教学理念，都需要通过一定的体例设计才能体现在实际完成的教材当中，才能实现各种不同的教学理念之间的合理平衡和相互促进。同时，运用教学理念进行教材编写和教学实践，反过来又会加深我们对于不同教学理念的理解和认识，促进教学理念的发展和升级。本文就是我们在编写《拾级汉语》第5~8级次口语课本的时候，就如何在教材中体现一些教学理念以及求得它们之间的合理平衡所做的思考和实践，不够成熟的地方所在皆是，期望能得到大家的批评与指正。

　　《拾级汉语》是一套以来华长期汉语进修生为主要使用对象的系列教材，是北京语言大学出版社教材研发中心的规划项目。《拾级汉语》第5~8级次口语课本是其中的二年级口语课本，该口语课程与精读、听力、泛读、写作等课程组成完整的二年级课程体系。口语课程一方面承担着复现和巩固精读课程教学内容的任务，另一方面也有培养学生口头交际能力的特有职责。《拾级汉语》第5~8级次口语课本每册八课，每一课包括"复述活动""交际活动"以及"复习"三大板块；"复述活动"和"交际活动"大体包括"词语"（生词）、"导言"（提示课文背景和任务要求）、"课文"、"理解和表达"及"语言焦点"（需要关注的词语和话语）几项。我们所关注的教学理念包括：（一）意义优先；（二）语篇意识；（三）可懂输入；（四）出入平衡；（五）应用优先；（六）技能整合；（七）自主学习；（八）多元评价。

一、意义优先

　　所谓意义优先，就是把交际放在首位，把引导学生理解文本输入的意义、并进而运用文本语言表达文本的意义放在首要位置；不是首先、也不过多地引导学生去关注输入文本的语言要素——语法和词汇。意义的理解和表达固然不能脱离语言要素的支撑,但对语言要素的认知也不能脱离特定的意义表达情境;只有呈现在特定的意义表达情境中,才最有利于对语言要素的学习和掌握,才最有利于对特定语言要素的交际价值获得具体而完整的理解。

《拾级汉语》第5~8级次口语课本始终把对意义的完整理解和表达作为对学生的第一要求。我们每一课的"复述活动"要求学生复述 4~5 个叙述性的小故事。我们对于复述的要求是:第一点,完整地呈现课文故事的内容,要做到这一点,前提条件就是对课文输入的完整理解。我们设置了"根据课文内容回答问题"这一环节来帮助学生梳理课文内容,以这些问题的答案为基础,学生就能完整地复述出课文的基本内容,但在语言上、话语连贯上可能还有很多学生自己的汉语的特点,还不那么完善。所以第二步就要求学生去比较、体会他们已经知道的这些内容在课文中是用怎样的汉语更好地表达出来的,随后再要求学生尽可能地运用课文中的语言去复述课文的故事。

"复述活动"要求我们为学生提供高质量的课文。我们在课文语言的打磨上也确实尽了我们的全力。我们期望我们课本中的每一则复述故事都能够做到内容完整充实,篇章结构清晰,表达准确流畅,最好再有那么一点儿意味,使这些小故事和小文章真正值得反复诵读,能够让学生从中体味出汉语篇章构建的脉络,体味出汉语的美。

二、语篇意识

明确意义优先,把交际放在首位,就必然把语篇作为最基本的教学单位,因为语篇是最小的言语交际单位,它有明确的交际目的、交际对象、交际场景、交际策略以及完整的话语结构;而句子以及更小的语言单位则缺乏这些特性。当然,在实际交际过程中,语篇单位的尺度也是可大可小的。《高等学校外国留学生汉语教学大纲(长期进修)》对于中等阶段口语表达能力的要求也是"具有初步的成段表达能力"。可怎么去培养学生的语篇意识却是一个研究很不充分的课题。我们对于汉语语篇的研究还远远落后于汉语语法(句法)的研究,我们还不能够像分析汉语句子那样对汉语的语篇进行系统全面的分析,因而目前也难以开展系统而全面的指导性语篇教学。但如果我们还是一如既往地强调语法(句法)教学,那实际上也是在抽离学生对于语篇的天然关注,抑制学生语篇意识的自然生长。

《拾级汉语》第5~8级次口语课本为了引导学生关注比句子更大的语言表达单位,在"语言焦点"中安排了"跟读下面老师选出的课文中的句子"这一环节。出现在这里的,除了有涉及特定词语用法、特定表达方式和表达策略的句子,更多的是大于句子的句群或小段,其目的在于引导学生去注意汉语是如何把一连串原本看似散乱的、片段的意义单元连接起来、组成连贯的话语的。至于这其中的奥妙,就像更大的完整语篇的结构,我们目前还说不清楚,但是学生在有意的注意和复述中是能够自己去体味和发现的。这也就是我们的课本大量要求复述的缘由所在。这看来显得很无奈,但其实也是一个有效的学习方法,以汉语为母语的人的语篇意识(也包括语法意识)也就是在这样反反复复的话语运用的浸润中逐渐体悟与内化的。

我们认为,语篇不但是语言教学的基本呈现单位,也应该是学生表达的基本单位。意义单元之间关系的梳理和意义连贯的语言呈现是交际性口语教学的核心,引导学生组织语篇是我们进行口语教学的首要任务,不论学生处在哪个水平层次上都是如此。其实整个语言教学都应当把语篇作为最基本的教学和表达单位。

三、可懂输入

要保证意义优先、提升语篇意识,语言输入的高可懂性是其基本保证。可懂的语篇输入意味着学生可以利用自上而下的语篇理解策略去推测和克服自下而上的语句理解过程中的大多数障碍和困难,是一种整体可理解而局部又有新语言现象的输入。正因为它难度低,所以它有着更高的语言学习价值和学习效率。

《拾级汉语》第5～8级次口语课本为了实现语篇的可懂输入,除了强调复述课文情节线索的清晰和语篇结构的完整,另一方面,也是更为直接和重要的方面,就是降低课文的长度,尤其是生词的密度。我们的课文长度以300～500字为主;生词词次大多在1%～2%之间。也就是说,我们的课文每100个词次(包括重复出现的词)只包含1～2个生词,整篇课文的生词大多在6个上下。这样的课文输入,我们认为,理解的难度是比较低的,因而允许学生把主要的精力放到表达上,放到对大多熟悉的词句的不同的、新颖的组合和连接的关注上,放到对语篇的组织和表达的关注上。如果学生不得不在词句和内容的理解上花费很多的精力,那么能够花费到表达上和语篇上的精力就自然有限;而对表达和语篇关注的缺失,必然限制表达能力和语篇意识的提升。有研究显示,当生词词次超过5%时,大多数人对于内容的理解只能达到"大意"的水平(了解55%左右的内容),因而也就不可能进一步去解析和体味话语篇章的组织结构。

《拾级汉语》第5～8级次口语课本没有列出"语法点/语言点",也没有刻意去限制课文的句法表达,这主要是考虑到经过第一年的学习,学生对于汉语的句法结构已经有了相当程度的了解,能够理解汉语词语组合所表达的基本语义关系。至于一些特殊用法,大多与特定的词语相关联,因而可以看作是词语学习的一部分,也就是说,控制了词语,也就基本上控制了句法。而对于熟词的一些新用法,只要贴切适用,我们就尽量采用,因为在相对低难度的文本中,熟词的新用法很容易被关注,也比较容易被解读。因而总体上,我们的课文还是呈现为我们所理解的中级水平,甚至略低一点儿,毕竟词语是最根本的控制要素。

尽管我们每一篇课文的生词不多,但因为我们的课本提供的课文篇数较多,所以每一册课本的净生词总量还是在200～250之间,全部四册将近1000个。作为分技能课程教学体系中的一员,口语课程能够承担这么大的词语教学任务,我们认为足够了,也是合适的。所谓"净生词",是指剔除了复现《拾级汉语》第5～8级次精读课本中先出现的生词之后的生词数。但我们把所有的复现生词也都列在了课本中,以方便未配套使用精读课本的使用者。

四、出入平衡

所谓出入平衡,是指教学上语言输入和输出之间的相互支撑和协调。这一方面是说输入应当多于输出,能够为所要求的输出提供充足的语言素材和语篇结构上的支撑;另一方面,对于输出的要求也应当贴近输入,输出能够充分运用输入的素养并确保能够达到相当的准确程度。

《拾级汉语》第5～8级次口语课本每一课的"复述活动"自然不会使输出超逸输入,而这种输出其实也为随后要求进行的"交际活动"进行着铺垫和预热。课本每一课安排的一项"交际活动",多数是半受控的表达活动,大多是以完成问卷调查的形式,来控制学生输出的内容范围,因而学生输出的重点就是将调查所得的散点信息组织成完整的语篇表达出来。完成这样的输出任务,学生既可以调用自己已有的语言资源,也可以从前面的课文输入中汲取滋养和灵感。课本中的"交际活动"虽然不像"复述活动"那样有4～5段课文那么多,只有一项,但却是口语教学的重点,对于培养学生的口头成段表达能力作用最大,决定着整个口语教学的成效。"复述活动"有可能因为学生缺少对于篇章表达的关注而沦为没有多大意义的死记硬背,而"交际活动"的完成水平则体现了学生真正的口语成段表达能力。

对于大多数的半受控表达活动,我们都提供一个内容样本,如一份问卷调查结果,并且以此为依据,以学生的口吻给出一个表达样本。这一方面是给学生的成段表达提供一个参考,另一方面也是给出一个证明,证明运用我们课本所提供的学习资源,学生(或许努力一把)是能够以较高的质量完成课本要求的交际任务的。我们的半受控表达活动只对学生的表达内容进行限制,而不对学生的表达语言提出任何要求或限制。我们认为,对学生的输出语篇做出语言上的限制,比如规定必须用某某词语、句式,首先违反了意义优先的原则,其次也不利于语篇的建构和语篇意识的培养。语言要素的选择总是为特定的表达任务服务的,不可能也不应该先于内容来确定语言要素,否则,就会限制学生心中想要表达的内容,会使学生的语篇表达因为某些必须用的词语和句式而变得不那么流畅,会使学生一开始就去揣测课本期望的表达成品,而不是根据自己内心要表达的内容去构建最为恰当的语篇。

我们的课本中也包含一些自由表达活动,这类开放性的表达活动因其具有不容忽视的优点,让人无法放弃,但它其实是一项高风险的课堂教学活动,如果操控不当,就很有可能造成语言输入和输出的失衡,结果不是学生的表达过于简单,就是包含过多的错误,实现不了期望的教学价值。我们建议教师在进行自由表达活动的时候,提前介入到学生的表达准备过程中,帮助学生把握好设想的表达内容和自身的实际语言水平之间的合理平衡。

五、应用优先

所谓应用优先,是指对于所谓"语言点"的学习,以理解和掌握其在课文文本中的具体运用为出发点和归宿点;而不是形式优先,把"语言点"从课文语境中孤立出来,在句子层面上进行讲解和操练,这样的讲解和操练其实只是形式上的讲解和操练,实际交际意义不大。

《拾级汉语》第5～8级次口语课本没有安排"词语""句式""功能表达"之类常见的"语言点"的讲解和单项操练,意图就在于避免出现过多的专注于形式的孤立的"语言点"的讲解和操练,避免分散学生对于意义和语篇构造的关注。至于课文中实际出现的"语言点",大多都被放置在"语言焦点"下"跟读下面老师选出的课文中的句子"中。对"语言点",我们也认为有必要根据学生的实际需要进行适当的讲解和操练,包括专注于形式的讲解和操练,但是这种讲解和操练的目的首先应该是帮助学生理解其在课文文本中的运用,而衡量这种讲解与操练成效的标准首先也是要看学生在表达课文内容的时候能否正确地运用。如果学生能够理解,并且能够在复述活动中自如地把"语言点"在课文中的用例表达出来,我们认为这个"语言点"在这一课中的教学就已经达成了目标,就已经迈出了成功习得的第一步。如果讲练的结果是学生在复述课文的时候还是不能把这个"语言点"用进去,那就不能说这种讲练是有效的。我们不赞成对"语言点"进行以所谓的"能产性"为目标的局限于句子层面的反复讲练,这样的讲练因为脱离了语境和语篇的支撑,"语言点"的交际价值很难被呈现和把握,因而所期待的"能产性"实际上也很难达成。

但或许是矫枉过正吧,我们的课本没有给出现的"语言点"提供任何的讲解和操练内容,而是把它们全部交给任课老师去操作,对一部分老师会造成一定的压力和负担。或许以后我们可以用"网络资源"的方式提供相关的素材支持。

六、技能整合

语言能力可以划分为听、说、读、写等单项技能,因而分技能的语言课程设置有其合理的一面,但是另一方面,在真实语言交际活动中,这些单项语言技能又是互相融合、综合运用的。所以,分技能的语言课程不应当画地为牢,把相互之间的鸿沟挖得太深。我们认为这恰恰是目前对外汉语教材编写和课堂教学中存在的问题。我们应当在保持技能课程自身特色的前提下,融汇其他语言技能,呈现一个真实、自然的语言交际过程。

《拾级汉语》第5~8级次口语课本在保持口语课以说为主的前提下,有意识地将听、读、写等技能融合进来,体现技能整合、综合运用的特点。由于既有纸媒课本,又有数字音频,所以课文的内容输入既可以是听力输入,也可以是阅读输入,还可以是边听边看。完成问卷调查活动,自然离不开写;在进行表达活动的前前后后,也可以融入写的活动,来帮助组织表达内容或整理、优化表达语言。但是,所有这些其他技能活动都是围绕着口头表达活动进行的,都是为了保障和提升口头表达成效,所以口头表达在我们的课本中还是处于核心的地位,还是对学生要求最高、操练最多的一项语言技能。因而本套课本口语课程的基本属性也不会因为多项技能的整合而变得模糊不清。

七、自主学习

自主学习,就意味着要打破学习者在课堂上自始至终被动接受的状况,使学生成为课堂教学内容和教学过程的制定者、参与者,乃至决策者。自主学习的积极意义无须我们再费口舌,它所带来的变革也十分广泛而深刻;但是,我们现行的课程设置、教材编写以及教学模式与自主学习的教学理念很难融合到一起。

《拾级汉语》第5~8级次口语课本从可能的实际出发,设置了两个小小的环节来体现一丁点儿自主学习的色彩:一是在"语言焦点"部分要求学生"选出课文中你认为印象最深或最感兴趣的一两句话,然后互相交流一下";一是在每一课的复习部分,设置进行有选择的"边听边说"和"听写"两项复习内容,但把具体复习内容的决定权交给学生,由学生来决定"边听边说"或是"听写"哪一则或哪几则课文。我们希望给学生的这两点小小的自主权不要在课堂教学中又被剥夺了,尤其是前面一点。在我们的课堂上,"语言点"的确定和操练向来都是由教材编写者和教师来决定的,然而让学生自主地去发现语篇中的精彩、新奇和困惑,才能够更好地调动和汇聚学生的学习注意力,引导学生更多地去关注语言运用,也能够帮助老师了解学生的共同兴趣和学习难点所在。当学生有意识地去注意某个东西的时候,他内在的学习和探索机制就开始运作,他是自己要学了,而不是老师要他学。这时候老师在课堂上的讲解和操练就成为学生自己要关注的东西,这种教学活动的有效性显然大大提高了。

与自主学习相关联,或者不妨也看作是自主学习的一部分,我们希望教师在教学过程中更多地鼓励学生之间的同伴学习,在课堂上,首先强调的是学生之间的相互学习,而不是只有学生和老师之间的交流。在语篇输入的理解和复述、表达活动的准备和讨论等各个教学环节中,教师都要强调全班同学的共同参与、互相探讨、互相帮助,学生都应把其他同学的表达输出看作是自己的学习输入,这样,学生在课堂上的学习内容一下子就丰富了许多,全班的学习气氛也会融洽许多,而这些对于进行口头交际能力的训练都是十分重要和有益的。要是在完成"交际活动"时,全班有 5 篇交流习作,它们不应该只是提交给老师的 5 份作业,还应该是全班共同分析探讨的 5 篇课文。相同水平学生的习作,因为包含了相同水平的学生最能够理解的表达和最容易犯的共同错误,它的教学价值其实是在我们课本所提供的范文之上的。当今教师应该重视并善于利用这些宝贵的资源,引导学生参与并分享同伴的学习活动,提升自己的学习成效。

八、多元评价

教学评价是课堂教学的一个重要环节。我们认为,应该改变目前仍然占据着主导地位的单一期末一次性成绩测试的方式;应当结合口语课程的教学特点,对学生进行持续的、动态的多元评价。口语课程是学生呈现出大量表现性行为的课程,是可以也需要调动学生共同参与和合作的课程,因而十分适合将成绩测试与表现性评价、档案袋评价等持续性、动态性的评价方式结合起来,将教师评价与同伴评价结合起来,实现口语课程教学评价的持续化和多元化。

《拾级汉语》第5~8级次口语课本没有对课程评价提出具体的要求,但我们期望使用这一课本的老师能够在教学评估上也有新的尝试和突破。我们自己在教材的试用过程中,尝试了以下的做法。学生的课程成绩由四部分评估成绩组成:(1)自我评估,(2)同学评估,(3)教师评估,(4)口语表演;每一部分各占 25%。前三项评估侧重平时的课堂表现,要求从出勤情况、上课认真积极的态度、课堂语言表达的正确性、同学互相帮助四个方面进行评价;最后一项是课本学完之后的开放式口语能力展示,由学生自己决定表演内容,由其他学生依据口语表演内容表达的清晰性、语言结构的正确性、语音语调的准确性、与听众的互动性等方面进行打分。虽然我们的尝试还不一定成熟,但它增加了教学评价的透明度和可预见性,增强了学生的自主参与和合作的积极性,增加了学生的自我表现机会,所以总体上学生是欢迎的。要是我们能够把学生平时的课堂表现用音频或是视频的方式记录下来,或是更进一步,由学生自己挑选一些"代表性"的习作放入"档案袋",那么不论是自我评估、同学评估还是教师评估,就都会更加客观可靠。口语课程教学评价的持续化和多元化是很值得深入探讨和实践的课题。

九、结语

任何教材的编写都不能没有明确的理论指导,而在外语教学进入"后方法"时代的今天,单一的外语教学理念显然不足以支撑整部教材,因而各种教学理念的综合运用和合理平衡就成为教材编写的基本理论问题,这方面的探索和实践无疑具有十分重要的理论意义和实践价值。

我们编写《拾级汉语》第5～8级次口语课本,以培养学生的口头成段表达能力为目标,试图融入并平衡好我们对于上述八项教学理念的理解和认识。但是由于我们对这些教学理念的理解还很有限,对于如何将它们体现在教材中,并且合理平衡好它们之间的关系,也肯定拿捏得不很到位,但通过我们的尝试和努力,我们的课本或许因此有了一些自己的特点。我们希望这些不同之处能确实有助于学习者更快更好地提高自己的口语成段表达能力。但我们也知道,这些不同之处也有可能成为课堂教学的绊脚石,因为无论是教师还是学生,对于这样一些不同的地方,都需要一个认识和理解的过程,都需要一个适应和习惯的过程,都需要在自己的教学/学习理念和教学/学习方法上做出某种调整。我们期望听到有关教学理念及其在教材编写中的运用的不同声音,也期望听到来自教学第一线的教师和学生的不同反馈,以提高我们的认识,以便在有机会的时候,能够把这套教材修订得更好、更有特色。

附注

① 《拾级汉语》第5～8级次口语课本由陶炼、王小曼编写,北京语言大学出版社2012年出版。

参考文献

[1] Arter,J. 等.课堂教学评分规则——用表现性评价准则提高学生成绩.北京:中国轻工业出版社,2005.

[2] Benson,P.自主性研究与教学.北京:外语教学与研究出版社,2005.

[3] Haley,M. H. 等.基于内容的第二语言教学:互动的思路. 北京:世界图书出版公司,2006.

[4] Jacobs,G. M. 等.合作学习的教师指南. 北京:中国轻工业出版社,2005.

[5] Oosterhof,A.开发和运用课堂评估. 北京:中国轻工业出版社,2006.

[6] VanPatten,B.从输入到输出——第二语言习得教师手册. 北京:世界图书出版公司,2007.

[7] Wong,W.输入的强化——从理论和研究到教学实践. 北京:世界图书出版公司,2007.

[8] 龚亚夫等.任务型语言教学(修订版).北京:人民教育出版社,2006.

[9] 理查德等.语言教学的流派(第二版).北京:外语教学与研究出版社,2008.

[10] 王笃勤.真实性评价——从理论到实践.北京:外语教学与研究出版社,2007.

[11] 王海芳主编.学生发展性评价的操作与案例.北京:中国轻工业出版社,2006.

[12] 左焕琪.英语课堂教学的新发展.上海:华东师范大学出版社,2007.

[13] Macaro, E. *Teaching and Learning a Second Language*:*A Guide to Recent Research and Its Applications*. Continuum, 2003.

[14] Richard-Amato, P. A. *Making It Happen*:*From Interactive to Participatory Language Teaching—Theory and Practice*, 3rd ed. Longman, 2003.

（作者简介:陶炼,复旦大学国际文化交流学院副教授;王小曼,复旦大学国际文化交流学院高级讲师。）

附录:

一、《拾级汉语》口语课本第 5~8 级"复述活动"样例
（选自第 5 册第三课"相亲"）

词语:学历　博士　圈　*风度　身材　*生理　*纯洁　脑子　（带*的词语是精读课本生词的复现）

导言:

刘怡、徐新贤、张宁、陈丽华是四位学历高、能力强、工作好、收入高的女青年,现在年龄也三十多了,她们都有过 7 次、8 次,甚至 20 次以上的相亲经历,可就是找不到自己满意的对象。为什么她们的相亲就这么失败呢? 她们在相亲的过程中都遇到过一些什么样的人呢? 今天我们就来听听她们的故事。

……

接下去我们来听听徐新贤的相亲故事:

课文:

我有一次相亲可好玩儿了,那是去见一个博士。我到了约会地点,他走过来问我:"你是徐小姐吗?"我说:"我是。你就是李博士吧?"他没有回答,好像没听见我的话一样,上上下下看了我好几遍,然后又慢慢地绕着我走了一圈,把我看得又紧张又不自然。等重新转到我面前,他微笑着、很有风度地对我说:"你好! 照片上我只看到了你的脸,不知道你身材怎么样。现在我转了一圈,发现你生理条件很好,一点儿也不像 30 多岁的人。你也是大学毕业生,看起来也不像是谈过恋爱的,所以,我们以后的孩子一定会很聪明、很健康、很纯洁。我对你很满意,我们坐下来谈谈吧。"听了他的话,我真不知道是该谢谢他还是该骂他一顿。我把这件事儿告诉了我的朋友,她们都说,那个博士脑子有毛病;可我感觉,他说这些话的时候,特别认真,就像是在搞科学研究一样。可能博士想问题就是跟普通人不一样吧。可是跟这样的人生活在一起,你能受得了吗?

理解和表达:

(一)根据课文内容回答问题:

1.徐新贤说的那次相亲,是去见一个什么样的人?

2.那个人一见到徐新贤,首先做的是什么?他为什么要这么做?

3.接着,那个人又对徐新贤说了些什么?他说这些话的时候是什么样的态度?

4.听了那个人说的话,徐新贤是什么感觉?为什么会这样?

5.徐新贤的朋友是怎么看那个人的?徐新贤又是怎么看那个人的?

6.你遇到过这样的博士或者教授吗?

(二)用第三人称"她"来复述一遍徐新贤的相亲故事。

语言焦点:

(一)跟读课文中出现的生词和有关的句子:

1.博士　　　 bóshì　　　　　(名)　　　　　　 doctor(Dr.)

我有一次相亲可好玩儿了,那是去见一个博士。

2.圈　　　 quān　　 (名)　　　 circle

上上下下看了我好几遍,然后又慢慢地绕着我走了一圈。

3.身材　　 shēncái　　 (名)　　　　 stature;figure

照片上我只看到了你的脸,不知道你身材怎么样。

4.脑子　　　 nǎo·zi　　　 (名)　　　　　　 brains

她们都说,那个博士脑子有毛病。

(二)选出课文中你认为印象最深或最感兴趣的一两句话,然后互相交流一下。

(三)跟读下面老师选出的课文中的句子,注意这些句子的意思和用法。

1.我到了约会地点,他走过来问我:"你是徐小姐吗?"我说:"我是。你就是李博士吧?"他好像没听见我的话一样,上上下下看了我好几遍,然后又慢慢地绕着我走了一圈,把我看得又紧张又不自然。

2.听了他的话,我真不知道是该谢谢他还是该骂他一顿。

3.我把这件事儿告诉了我的朋友,她们都说,那个博士脑子有毛病;可我感觉,他说这些话的时候,特别认真,就像是在搞科学研究一样。

……

自由讨论:

(一)上面的四个相亲故事,你觉得哪一个最有趣?哪一个最让你同情?

(二)如果你在相亲的时候碰见故事中的这四个男人,你会怎么做?

二、《拾级汉语》口语课本第5~8级"交际活动"样例

(选自第5册第一课"睡眠")

词语:固定　安眠药　抽烟　之前　空白

导言：

现在我们要做一个睡眠调查，调查一下大家的睡眠质量怎么样，睡眠习惯好不好，所以大家要认真做，要看清楚问题，想好了，再选答案。

课文：

问　题	选　择				
	A	B	C	D	E
1. 你每天上床睡觉的时间	固定不变	多数固定	基本固定	多数不固定	不固定
2. 你一般几点上床睡觉	21点以前	21—23点	23—24点	24—01点	01点以后
3. 你一般一觉睡几个小时	4小时以下	4—6小时	6—8小时	8—10小时	10小时以上
4. 你有过哪些睡眠问题	不容易睡着	很容易被吵醒	不停地做梦	睡不够，老是想睡	没有睡眠问题
5. 你经常有睡眠问题吗	天天有	经常有	有时候有	很少有	从来没有
6. 你用什么办法解决睡眠问题	玩儿，看电视，听音乐	跟朋友聊天儿；看书	喝酒；喝热牛奶	吃安眠药	别的办法
7. 这些办法的效果怎么样	总是很有效	多数时候有效	有时候有效，有时候没有	多数时候不太有效	没什么效果
8. 你认为为什么会出现这些问题	工作、学习压力大	感情问题	生活环境不习惯	喝酒、抽烟	其他
9. 你觉得自己的睡眠质量	很好	还不错	一般	不太好	很糟糕
10. 你觉得自己的睡眠习惯	很好	还可以	一般	不太好	很差

理解和表达：

（一）在我们互相交流自己的选择之前，先一起来看一看李明善同学选择的答案，想一想李明善同学会用怎样的一段话把自己的选择介绍给大家。

问　题	选　择				
	A	B	C	D	E
1. 你每天上床睡觉的时间					不固定
2. 你一般几点上床睡觉				24—01点	01点以后
3. 你一般一觉睡几个小时					10小时以上
4. 你有过哪些睡眠问题	不容易睡着				
5. 你经常有睡眠问题吗		经常有			
6. 你用什么办法解决睡眠问题		看书（看汉语课本）			
7. 这些办法的效果怎么样	总是很有效				没什么效果（喝牛奶、运动）
8. 你认为为什么会出现这些问题		感情问题			
9. 你觉得自己的睡眠质量	很好				
10. 你觉得自己的睡眠习惯	很好				

（二）现在我们一起来听一听李明善同学是怎么给大家介绍他的选择的。

大家好！我叫李明善，我每天睡觉的时间不固定，而且睡得都比较晚，晚上十二点多、一点、二点，甚至三点、四点都有，因为我睡不着。我睡不着是因为感情问题，因为我想有个女朋友。从读高中到现在，我没有谈过一个女朋友，所以我很想有个女朋友。我们班的女同学我差不多已经问了三遍了，可是她们都不愿意做我的女朋友；别的班的女同学我也问了不少，也没有人答应。你们说，这叫我晚上怎么睡得着？实在睡不着，我就看汉语书。只要一拿起汉语课本，不要十分钟，我就睡着了。所以我汉语课本其实也没看多少，汉语成绩也一直不怎么样。我觉得，我的睡眠没有什么大问题，只要睡着了，我就能睡十几个小时；我的问题是感情问题。有了女朋友，我就没有睡眠问题了，而且汉语成绩也一定会提高。女同学、漂亮的女同学，你们谁帮帮我，好不好？

（三）你觉得李明善同学的介绍怎么样？

（四）现在准备一下，同样是用一段话给大家介绍一下你自己选择的答案。请先把你选择的结果告诉大家，让大家看着你的调查表听你作介绍。

（五）拿一张空白的调查表，去调查其他同学的睡眠情况，记下他的选择，然后根据你记下的选择，给大家介绍一下那位同学的睡眠情况。在调查的时候，你可以再多问几个问题，也可以少问几个问题。最后再说说你对那位同学的睡眠情况的看法。

语言焦点：（略）

任务型对外汉语口语教材案例编写及分析

李　媛

提　要　任务型教学法(Task-based Learning,简称 TBL)是近年来新兴的一种教学方法,它全新的教学模式让人耳目一新。笔者在其理论研究的基础之上,根据它的基本模式和教学理念编写了一个单元的汉语口语教材,并对教学步骤进行详细分析,以求展示出任务型教学法的原貌。希望为大家对任务型教学法的理解和应用提供一个新思路、新方法。

关键词　任务型教学法　教材编写　案例分析

一、任务型教学法理念

　　早在 20 世纪 80 年代早期,语言学家们就已经开始着手实验和发展任务型教学法(Task-based Learning,简称 TBL)了。最早提出 TBL 这一概念的是印度语言学家 Probhu。Probhu(1987)认为学习者能从解决一项"非语言性的任务"(如解决一道物理问题或读某个产品的使用说明等)的过程中习得语言的应用,而且这种学习方式所获得的学习成效,并不亚于学习者专注于"语言"本身的学习(如语法、词汇等)。著名语言学家 Herbert. H. Clark(1996)说:"语言是用来做事的。"(Language is used for doing things.)本杰明·富兰克林也说:"告诉我,我会忘记;教给我,我会记住;让我参与其中,我才会学会。"(Tell me and I forget. Teach me and I remember. Involve me and I learn.)

　　作为教师,我们教学的目的不只是让学生记住,因为只记住而不会使用,学习这门语言就失去了意义。我们的目的是让学生学会使用语言,不论是根据个人的学习经验还是教学经验,我们都能得出这样一个结论:只有让学习者参与其中,亲身经历,按照学习者自身的步调和学习方式吸取经验,在做中学,才能取得较好的学习效果。中国有句古话叫做"行万里路,读万卷书",说的也是这个道理。而 TBL 这种教学模式恰恰给学习者提供了这样的机会。学习者学习语言不再是"学而用"(learn the language to use),而是"用中学"(use the language to learn)。学习者通过完成任务(task)进行学习(learning by doing)。

　　提到任务,如果交给学习者一个有目的、有意义的交际性任务,要求他完成这个任务并得到一个结果,这无疑是给学习者注入了一剂强心针,学习者会感到十分有兴趣,这个有结果的任务也有力地加强了学习者的学习动力。这个交际任务的结果可以通过口头或书面的形式向全班同学和教师进行展示或汇报,教师也可以把学习者展示和汇报的过程以声音或图像的形式记录下来,作为学生学习轨迹的一个点,让教师和学生都可以对自己各自的工作——教与学有一个了解。如果结果非常成功,那么教师和学生都会有成就感,鼓励双方更有信心;如果结果不是十分理想,那么通过结果,反过来追寻一下过程,也可以发现不足和可改进之处。任务型教学法的这种理念和基本模式让人感到激动和兴奋。

二、任务型教学法的教学模式

众多的语言学家对任务型教学法进行过研究和探讨,也研究和总结出了许多模式,比如 Willis and Willis(1987)、Nunan(1989)和 Skehan(1998),其中尤以 Willis(1996)提出的模式最为清楚明了、简单实用,被广为引用。她的任务型教学法模式可以简单地用图 1 表示:

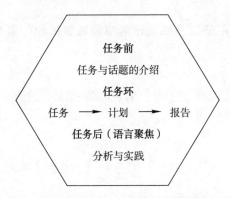

图 1　Willis(1996)任务型教学法教学模式图

Willis(1996)任务型教学法的教学模式,不仅经过了实践检验,而且这一模式并没有避开语言形式的问题。这种教学模式简单明了,操作性强,便于应用,也是本文教材编写实践的主要依据与参考。

1. 任务前:介绍话题和任务,明确任务的目的,启动与之相关的词和短语

教师在帮助学生理解任务的主旨和目的时可以采用多种方法,比如针对话题全班一起进行大脑风暴,利用图片、身势语,以教师或学生的个人经历引入话题等等。这一最初阶段可以让学生记起相关词汇和短语,让他们接触到新的语言输入,所提供的准备时间可以帮助他们思考自己想说的内容,为下面的任务环阶段提供质量保证。

2. 任务环:学生用自己现有所学执行任务,在教师的指导和帮助下,改进自己的语言,同时计划并准备本小组的总结汇报

2.1　任务

这一阶段的主要目的是给学生机会,让他们运用以前学过的语言知识表达自己想说的内容。重点是鼓励学生自发地、探索性地进行交流,并且建立信心积极地表达自己。在私下的小组的环境中,学生会感觉比较安全。任务的成功完成也会增加学生的学习动力。

2.2 计划

这一阶段是学生吸取相关语言知识、锻炼语言准确性的机会。教师帮助学生,提供学生所需要的语言知识,使学生做到语言清楚,组织流畅正确,适合公开展示,鼓励学生增加信心,而学生通常也会利用这个机会向老师问具体的语言问题。

2.3 报告

这一环节不仅让学生练习了在公共场合中说话的能力,也给学生提供了语言输入和语言环境,同时教师总结问题,为下面的语言聚焦打下基础,为其提供一个有意义的引入。

3. 任务后(语言聚焦):集中研究和练习任务前接触到的和任务中出现的某些具体的语言现象

3.1 分析

讨论、分析并自己总结在整个过程中出现的需要注意的语言知识。

3.2 练习与实践

通过一些练习和活动,对词汇和语法进行强化练习,增强学生语言的准确性和熟练程度,加强记忆,建立信心。

需要注意的是,有时候,如果学生还愿意的话或者完成任务的过程不是很理想的话,可以在整个一个循环结束之后,让学生换一个同伴或小组重做同一个任务或者稍作变化,完成一个类似的任务。在学生学习并且探索过一次,有过经验以后,可以看看这次与不同的搭档合作会有什么样的不同或收获,又可以进行一次循环。往往在这次循环中,不论是语言的准确性、流利程度,还是复杂度,学生都会有明显的进步。

如上面所说,在任务前和任务环阶段,学生参与其中,会自然而然地从私下随意的个人交流过渡到公开正式的互动,最后将凸现出来的语言问题,在学生急需吸取营养和有语境的情况下,集中分析、讲解和实践。总的来说,整个模式都是为了保证学生在课堂上能拥有一个比较真实的语言环境。

通过以上对教学模式的介绍和分析,可以发现任务型教学最大的特点就是它对语法讲授和引入的处理。实际上,语言知识早已在不知不觉中贯穿了整个教学的始终。任务前,教师给出相关的词和短语是语法;任务环中,教师的指导和帮助包括语法;任务后,即语言聚焦更是语法,只不过语法的引入和学习是在语境出现时或出现后,这样就显得更加实用、具体而且有意义,学生也会十分有兴趣。但并不是说在整个过程中教师是完全被动的,对所要进行的教学是一无所知的。其实在布置任务之前,教师或者教材中已经预见到此任务中可能出现的语法现象,或在教材编写时已经规定学生在这个阶段和水平应该掌握的语法点,只不过跟传统教学模式相比换了一种形式,是让学生主动探求和索取,不再是被动等待和接受。

三、案例编写及分析

任务型教学法的操作性非常强,那么教材的编写应该如何适应这种教学模式,以便于使用和操作呢? 笔者根据个人对任务型教学法理论的研读和理解,本着真实性的基本原则,参考采用任务型教学法的英语听说教材和目前一些汉语口语教材,根据自己的教学经验和以往利用传统教材改编任务型教案的经验,大胆编写了一课任务型教学法的汉语口语教材,希望以具体实例给大家展示出笔者对任务型教学法的理解和尝试。其中教材的设计、内容和版式等均为自编,很多不足之处还有待得到理论的指导及实践的反馈,以便进一步完善。

笔者挑选了《我的家人》这样一个大部分汉语教材都会选入的话题做成一课,由于这个话题的普遍性且为广大汉语教师所熟悉,就更能够体现出与传统教材的不同。教材的设计目的是让初学者掌握如何询问他人家庭成员及其相关信息,流利地介绍自己的家庭成员及其职业和爱好等,在交流中增加彼此之间的了解,在学习语言知识的同时,培养交际能力,建立同学情谊。时间为 120 分钟。

1. 任务型对外汉语口语教材样例

(课文具体内容略)

教辅材料:个人信息卡(找寻家人)

我叫王芳。 我有一个哥哥。 他叫王文明。 我爸爸的名字叫王新刚。	我叫张宏。 我住在上海。 我有一个儿子和一个女儿。

图 2

以上只是做出两个样例,其他略。

2. 案例拓展

在上面一课的教学中我们还可以拓展思路,根据实际情况进行适当的调整和改变,比如:可加入家庭成员的生日、年龄、爱好等等,让学生采访,分组统计,做出书面报告或图表;也可以在介绍完"全家福"之后,将照片反过来,让同伴复述;或两人交换照片,再次介绍。分组时可3~5人一组,每人一项任务,比如:

学生 1:分配任务、组织活动、创意、鼓励;

学生 2:做总结汇报;

学生 3:统计小组家庭成员的年龄段;

学生 4:统计小组家庭成员的爱好种类;

学生 5:统计小组家庭成员的职业范围。

对于如何组织学生完成任务,教材中提供的活动或游戏使教师有很大的灵活性,教师也可以自己适当删改或补充,加入适合自己学生的材料或游戏等等。

3. 案例分析

3.1 案例分析

本单元开篇是话题的引入,也是学生课前需要提前预习的内容,这样可以让学生在课程开始之前对词汇和相关文化知识有一个初步了解。紧接着是任务前部分,这一部分通过多样的任务和游戏让学生认识、学习并巩固家庭成员的称呼、相互关系、职业和爱好等的说法,为后面的任务环阶段打好基础。任务环即本单元的中心任务,学生通过交流找到自己的家庭成员,并根据找到的结果,画出相应的家庭树,继而画出自己的家庭树,向同伴介绍自己的家庭成员等,将学到的汉语知识用到现实生活中。教师也可以根据情况让学生在班级中汇报。任务后通过一些活动和任务,巩固前面学到的知识,教师可以给出短文和对话的范例供学生参考,纠正和补充一些具体的语言知识。而后是拓展和深入的活动,如自由交谈,学生通过小组内的一些交流,复习和巩固前面的知识,同时教师又在此基础上延伸,设定一些热点话题,锻炼学生综合运用所学汉语知识表达自己见解的能力。"文化点滴"部分则是一个阅读材料,补充学生的文化知识,如果时间充裕的话,教师可以把它做成一个重点任务,如可以改编成短剧或对话让学生参与排练和表演,或者以讲故事的形式声情并茂地讲述给学生听,又或者找一些 flash 动画,以有趣或搞笑的方式让学生了解这个传说或故事。文化的介绍,尤其是节日的介绍最好与学生学习的时间或季节相结合,让他们能在生活中亲身体会,也就是说,教师可以跨单元选择应景的文化知识进行教学。最后,我们还设置了一个自我检测部分,以学生课后自测的形式,看其对本单元所学的词汇、语法、段落是否完全掌握。

从上面的教材案例可以看出,教材中的活动和游戏比较丰富,教师可以从中选择适合自己学生水平的去进行,这些活动和游戏都是为完成中心任务而服务的。由于学生是初学者,知识储备还很不足,所以教师除了引导他们记起之前学过的一些词语之外,更多的是给出例句和词语,让学生各取所需。实际上,教材中给出的例句和游戏中列出的词语即是本课需要学生掌握的语言知识。不同于传统的教材,我们在教材中并不正式标出词汇和句型,但不明确标出并不表示没有,其实,我们可以看出正文中的例句和词汇,以及练习中的"自我检测"明确地给出了本课需要学生掌握的词语和句型,并通过听力自测的方式,检查了学生对教学内容的把握程度,检查了拼音或汉字的书写,同时也相当于给出了成段表达的范例。

3.2 注意问题

案例中的活动和任务,以及案例拓展中的举例,都有一个共同的特点,那就是每一个活动最终都会有一个看得到的实实在在的结果——一幅家庭树的图画、问题的解决、列出的生日及家人名单、做出的比较等等。而且在学生进行任务的过程中,不管用什么样的语言形式,结构是否完整,他们所表达的内容就是他们想要表达的意义,他们使用的语言是真实的、有目的的。也许这些游戏、解决的问题、共同分享的经验在现实生活中不一定完全存在,但学生使用目的语的技巧、与人交流的经验、处理语言的方式、交际中遇到的问题和使用的交际策略与现实生活中的情况是一致的、相通的,从某种程度上说是真实的。

但是实际上,在上面的例子中还存在一个问题。我们都有这样的经验,别人交给你一个任务,你会迫切地想要完成它,使用上你所能利用的所有手段和方法来尽快地得到结果。那么学生在完成任务的过程当中,难免会使用身体语言、表情、图画等辅助手段,也许只用到以前学过的很少的一部分语言知识就可以完成任务,同时在交流中使用的目的语,可能只顾表达意义而缺乏准确性,从而使错误石化,或没有尝试使用新的用法和词语。确实,私底下学生在小组中或在与同伴的交流中,用到的语言是比较即兴的、随意的、尝试性的或者是不成句的,但是如果学生在完成任务之后不得不在全班面前公开做总结、展示或汇报的话,他必然会在进行任务的过程中进行计划和精心准备,写下或多次演练要公开说的话,字斟句酌,甚至会向教师请教一些词语的正确读音,会尝试用新词或不同的句式。这样,学生在交际的过程中就兼顾到了语言的准确性。

根据 Willis(1996)总结的理论,任务型教学法的核心是交际性任务。这个任务可以包括学生语言的输入和输出技能的练习,如听、说、记录和阅读等等。学习者一开始就执行一个交际任务,在进行任务的过程中学生要利用他们之前课上或课外所学的知识,以及教师在任务前给出的相关词和短语,学生以组为单位完成任务,然后以口头或书面的方式向全班做展示或汇报,最后进行相关的语言训练。根据具体情况,教师可以让学生在任务前或任务后听一些其他目的语流利者进行这项任务的录音,或者阅读相关的材料,之后学生将其自身完成任务的经历与其所听和所读的内容相对比,他们自然而然地就会注意到两者之间的不同,从而发现自己需要学习和研究的语言点和语言形式。这样以往我们课堂上经常遇到的讲语法时缺乏语言环境的问题就迎刃而解了,因为在学生进行任务的过程中和地道的语言输入中,语言环境已经完整地呈现在学习者的眼前了。而在最后,针对这些具体的语言点和语言形式进行一些目的明确的练习和活动,会让学生受益匪浅。比起我们之前缺乏语境的灌输和单纯的重复性操练,学生会更加牢固地、有实际感知地记住这些语言点和语言形式。

4. 与其他教材的案例对比分析

为了更清楚地显示出传统教材或目前出版的标明自己是以任务型教学法为指导编写的教材以及笔者编写的教材案例这三者之间编写结构的不同,现将三者的基本结构以表格的形式进行对比,前两种教材分别以《实用汉语口语课本》和《信心汉语 2·生活篇》为例,具体内容见表 1:

表1　教材编写结构对比

	《实用汉语口语课本》	《信心汉语2·生活篇》	笔者编写的教材案例
基本结构	• 话题（题目） • 生词（专名、词组） • 课文（一、二） • 注释 • 语法 　（词语、词组、句型） • 练习 　（填空、完成句子、替换、改写句子、判断正误、回答问题、根据提示完成话题）	• 话题 　（即每一章的题目） • 功能项目和核心表达句式 • 生词和短语 • 对话 • 语言点注释 • 扩展词汇和表达方式 • 交际任务 • 文化小常识 • 汉字书写练习	• 主题（题目） • 引入 • 任务前 • 任务环 • 任务后 　（语言聚焦） • 自由交谈 • 文化点滴 • 自我检测

从表1中我们可以看出，前两种教材的基本结构比较接近，前者比后者更注重语法的讲授，在语法部分有关于词语、词组和句型的详细讲解和举例，练习也是以不同的方式在巩固和操练这些词语、词组和句型。而后者的练习演变成交际任务，比前者更加注重交际能力的培养，语法方面只有一些语言点的注释、扩展词汇和表达式，简洁实用很多，所占篇幅也比前者大大减少，而且从内容上增加了文化和汉字的部分。而笔者所编写的教材案例，完全打破了前两种的基本模式，整体以任务为中心，辅以文化内容和学生的自我检测。在编写模式上完全采用任务型教学法的基本教学模式，以适用于任务型课堂教学，没有专门的、一定篇幅的语法讲解，所有活动都围绕着中心任务展开，教师帮助学生完成任务，可以说需要随时随地按照学生的需求进行语法的讲授。

四、小结

学习和发展是社会活动，也是一种合作活动，这种活动是无法被教会的。知识只能通过学习者自己构建，无法由他人决定或传递。学习者从个人自身的经验背景出发，建构对客观事物的主观理解和意义。任务型语言教学中运用大量的结对练习和小组活动，让学生在社会互动中学习。学生可以根据自己的需要选择他们所要表达的内容和语言，可以激活他们已经掌握的相关知识，调动他们全面的知识和能力去应对真实交际中出现的各种情况，在一个情境下，带着明确的目的去做出一个成果。

从任务型教学法的教材编写案例及其分析中，我们可以看出这种教材的魅力所在，它内容丰富，形式多样有趣，贴近学生生活。相信经过我们进一步的探索和努力，对任务型教学法教材编写体系进行更加深入的研究和不断的尝试，任务型教学法教材编写的研究和实践一定会取得更大的成果，从而进一步提高我们的汉语教学水平。

参考文献

[1] 陈若凡等.实用汉语口语课本.北京:北京语言大学出版社,2003.

[2] (英)芬奇(Andrew Finch),(韩)朴熙本,韩霆一.任务型英语口语教程1 Tell me more!.北京:中国电力出版社,2005.

［3］罗少茜,龚亚夫.任务型语言教学.北京:人民教育出版社,2003.

［4］马箭飞主编,苏英霞,翟艳编著.汉语口语速成:入门篇(上、下)(第2版).北京:北京语言大学出版社,2007.

［5］张美霞,严彤.信心汉语2·生活篇.北京:高等教育出版社,2008.

［6］朱晓星等.体验汉语·生活篇.北京:高等教育出版社,2006.

［7］Herbert，H. Clark. *Using Language*. Cambridge University Press，1996.

［8］Nunan，D. *Designing Tasks for the Communicative Classroom*. Cambridge University Press，1989.

［9］Nunan，D. *Language Teaching Methodology*. International Book Distributors Limited，1991.

［10］Probhu，N. S. *Second Language Pedagogy*. Oxford University Press，1987.

［11］Skehan，P. *A Cognitive Approach to Language Learning*. Oxford University Press，1998.

［12］Willis，J. *A Framework for Task-based Learning*. London：Longman，1996.

（作者简介:李媛,北京工业大学艺术设计学院讲师,主要研究方向为汉语言文字学、对外汉语教学。）

新汉语水平考试 HSK 的变革
与汉语国际传播

李　萍

提　要　本文主要对新旧 HSK 考试级别、类型、题型结构及其语法、词汇测试做对比分析,并结合新 HSK2010 年实施以来上海及全球的考务实践和 2010 版、2012 版新 HSK 真题及考生答题情况,探讨新 HSK 测试理念的五大变革——分级测试理念、书写测试理念的变化、听力口试测试理念的变化、语法测试理念的变化以及词汇测试理念的变化。这些变革适应了汉语国际传播形势的需求,不仅对汉语国际传播产生了积极的推动作用,而且带动了国际汉语教学模式及理念上的变化。本文也提出了新 HSK 目前在口试、词汇大纲、纸笔考试与计算机化并行等三方面存在的问题。

关键词　新 HSK 测试理念　变革　汉语国际传播　存在的问题

　　汉语要走向国际化,国际汉语教学要实现本土化,要在全球生根、发芽、结果,都离不开国际汉语测试。作为国际汉语学习的重要组成部分,作为国际汉语教学的评价标尺及指挥棒,作为汉语国际传播平台之一的新 HSK 已实施两年了,它都进行了哪些方面的变革来适应汉语国际传播新形势的需求? 它是否有力地推动了汉语的国际传播呢? 它目前还存在哪些问题? 本文将从以下几个方面进行探讨。

一、新 HSK 考试级别、种类及题型的变革

　　旧 HSK(初、中等)一套试卷测试 3～8 级的汉语水平的确令 3～4 级的考生望而生畏,新 HSK 解决问题的办法首先是细化考试等级,提供 6 个等级的笔试和 3 个等级的口试。其次是降低考试难度,在新 HSK1～2 级试题上标注拼音,降低汉字认读难度;词汇经济高效、分级定量;语法活;书写贯穿 3～6 级,难度呈梯形(这些后文有详论),使新 HSK 的跨度与汉语学习者的实际水平跨度一致,更加贴近考生的实际汉语水平。门槛降低无疑扩大了考试服务对象的范围——兼顾普通学习者和专业汉语学习者;兼顾汉语环境下的学习者与非汉语环境下的学习者;兼顾不同层次、不同汉语水平的学习者;兼顾学习动机千差万别的汉语学习者。事实上,新 HSK 已经具有广泛的应用性,以上海为例,上海考点由

2010 年的 3 个扩至 2012 年的 19 个。目前全国 HSK 考点为 220 个,全球有 588 个。同济大学汉语考试考点 2010～2012 年 HSK 考生人数逐年递增,总计 3029 人。据罗明等(2011)统计,2010 年新 HSK 海外考试规模为 98291 人次。来自国家汉办考试处 2012 年的报告数据显示,2011 年全球考生人数为 17.6 万,国内为 5 万;2012 年 1～5 月国外、国内考点的考生人数比例为 75%:25%。因此新 HSK 实现了汉语国际推广重心面向海外广大的普通汉语学习者的转移。新 HSK 具有鼓励机制,它激励考生拾级而上,增加对汉语学习的信心。笔者在统计同济大学汉语考试考点 2010～2012 年的 12 次新 HSK 考试时发现,非汉字圈国家的留学生大多按照"2 级—3 级—4 级—5 级"的次序参考,在攀登中发现不足并找到努力的方向。每当他们获得阶段性成功时会欢呼雀跃或热烈拥抱老师,激动之情溢于言表。

可见,新 HSK 由于分级细化,降低了考试起点和难度,扩大了考试覆盖面,因此激励起了广大考生学习汉语的热情,对汉语国际传播起到了积极的推动作用。

二、新 HSK 考试书写测试的变革

1. 书写贯穿 3～6 级,题型多样,遵循汉语书写认知、习得规律

新 HSK 加大了书写考查的力度,在 3～6 级笔试中都增加了书写,见表 1。从汉字书写、遣词造句到用词或看图写短文、篇章写作,逐级增加汉字书写量和书写难度,这遵循了汉语写作的认知规律,也符合学生汉语写作的习得规律。表 1 中的 6 种题型均为新增题型,完全不同于旧 HSK,使整个考试新颖独特。6 级书写用读后缩写替换旧 HSK 多样文体的限制性命题作文,文体单一,为叙事类,降低了书写难度,这也符合汉语学习者书写的实际情况。

表 1　新 HSK 各级书写题型及题量比较

考试级别	看拼音写汉字	完成句子	看图,用词造句	用词写短文	看图写短文	读后缩写	时间
新 HSK3 级	5 题	5 题					10 分钟
新 HSK4 级		10 题	5 题				25 分钟
新 HSK5 级		8 题		1 题 80 字	1 题 80 字		40 分钟
新 HSK6 级						1 题 400 字	40 分钟
HSK(初、中等)	综合填空第二部分填写汉字共 16 个,占综合填空的 40%						15 分钟
HSK(高等)	综合表达第四部分:阅读短文填写 10 个汉字;限制性命题作文,字数:400～600 字						30 分钟

2. 重点测试综合运用语言的书写能力

笔者对新 HSK3～6 级书写部分的测试目的进行了归纳,见表 2。从中可见新 HSK 书

写部分主要测试考生的综合写作能力。

表2　各类书写题型的考核目的

书写题型		考核目的
读句子,看拼音写汉字		考查汉字认读及书写能力(汉字正确性、书写速度)。
完成句子	连词成句	考查考生汉字抄写、默写的能力(汉字正确性、书写速度);排序能力及语法规范的能力。
	看图,用词造句	书写能力(汉字正确性、书写速度);识词能力及词与图片的契合能力;对事物或生活的认知能力;遣词造句能力;逻辑思维能力;语法规范能力。
写短文	用词写短文(80字)	汉字书写能力(汉字正确性、书写速度);对生活的体验想象力;逻辑思维能力;语法表达规范能力;短文书面表达综合能力。
	看图写短文(80字)	汉字书写能力(汉字正确性、书写速度);对图片的观察能力;对事物或生活的认知能力;逻辑思维能力及想象力;短文书面表达综合能力。
缩写(400字)		阅读理解能力及阅读速度;记忆能力;概括能力;汉字书写能力(汉字正确性、书写速度);汉语篇章写作综合能力。

书写有诸多测试目标,究竟哪些是考生的难点呢?笔者对2012版HSK 5级H51117真题146份考生"书写"第一部分"完成句子"、第二部分"用词('辅导、进步、方法、完全、明显')写短文"及第三部分"看图(一男一女抬着一张新沙发)写短文"的答题卡分别做统计分析后发现:

首先,考生对图片、对生活的认知能力较强,具备一定的想象力,逻辑思维能力较强。

由于看图写短文的图片贴近现实生活,99%的考生能够联系自己的现实生活,回忆想象,有话可说,可以将话题内容控制在图片的主要信息上。80.43%的考生叙述因搬家,男生帮女生搬沉重的沙发,他们在互帮中产生快乐感甚至是恋情,还有些考生叙述夫妻在互帮中拥有幸福。考生的叙述内容充实,并能用叙事六要素将事件发展的先后顺序表达出来。用词写短文的题目中,由于所给词语常用且与生活贴近,考生能够联系经历过的现实生活场景进行加工创造,话题多为找辅导老师、改变学习方法、汉语水平明显进步了等,叙述议论符合逻辑,如通过辅导可以提高学习成绩,论辅导和自我努力的关系,强调自我努力的重要性等。

书写存在的突出问题是汉字书写能力和遣词造句能力。表现为:第一,有些考生汉字书写能力较差,抄错汉字,或写错别字。如H51117的"完成句子"中出现如下抄写错误:递合、传兑、扰豫、部们、弟一次、交国(效果)、知到(知道)。"用词写短文"146份答题卡中全都存在错别字,如"妙(沙)发、般家(搬家)、结纸(婚)"等,有的错字连篇。由于错字太多,常导致句意表达不清。例如:

(1) 朋友找我,我忙上去帮住他,可能开兴机了。

(2) 我今天班假了,但有一点儿行苦,一个女儿来帮输行李,她是我的新居。

有些学生由于错认所给词甚至导致话题内容跑题,如考生把"完全"当成"安全",以小偷与社会安全为话题。

第二,同义词、同音词混淆,排序中"把"与"吧"不分。考生将图片中心词语"沙发"与"椅

子""桌子"混淆,把"明显"与"明白""明确"混淆。例如:

(3) 请递给我文件把!

(4) 不过找辅导的话会完全明显中国人的看法和想法。

第三,多义词、兼类词不清,导致语法错误。如 H51117 第 99 题"用词写短文"中 5 个词语中"完全""辅导""明显"3 个词语都出现使用不当的情况,对"明显"形容词和副词的词性不清楚,导致搭配不当、词序错误,错误率达 82.61%;对"推广"的动词和名词词性不清楚,错误率达 43.47%。例如:

(5) 不过这个方法不一定明显我们的能力提高。

(6) 我们部门推广产品的主要负责。

三、新 HSK 考试听力、口试测试理念的变革

随着中国经济的快速发展,中外经济、文化交流越来越密切频繁,国际贸易市场越来越青睐汉语听说读写能力全面发展的人才,尤其是汉语听说能力强的人才,新 HSK 口试、听力考试的改进正好适应了这一趋势。考生要提高口语表达能力,首先要能"听懂",在语言交际中,听是交际的基础,是回答发问的前提,听不懂就说不出,因此新 HSK 十分重视听说能力的考核。

1. 加大听力考试比重,重视听力理解能力的考核

新 HSK 不但听力题量超过阅读,而且将听力贯穿到 1~6 级笔试和初、中、高级口试中,其比重大大超过旧 HSK,见表 3。

表 3　新旧 HSK 听力考试所占比重比较

新 HSK	听力	听力所占比重(%)	新 HSK 口试	听后复述听后回答	听力所占比重(%)	旧 HSK	听力	听力所占比重(%)
HSK6 级	50	49.50	初级口试	25	92.59	HSK(高等)	40	32
HSK5 级	45	45	中级口试	10	71.42	HSK(初、中等)	50	29.41
HSK4 级	45	45	高级口试	3	50			
HSK3 级	40	50				HSK(基础)	50	35.71
HSK2 级	35	58.33						
HSK1 级	20	50						

2. 单设口试(HSKK),分级考试,重视口语能力的考核

口语是人们进行交际的重要手段,新 HSK 口试的变革力度很大,着重考查考生汉语口头实际交际能力,新 HSK 单设口试的显著变革有五方面:

2.1　口试分级,题型多样,符合受试群体的汉语实际水平,满足不同考生的需求

一个人的口语水平与听力、阅读、写作水平有联系,但并不对等。汉语读写水平低

的考生,口语水平却可能较高,如儿童、非汉字圈的留学生、华裔留学生等。新 HSK 单设口试就是考虑到了汉语学习者的不同需求。《新 HSK 口试大纲》明确了口试的对象,明确了各级词汇量,明确了各级测试目的,把听懂作为三个级别共同的最基本的测试标准,把能表达日常熟悉话题——流利进行口头交流——流利地口头表达已见分别作为三个级别的区分标准,其目标定位是恰当的,因此 HSKK 为考生提供了贴近其汉语水平的考试。HSKK 题型多样化的表现见表 4,不同级别同中有异。初中级"听后重复"要求考生能准确完整地重复听到的句子,高级"听后复述"要求考生能完整、流利地复述材料的主要内容,要求不同。相同题型如初中级"听后重复"题量虽逐级减少,但难度加大;初中高级的"回答问题"题量不变,难度却逐级加大。这也是针对考生的实际汉语水平,遵循汉语口语习得规律的体现。

表 4　新旧 HSK 口试题型、内容比较

HSKK(初级)	HSKK(中级)	HSKK(高级)	旧 HSK 高等
听后重复(简单句) 15 题,4 分钟 听后回答(简单句) 10 题,3 分钟 回答问题 2 题,3 分钟	听后重复(简单句) 10 题,3 分钟 看图说话 2 题,4 分钟 回答问题 2 题,4 分钟	听后复述 3 题,7 分钟 朗读 1 题,2 分钟 回答问题 2 题,5 分钟	听力理解 40 题,约 25 分钟 阅读理解 40 题,40 分钟 综合表达 40 题,40 分钟 作文 1(400～600 字),30 分钟 口试 3 题,10 分钟 朗读 1 题,2 分钟 回答问题 2 题,6 分钟
27 题,10 分钟	14 题,11 分钟	6 题,14 分钟	3 题,10 分钟

2.2　口试建立在交际能力语言学的基础上,加强对表达能力的考核

相对于旧 HSK,首先,HSKK 的试题数量、考试时间大幅增加,见表 4。其二,在考核方式上,旧 HSK(高等)口试只注重读说结合,而 HSKK 则采取"听说结合""读说结合""看说结合"三种模式来考查考生的汉语口语能力。听后重复、听后复述属于听说结合,听和说在语言能力中占有很重要的地位,它们是相辅相成的,听说结合才能更有效地考查出考生的口语表达能力;看图说话为看说结合,在语境中考查了考生的口语实际表达能力;回答问题与朗读题属于读说结合。其三,在回答问题的命题题目的文体及内容上,HSKK 吸收旧 HSK 口试的优点,延续其回答问题的题目文体:记叙描述类、介绍类、议论评价类,但又有所改革。随着级别的提高,题目要求逐级加难,话题内容逐级加深。初级口试回答问题的题目是介绍性或叙述性的,如"你喜欢看报纸吗? 为什么?""请介绍一下你妈妈",话题侧重考生自身;中级则侧重评价类的,如"你对减肥持什么态度,为什么?"话题侧重考生的日常生活;高级完全是议论类、思辨性的,话题一般是当前社会上人们普遍关注的现象及问题,如小孩与零花钱、沉默是金、代沟、贷款买房、成功与能力运气等。纵观各级口试真题,其内容都十分重视语境,贴近考生生活,亲切新鲜,如初级口试的听后回答:"现在几月?""你觉得中国菜怎么样?""猫和狗你喜欢哪一个?"均便于考生更多地说出自己的想

法,让考生在考试中如置身于现实汉语交际场景中。

2.3 在口试的评分标准上,淡化对语音准确性的要求

《HSK(高等)口语考试五级标准》将内容是否充实、语音语调是否准确、语法是否正确等作为考查重点,给考生划分相应的口语水平档次。其实,语音语调准确是一个很高的要求。事实上,留学生出现"哑巴汉语"大多源于初学发音时或南腔北调或怪声怪调,因难为情而不敢开口。在汉语的语音学习阶段,相对声母韵母,四声是外国学生语音学习的最大难题,语音语调达标需要一个很长时间的习得过程,即便能达标,人数也不多;而且,即便是汉语水平高的学生也难免洋腔洋调,但这并不妨碍交流,不影响表达意思。目前在中国,很多人(包括汉语教师)依然用带地方音的普通话来进行交际,并不影响交流与表达。向对方准确表达自己的思想是语言的主要任务之一。HSKK 初中级评分标准没有把语音语调作为重要的衡量标尺,而是把意思完整、流利、语法正确等口头表达能力作为重要的尺度,只有高级口试的"朗读"才要求考生能很好地把握语音、语调。这反映了汉语学习者的语言习得特点,也符合初中级汉语学习者的口语实际水平。

四、新 HSK 语法测试理念的变革

1. 大纲精简语法功能,将受试者从全、专、细的语法知识重压下解脱出来

新 HSK1～6 级均配有《新汉语水平考试大纲》,1～3 级大纲中含有"语言功能"和"语法"。语言功能 1 级包含最基本的 9 项;2 级新增 4 项,至 13 项;3 级增至 17 项。语法 1 级有 15 项,2 级新增动词重叠至 16 项,3 级保持这 16 项。大纲对语言功能和语法点的说明也很新颖,不讲求详细全面专业,而是采用列项举例的方式,概括简洁精练。4～6 级则不再设"语言功能"和"语法"。旧 HSK《汉语水平等级标准与语法等级大纲》中甲乙丙丁四级语法项目共 252 项、916 点,从语素、词类、固定短语到句型、复句、句群,涵盖了汉语语法的各个层面,每个项目的介绍详尽、专业,但也显得烦琐而臃肿。李靖华(2011)指出,新 HSK 语法大纲淡化了理论语法色彩及语法的标准规范,这是新 HSK 语法测试理念的可喜变化,它让考生从全、专、细的语法知识的重压下解脱出来,不再纠缠于语法的细枝末节,转而关注语法在语言中的运用。语法教学是对外汉语教学的重头戏,语法能力也是语言交际能力的重要组成部分,这也就意味着新 HSK 将语法的测试重心放在了语法的运用能力上。

2. 语法测试渗透于听说读写的交际语境中,重语法运用能力

针对如何测试语法能力,新 HSK 首先在语法题型上做了改革。旧 HSK 单独测试语法,在 HSK(高等)综合表达第一部分设有挑选错误题,在第三部分设有排列句序题;HSK(初、中等)则单设语法结构考查部分。新 HSK1～6 级考试试卷借鉴了托福 2000 考试的经验,均没有单独的语法结构部分。删除独立的"语法结构"是新 HSK 语法测试理念的一大改变,在这一点上,新 HSK 与国际上常用的语言测试接轨。

第二,新 HSK 将语法渗透到各个部分的测试中,这条原则在书写部分得到了彰显,无论是 3 级、4 级、5 级中都出现的"完成句子"题型,还是 4 级独有的"看图,用词造句"题型,其主要测试点都是汉语语法。除此之外,新 HSK 还将语法渗透进听力、阅读、口试的各个部分。

第三,新 HSK 语法考试着重考查学生运用语法在语境中的交际沟通能力。新 HSK 考查语法点强调用词达意、用词的交际沟通能力,而不是单纯列几个相近词在词汇层面进行辨析。比如,同样是考量词,旧 HSK 是这样考的:

(7) 房间里摆着两( )桌子。

　　A 张　　　　　B 个　　　　　C 把　　　　　D 台

这是基于语言结构的考查,考生要单纯记住桌子的搭配量词"张",没有活的语言环境,没有上下文语境,单纯考知识的记忆。而新 HSK4 级 H41113 听力题是:

(8) 男:洗衣机上的那件衬衫是要洗的吗?

　　女:是的,这儿还有一件,辛苦你了。

　　问:男的要洗什么?

　　A 袜子　　　　　B 裤子　　　　　C 衬衫　　　　　D 碗筷

再如,新 HSK4 级 H41113 书写题要求用"遍"看图造句,这不是在考查量词的语言知识,而是基于交际任务,在图片真实的语境中,引起考生联想,借助上文语境或图片情景的提示,实现对量词"件""遍"的把握,考查学生在交际沟通中运用量词的能力。

综上,新 HSK 是将语法放在实际的交际情景中,在交际任务中完成对考生语法能力的测试的,体现了交际主义的语言测试的理念。

3. 促进了国际汉语语法教学理念的转变——淡化语法的标准化,语法教学寓于语言交际情景中

新 HSK 的新题型"完成句子"、"看图说话"、"用词造句"均重视语境,在实际语境中考查单个句子或词语,同时综合考查语言运用能力,不单独考查词汇、语法。要完成看图造句、写短文等题型,考生要先阅读,然后通过回忆,联想现实情景,将图片情景表达出来,这就是对语言综合运用能力(汉字、语法、词汇、写作)的考查。对外汉语教学实践也印证了新 HSK 交际主义的语法测试理念,一线教师李靖华(2011)、鹿钦佞等(2011)均意识到教学内容必须从学生的实际语言需要和学习效率出发,考试不能过于强调对单纯语法知识的考查,语法教学只有通过情景让学生体验语言,从语言的交际性运用中归纳出语法规则,通过活学活用才能真正掌握。

五、新 HSK 词汇测试理念的变化

《新汉语水平考试大纲》HSK1~6 级词汇大纲与旧 HSK 词汇大纲相比较,新 HSK 词汇大纲最明显的改变有以下几点。

1. 新 HSK 兼采字本位与词本位之长,词汇量经济高效,降低了考试难度

新 HSK 采用"以词本位为主,兼顾字本位"的原则选取词汇,遵循了汉语词汇的规律及构词特点;它还遵循汉语词汇的自身特点及其随着社会发展变化而变化的特点,吐故纳新,对旧 HSK 等级词汇大纲甲乙丙丁四级词进行调整、删减(吕禾,2012)。笔者统计发现,新 HSK6 级大纲的 90 个成语建立在旧 HSK 等级大纲乙丙丁级词汇表 127 个成语的基础上,保留了 46 个;删去了 37 个,如"百花齐放、百家争鸣、永垂不朽、万古长青、开天辟地"等;又新增 44 个成语,如"物美价廉、优胜劣汰"等。新 HSK 词汇总量从旧 HSK 的 8000 词减少到 5000 词。词汇的数量减少了,但含金量并未降低,词汇显得经济、高效。这一方面降低了考试难度,另一方面也使考生在习得汉语词汇或教师在教授汉语词汇时更多关注汉语词汇规律、构词特点,有的放矢地学习词汇,并有意识地拓展词汇。

2. 各级词汇量化,并形成倒金字塔型,梯级累加,符合循序渐进的学习原则

新 HSK 以大纲给出 1~6 级的考试范围,确定了具体的词汇量,相比旧 HSK,使考生有了更为明确的学习目标,便于考生有计划、分阶段、有成效地提高汉语应用能力,也更具激励效果。如新 HSK4 级 1200 词是在 3 级 600 词上新增 600 词;新 HSK5 级词汇量为 2500,是在 4 级 1200 词的基础上新增 1300 词;6 级 5000 词是在 5 级 2500 词上新增 2500 词。各级试题都要尽可能多地包含新增词以保证试卷难度。试卷考点和选项中的词语都在各级词汇范围内,如真题 H51117 书写第 99 题的 5 个词语"辅导、进步、方法、完全、明显",至少有 3 个是新增词语并且词性多样。

3. 促进了国际汉语词汇教学理念的转变——重视语素教学,重视构词法

传统词汇教学或重视字本位,或重视词本位,回避语素教学,笔者在多年的本科教学实践中发现,只有马树德(2003)明确在留学生教材中提出"语素"概念,引进语素教学,设计语素练习题。新 HSK 词汇大纲的变化以及词汇测试新理念也带动了词汇教学理念的转变,鹿钦佞等(2011)指出了语素教学的几大优势——以词带字,以字带词,可扩大词汇量。新 HSK1 级大纲收录"出租车"而没有收录"车",这样语素"车"受关注,可扩大词汇量如:车—火车、车站、卡车、自行车等。还有教师在预科留学生考教结合的教学实践中探索出词汇教学的有效途径,如颜晓春(2012)用语素教学来讲解和拓展词汇,结合语境讲解词汇,结合同义词、近义词讲解词汇,取得了良好的教学效果和 HSK 考试成绩。

六、新 HSK 目前存在的问题及建议

综上,新 HSK 诸多新变化贯彻了交际主义的语言测试理念,适应了汉语国际推广的新形势,有利于汉语在世界范围内的推广传播。但任何一项改革都有一个逐步完善的过程,新 HSK 也是如此。笔者在研究中发现,它还存在以下几个问题亟待解决。

1. 口试问题

第一,中级、高级的听后复述跨度过大。中级口试听后重复 10 个句子,7～13 字,全部为简单句;而高级听后复述的 3 段短文,123～160 字,内容多为寓言故事、夹叙夹议类、议论类,具有思辨性和哲理性。两者相比,HSKK 在这个题型上从简单句直接跨到短文,显然忽略了句段,字数从十位跨越到百位,内容从简单跨越到复杂,思维从描述跨越到思辨及表达见解,这的确会令考生感到突兀,出现跛足现象。口试忽视复句的听说测试,可能带来的是语段能力的缺失。

第二,看图说话中,图片可控性弱。看图说话只提供一张图片,又无中心词语提示,一方面考生可仁者见仁,智者见智,但也会影响评分的客观性;另一方面,这对考生的想象力也提出了很高的要求。今后应为考生提供关联性较强、有故事情节的若干图片,明确话题。

第三,相对于笔试的门庭若市,HSKK 却门庭冷落。主要表现在:(1)相对笔试,HSKK 考生人数要少很多,且增幅不大(罗民等,2011);(2)HSKK 考级集中于中高级;(3)口试考生来源集中(罗民等,2011),主要在亚洲。这与新 HSK 增加口试、考核学生口语能力的理念并不相符,应该引起我们的思考。笔者认为,要实现新 HSK 全面测试考生听、说、读、写语言能力的目标,HSKK 一是要同笔试那样,让相关部门在招生入学、毕业或用人机构招聘人员时也设立口试门槛,制订口试的指导性评价标准;二是口试、笔试并重,均纳入汉语水平整体评价体系当中。

2. 词汇大纲问题

新 HSK 词汇表在词汇的合理归级、试题词汇超纲问题上还有待进一步改善。如笔者在研究成语时发现,成语在 6 级词汇大纲中集中出现,在 5 级大纲的 2500 词汇量表中不见踪影,但 2012 版 HSK5 级真题中,笔者统计出 31 个成语,它们出现在听力语料及选项中,如"游刃有余""熟能生巧";出现在阅读材料中,如"潜移默化"等;有些直接出现在阅读选项的词语理解考查中,如"出乎意料""近朱者赤,近墨者黑"等。成语作为日常生活中的常用词汇,是否在词汇大纲中也应该分级出现?

3. 纸笔考试与计算机考试问题

为了适应汉语国际推广的新形势,2010 年起,国家汉办/孔子学院总部在继续做好笔试汉语考试服务的同时,在中国的上海、北京等城市以及美国、加拿大等国实行汉语网络考试的试点。新 HSK 网考支持在线发放试卷、在线作答全部题型、网络回传考试作答数据,整个考试过程实现无纸化操作,具有经济方便快捷的优势,但笔试、计算机考试使用同一套试卷,考试的不公平性就凸现出来了。"很明显键盘输入有可能得到更高的分数,这对参加纸笔考试的考生不公平"(张晋军等,2012)。笔者认为,同一张试卷,笔试与计算机考试的不公平性体现在写作思维、书写过程及结果上。"字顺文通",字不顺则文不通,上文的统计分析证明,笔试考生书写的难点依然是汉字书写能力及书面表达能力,而计算机考试相对于笔试有三大"优势":"帮助"考生不易抄错汉字,能纠正错别字甚至辨析同义词;"帮助"考生写出正确的句子;"帮助"考生提高汉字书写速度。而这些恰恰是笔试考生的难点。汉字有自己的理据,与表音文字原理不同,且是中国文化的活化石,机考与笔试的不公平性将会误导教师冷落汉字教学,误导学生忽视汉字的习得。笔者认为,必须解决笔试与计算机考试的这种不公平性,解决的途径如:加大计算机考试的难度,纸笔考试、计算机考试设计不同的题型,设立不同的评分标准等。总之,既要采用多种形式,扩大考试规模,推广汉语,又要保证考试的公平、效度和信度。只有这样,汉语水平考试才会得到更好的推广,并长久发展。

参考文献

[1] 国家汉办/孔子学院总部. 新汉语水平考试大纲 HSK(1—6 级). 北京:商务印书馆,2009.

[2] 国家汉办/孔子学院总部. 新汉语水平考试大纲 HSK 口试. 北京:商务印书馆,2009.

[3] 国家汉办/孔子学院总部. 新汉语水平考试真题集 HSK 四级. 北京:华语教学出版社,2010.

[4] 国家汉办/孔子学院总部. 新汉语水平考试真题集:HSK 口试 2012 版. 北京:商务印书馆,2012.

[5] 国家汉办/孔子学院总部. 新汉语水平考试真题集(HSK1—6 级分册)2012 版. 北京:商务印书馆,2012.

[6] 焦冬梅. 实行新 HSK 考试(笔试)后,汉字和作文教学在吉尔吉斯汉语教学中亟待加强. 现代语文(语言研究版),2010(11).

[7] 李靖华. 从语法大纲看对外汉语教学和测试理念的发展. 考试研究,2011(6).

[8] 鹿钦佞,姚远. 新汉语水平考试辅导策略初探. 海南师范大学学报,2011(1).

[9] 吕禾. 新旧 HSK 词汇大纲比较研究. 黑龙江社会科学,2012(4).

[10] 罗民,张晋军,谢欧航. 新汉语水平考试(HSK)海外实施报告. 中国考试,2011(4).

[11] 马树德. 高级汉语教程. 北京:北京语言文化大学出版社,2003.

[12] 颜晓春. 浅谈预科生词汇教学. 留学生预科研究论丛. 上海:同济大学出版社,2012(2).

[13] 张晋军,李佩泽,李亚男,解妮妮,黄蕾. 对新汉语水平考试的新思考. 中国考试,2012(2).

(作者简介:李萍,同济大学国际文化交流学院副教授,主要研究方向为汉语史、对外汉语教学、语言与文化、新 HSK 等。)

世界汉语教育史研究学会
第四届年会在首尔召开

张西平

2012 年 8 月 10—11 日,"汉语与亚洲、欧洲语言的接触与交流暨世界汉语教育史研究学会第四届年会"在韩国外国语大学召开。会议由世界汉语教育史研究学会、韩国中国言语学会、韩国外国语大学、北京外国语大学、韩国研究财团共同主办,北京外国语大学世界亚洲信息中心协办。

韩国中国言语学会会长金德均,世界汉语教育史研究学会会长、北京外国语大学张西平教授,韩国外国语大学校长朴哲先生,中国驻韩国大使馆教育参赞安玉祥先生,韩国外国语大学孟柱亿教授在开幕式上致辞。在大会主题发言时段,北京外国语大学张西平教授和日本关西大学内田庆市教授、深圳大学张卫东教授、韩国鲜文大学朴在渊教授、台湾中原大学夏诚华教授从欧洲汉语学习史、近代汉语官话研究、汉语音韵学研究、华侨教育史等角度为会议做主题报告。在为期两天的会议时间里,来自中国、韩国、日本、越南、马来西亚的 65 位学者就世界汉语教育史的各个相关议题展开了热烈的讨论。

作为学会的第四届学术年会,学会对韩国中国言语学会和韩国外国语大学对本次会议的支持表示感谢。在本次会议期间,召开了由参加本次会议的学会理事参加的学会理事工作会议,会长张西平教授在闭幕式之后公布了本次会议期间的学会理事工作会议决议,增补韩国鲜文大学朴在渊教授、越南国家大学下属外国语大学阮黄英副教授为学会理事,并确定了学会近期活动计划:

1. 学会将在商务印书馆出版《世界汉语教育史研究学刊》,希望会员积极投稿;

2. 学会将在商务印书馆出版一系列的各国汉语教育史的重要历史文献,学会将与各国学者展开合作,做好这项工作;

3. 2013 年,学会将在中国召开一次会议,具体时间和地点另行通知。

(作者简介:张西平,北京外国语大学教授,世界汉语教育史研究学会会长。)

English Abstract

English Abstract

Abstract: Analysis of employment situation of undergraduate students in International College of Chinese Studies (ICCS) of ECNU in the past three years shows that the old concept of personnel education has to be updated constantly and advanced with the times. After the new objectives and goal of education are determined, specific and effective measures should be taken to improve the quality of education, and the education for TCSOL (Teaching Chinese to Speakers of Other Languages) should serve for students' career/profession development as well as the international Chinese promotion. The important way to bring up high-quality personnel for TCSOL includes laying a good and solid foundation or basis of the major, strengthening foreign language skills, developing practice ability, expanding international horizons and increasing international cooperation.

Key words: Students' career development; International Chinese language education; Personnel education; East China Normal University (ECNU)

Abstract: The Chinese language education system in Malaysia is regarded the most developed in Southeast Asian countries. However, Malaysia has encountered the shortage of Chinese language teachers with the rapid development of Chinese language education in recent years. This paper explores the training models for local Chinese teachers, issues and strategies of the implementation of such models through discussing the collaborative training program 'Undergraduate Study 1 + 3' for overseas Chinese teachers between Shanghai Jiaotong University and Malaysia Modern Education Group.

Key words: Overseas Chinese language teaching; Teachers; Collaborative training; Localization

Abstract: This study explores pre-service teachers' belief of Teaching Chinese as a Second Language (TCSL) from the perspective of teaching metaphors. It seeks to understand the perceptions of pre-service teachers towards being a TCSL teacher. Altogether 28 newly enrolled postgraduate students (both majoring in TCSL and TCSOL) participated in the investigation, which generated 30 teaching metaphors in total. The findings indicate 50% of the metaphors are concerned with the role of knowledge disseminator which TCSL teachers may undertake. The other 30% focus on the professional knowledge and skills that TCSL teachers should possess. The remaining 20% metaphors attend to TCSL teachers' role as a facilitator in the course of students' learning of Chinese language. The significance of this study is highlighted by relating the result to relevant research on teacher beliefs in literature. This article concludes with recommendations on ways of integrating teaching metaphors into teacher education program.

Key words: Metaphor; Belief; Teaching Chinese as a Second Language

The Case Study of Development Needs of Middle School TCSL Teachers ·················· 36

Abstract: In this study, researchers interviewed three middle school TCSL teachers in an international school , analyzing their attitudes towards their work and professional development expectations. The study finds these teachers have their teaching development needs, but feel confused about how to develop their own needs due to lots of factors. Finally the author puts forward some suggestions about the training of Chinese language teachers in secondary schools.

Key words: Middle school; Chinese language teachers; Development need; Case study

A Study on Chinese Teaching and Chinese Language Promotion in Canada—Take the Case of Quebec Province as an Example ··· 45

Abstract: With the rapid development of China's economy and the strengthening comprehensive national strength, global Chinese language teaching and promotion have witnessed unprecedented development trend and various forms. It accords with the present situation and requirements of Chinese language teaching and promotion to do research and analysis in different countries and areas, which also accelerates the international promotion. In this paper, the author has studied the present situation of Chinese language teaching and promotion in Quebec, Canada, by various methods. Based on the above survey, the author analyzes the existent problems and gives feasible solutions.

Key words: Quebec Province in Canada; Chinese teaching; Chinese language promotion; Survey

A Research on Business Confucius Institutes ·· 55

Abstract: The paper is based on the information of the three Business Confucius Institutes nominated by Hanban / Confucius Institute Headquarters, which are London, Copenhagen and Athens Business Confucius Institutes. Based on all kinds of information collected and organized, the paper first gives a brief introduction to the three Business Confucius Institutes, and then concludes the features of the Business Confucius Institutes from the aspects of their overseas partners, students and courses as well as the other activities such as lectures and seminars. Finally the paper gives some suggestions about the construction of the Business Confucius Institutes, which are to strengthen cooperation with enterprises, to add the courses of business culture and to build a team of professional teachers.

Key words: The Business Confucius Institute; Brief introduction; Features; Suggestions

Thoughts and Analysis on College Chinese Department Curriculum in Vietnam ········· 62

Abstract: This paper analyzes the curriculum of Chinese departments in three colleges of Vietnam and explores the curriculum features of Chinese departments in colleges of Vietnam, and then makes some suggestions on it.

Key words: Colleges of Vietnam; Chinese department curriculum; International Chinese teaching

Development and Dilemma of Chinese Language Teaching in Turkey ······················· 75

Abstract: With the increasing popularity of Chinese language in the world and the growth in number of Confucius Institutes, learning Chinese is attracting more and more attention. With Chinese learners worldwide, questions like who is going to teach, what to teach and how to teach require immediate resolution. Finding qualified teachers is the No. 1 task facing promotion of Chinese language in the whole world and Turkey is no exception. Based on the author's personal teaching experience in Turkey and related investigations, the paper describes the current situation of Chinese teaching in Turkey and specifies some constraints on Chinese language teaching in Turkey while it's achieving rapid development. Hopefully, the paper can provide some suggestions on solving these problems effectively so that Chinese language teaching can achieve sustainable, effective and high-quality development in the long term.

Key words: Turkey; Chinese language teaching; Status quo; Problems; Solutions

The Latest Development of Chinese Language Education in Pakistan ····················· 84

Abstract: With a history of more than 40 years, Chinese language education in Pakistan has gained rapid development recently. A growing number of higher education institutes begin to offer Chinese language courses, which also have been integrated into the curriculum system in more and more primary & middle & high schools. Meanwhile, Confucius Institute in Islamabad has played a vital role in expanding and pushing Chinese language education in Pakistan. Chinese language education in Pakistan has its own specific characteristics, but still faces many problems and challenges.

Key words: Pakistan; Chinese language education; Confucius Institute in Islamabad

Defining and Assessing Transculturally Oriented L2 Pedagogical Competence ············ 92

Abstract: What enables effective teaching in the L2 Chinese classroom process is a 'transculturally oriented L2 pedagogical competence', characterized by a 'transcultural consciousness about L2 teaching' as its core component, which has a direct bearing upon the quality and efficiency of L2 Chinese education and the endeavors to promote Chinese as an international language. This new concept about what is substantial in an L2 teacher's instructional capacity lays special emphasis on the transcultural nature of instructed L2 (and L2 Chinese) acquisition. It consists of two vital parts: a 'transcultural consciousness about L2 teaching' and a 'capacity to control classroom interactional process'. Its practical application not only is naturally related to analyzing and coping with L2 Chinese learners' needs for developing their transculturally oriented cognitive-linguistic L2 competence, but also innately interacts with pedagogical operations of the instructed L2 acquisition, and it is in fundamentally genetic reciprocity with the transcultural nature of L2 Chinese education. Therefore, it is necessary to treat the 'transculturally oriented pedagogical competence' as a key link in the theory building for constructing more productive modes of L2 Chinese teacher education and training. For that purpose, there is a need to clarify the structural features of such a competence, and to provide basic criteria for making its adequate assessment and evaluation, as what this paper does.

Key words: Transculturally oriented L2 pedagogical competence; Transcultural consciousness about L2 teaching; Classroom interactional process control capacity; Adequate assessment and evaluation of teaching ability

International Chinese Curriculum, Teaching Materials and Evaluation Construction for Pre-school Students—Take the Full-time Kindergarten Curriculum of Rainbow Bridge School, Oregon, U. S. as an Example ⋯⋯⋯⋯⋯⋯⋯⋯⋯⋯⋯⋯⋯⋯⋯⋯⋯⋯⋯ 102

Abstract: International Chinese language teaching should be started from early childhood and this paper describes three aspects including curriculum, teaching materials, and evaluation. Curriculum construction: the teaching pattern of full-time mixed classes is applied with basic, intermediate and advanced levels, which is highlighted by curriculum ranked according to students' competence and potential instead of ages/grades. Teaching material construction: students learn Pinyin, single-element Chinese characters, pictographic characters, pictophonetic characters, and build the lexicon in the life scenes; Tang poetry is used to recognize characters. For listening: create an environment, train according to the instructions, implement teaching materials and assess the effects. For speaking: search for the materials and practise students' ability in the process of playing and sharing. For reading, let students listen to and then understand the stories, and tap pre-school students' reading potential in the early stage step by step. For writing, learn to write Chinese characters and start learning to write. The overall comprehension is a comprehensive examination on listening, speaking, reading and writing. Evaluation construction is a real inspection of the two previous parts.

Key words: International Chinese curriculum for pre-school students; Teaching materials; Evaluation

Observation and Analysis of Examples Illustrated by Chinese Language Teachers ⋯⋯ 116

Abstract: Giving examples is an important 'comprehensible' input approach for Chinese language learners. It also reflects CSL (Chinese as Second Language) teachers' qualities such as cultural knowledge, teaching methodology and class managing ability. This paper adopted the methods of both questionnaires and interviews, trying to understand learners' opinions of in-class examples. The research results showed that teachers in many circumstances took it for granted when designing examples, ignoring learners' real needs and the after-effect of the designed examples. Only when teachers take learners' needs into consideration when designing the content and presenting form of examples, can they raise the CSL in-class learning and teaching efficiency and improve the effect. Thus, we have raised several detailed in-class teaching suggestions.

Key words: Giving examples; Example sentences; In-class behavior; After-effect

The Errors Made by English-speaking Students when Learning 'V + diao' Structure ······ 125

Abstract: 'Verb-Result' structure is one of the difficulties of TCFL. Taking 'V + diao', a category of 'V-R' structure as an example, we try to find the errors that English-speaking students commonly make when learning the structure and have a restricted view on how to teach the structure. 'V + diao' is first classified into four categories in terms of meanings, and each category is compared with the equivalent expressions in English. Based on the existing differences between two languages, possible misperceptions by learners are presumed, such as the missing of 'diao', missing of 'V', and disordered object. A questionnaire is also used to investigate and collect the errors. By the comparison and analysis, we can find the cause of errors and interlingual interference and give some teaching advice. The ideas of 'complement' in Chinese and English are quite different and it is not proper to be introduced directly. In practice, 'V + diao' is initially introduced to students as a lexical phrase which can improve the learning effect.

Key words: Teaching of 'V$_1$-V$_2$', 'V+ diao'; Error; Comparison of English and Chinese

The Adjustment of Textbooks in the Context of Overseas Chinese Teaching—Take the Teaching in Confucius Institutes as an Example ·················· 164

Abstract: Based on the feedbacks and questionnaires of Chinese language teachers and volunteers teaching overseas, this paper proposes the necessity and pressing need to adjust Chinese textbooks to practical usage, and explains the relation between the teaching particularity of overseas Confucius Institutes and the flexible use of textbooks. With specific examples of textbook adjustment and amendment, this paper analyzes what should be optimized and how to do so to Chinese textbooks under the teaching circumstance of overseas Confucius Institutes: (1) Localizing the content of teaching texts; (2) Making specific adjustment for different language skill training; (3) Supplying cultural knowledge based on teaching experience. This paper believes that strengthening researches and studies on textbooks optimization, summarizing its characteristics and general rules to share the existing textbook amendment and supplementary recources have great benefits to the renovation of textbooks in the future, the training of Chinese language teachers, and to further development of international Chinese promoting and teaching.

Key words: Overseas Chinese teaching; Textbooks adaptation; Localization; Individualization

Teaching Concepts and the Compilation of Teaching Materials—Notes from the Compilation of Chinese Conversation Textbooks Steps 5—8 in *Chinese in Ten Steps* ·········· **173**

Abstract: Based on the practice of compilation of Chinese conversation textbooks steps 5-8 in *Chinese in Ten Steps*, this paper discusses the reflection of eight teaching concepts in the compilation of teaching materials and their mutual balance and promotion, which give rise to several thoughts. They are (1) meaning first, (2) discourse awareness, (3) understandable input, (4) balance between input and output, (5) language use priority, (6) skills integration, (7) learning by their own, (8) multiple assessment.

Key words: Teaching concepts; Teaching materials' compilation; Conversation textbook; Conversation teaching

Compilation and Analysis of Conversation Textbooks in Chinese as a Second Language Based on Task-based Learning ················ **184**

Abstract: Task-based learning (TBL) is a newly emerging teaching method in recent years, whose concept is fresh and new. The author, with some theory research, has compiled one unit of the Chinese conversation textbook based on its basic teaching pattern and concept, and analyzed teaching steps in detail to introduce the TBL in its original way. The author also hopes that a new way of thinking or a new method about how to understand and use the TBL would be proposed.

Key words: Task-based learning; Compilation of teaching materials; Case study

The Changes of the New Chinese Proficiency Test (HSK) and the International Promotion of Chinese Language ················ **192**

Abstract: The paper does a comparative analysis of levels, types, questions, grammatical and vocabulary tests of the old and new HSK. Five changes of the testing concepts of new HSK since the implementation of new HSK in 2010 have been discussed—ranking, writing, listening and speaking, grammar and vocabulary testing concepts, combined with the global testing situation (Shanghai included), past HSK examination papers published in 2010 and 2012, and examinees' situation of answering questions. These changes meet the needs of the international Chinese language promotion, playing an active role of the spreading of Chinese language and leading to changes in patterns and concepts of international Chinese language education. In this paper, existent problems of speaking test, vocabulary outlines and the paper tests and computerized tests carried on simultaneously are also proposed.

Key words: New HSK test concepts; Changes; International Chinese language promotion; Existent problems

《国际汉语教育》改版声明

《国际汉语教育》(原名《国际汉语教学动态与研究》)由北京外国语大学海外汉学研究中心、北京外国语大学国际汉语教学信息中心于 2002 年底创办。

为提升刊物的学术层次和研究深度,更好地服务于汉语国际推广事业,本刊自 2012 年起调整为半年刊,出刊时间为每年的 6 月底和 12 月底,每辑字数约 25 万字。改版后的刊物仍坚持原有宗旨,并扩充了相关栏目,欢迎海内外学者同仁分享、交流以下方面的研究成果:

● 国际汉语教育人才培养

1. 国际汉语教育人才培养模式、方法研究

2. 国内外汉语师资培训模式研究

3. 汉语志愿者海外实践报告和相关问题研究

4. 汉语教师职业发展的相关研究

● 语言政策与汉语国际传播

1. 汉语国际推广政策、策略等相关问题研究

2. 孔子学院的建设与可持续发展的调查研究

3. 各国政府有关汉语语言文化的政策调查研究

4. 各国政府推广本国语言的政策、途径、模式对汉语国际推广的启示

● 国际汉语教学透视

1. 国外有代表性的汉语教学机构调查与研究

2. 国内外汉语教学新理论、新实践、新方法的思考与研究

3. 各国汉语学习需求的相关调查研究

4. 国内外汉语教学模式和教学方法的相关调查研究

5. 各国汉语学习者习得汉语的特点和规律的相关调查研究

6. 汉语教学与文化教学之关系研究

● 国际汉语教材研究

1. 国内外汉语教材,特别是国别汉语教材的相关调查研究

2. 国际汉语教材推广研究

3. 国内外汉语教学方面各种出版物(教材、教学资源、研究著作等)评介

● 现代化汉语教学资源研究

1. 现代教育技术与汉语教学的结合与创新应用研究

2. 国内外汉语教学测试与评估的调查研究

● 世界汉语教育史研究

1. 西方人早期汉语学习史研究

2. 国别汉语教育史研究

3. 国外早期文献及汉语教材研究

4. 汉语教育历史人物、机构等专题研究

5. 汉语教育史与汉语本体关系研究

6. 汉学研究与国际汉语教育之关系研究

此外,我们也欢迎以下内容的稿件:

1. 国内外汉语教学交流与合作的信息,各类汉语教学学术会议的信息与综评。

2. 孔子学院合作与发展的信息、通讯等。

(注:本刊可接收中文及英文稿件,来稿请附中英文摘要,正文字数 10000 字以内。)

《国际汉语教育》编辑部联系方式

邮政编码:100089　北京市海淀区西三环北路 2 号　北京外国语大学中国语言文学学院《国际汉语教育》编辑部

电话:0086 - 10 - 88817810

传真:0086 - 10 - 88817810

E-mail:guojihanjiao@gmail.com;wangzulei@bfsu.edu.cn

《国际汉语教育》编辑部

2012 年 12 月

订 阅 启 事

  《国际汉语教育》一年两辑,每辑均可单独订阅,也可按年度订阅。每本定价 30 元,邮资另付。需订阅者请填写以下回执并寄回外语教学与研究出版社汉语分社。非常感谢您的支持。

《国际汉语教育》订阅回执

订户单位		联系人	
通讯地址		邮 编	
		电 话	
		E-mail	
年份、辑数	201____年度 第____至____辑	套数（全年订阅免邮费；单辑购买加收 20% 邮费）	
总金额	RMB(大写)_____万_____仟_____佰_____拾_____元		
备 注	联系与汇款方式： 北京市西三环北路 19 号　外语教学与研究出版社　汉语分社 邮编:100089 传真:0086-10-88819401 电话:88819629 E-mail:litingliu@fltrp.com 联系人:柳立婷